삼국유사 연표

지식산업사

남무희 편집

삼국사 연표

자식가 대학교를 다닐 때에는 수업이 제대로 진행되지 않는 경우가 많았다. 고려 시대 4학년이 되었을 때, 지금은 돌아가신 하현강 지도교수님으로부터 「한국사강독」이라는 수업을 들었다. 이 수업은 1학년을 위해 새로 개설된 교과목이었지만, 당시 공부가 부족했던 저자는 4학년임에도 불구하고 이 강의를 즐겨 들을 수 있었다. 이때 「삼국사기」와 「삼국사상사」를 배웠다. 이 수업을 처음으로 공부할 수 있었다. 4학년 2학기에는 졸업준비로 「삼국유사」의 원사료를 처음으로 배울 수 있었다. 이때 「삼국사기」의 원사료를 어떻게 분석해야 하는지에 대한 거시적인 방법론을 배울 수 있었다. 대학원을 진학한 뒤에는 선생님을 비롯한 북악사학회 고대사분과의 여러 선후배들과 「삼국유사」의 원문 해석 및 편인 자료에 대한 다양한 연구 성과를 어떻게 이해할 것인가, 라는 문제를 중심으로 매주 분과 study를 진행하였다. 이러한 study를 통해 「삼국유사」의 전반적인 내용을 이해할 수 있었다.

이후 2002년 4월에 저자는 한국고대사 및 고려시대사를 전공하는 여러 대학의 젊은 연구자들과 함께 한국역사연구회 고대사분과 소속의 「삼국유사연구반」을 정식으로 발사쳤다. 이후 「삼국유사」의 저자인 일연一然 스님의 탄생 8백주년에 해당하는 2006년에 저자는 「삼국유사연구반」의 연구반장을 맡게 되었다. 이에 저자를 비롯한 연구반의 여러 회원들은 1년 정도의 시간을 특지해서 「삼국유사 연표」를 새롭게 작성해보는 눈일을 하였다. 그런데 이 단시 학술진흥재단에서 「삼국유사」를 소규모연구로 지원하는 사업이 저음으로 시작되었다. 이에 저자가 신청한 과제인 「삼국유사」를 편년체로 다시 정리하기」라는 소규모연구 과제가 소규모연구 지원사업으로 선정되었다. 이에 「삼국유사연구반」은 「삼국유사」의 세부항목을 꼼꼼하게 분석하면서 검토하는 study를 진행하였다. 한지만 정학한 연대를 알 수 없는 기록을 어떻게 편년할 것인가에 대한 문제를 해결하지 못하였다. 뿐만 아니라 「삼국유사」의 「왕력」에 대한 전반적인 검토도 이루어지지 않았다. 이후 이런저런 사정으로 인해 「삼국유사 연표」를 완성하려던 계획은 미완의 성과로 그치고 말았다. 이후 「삼국유사연구반」의 활동이 활발하게 이루어지지 못한 점은 많은 아쉬움으로 남는다. 빼른 시일내에 「삼국유사연구반」이 새롭게 부활할 수 있었으면 하는 바램을 가져본다.

저자는 2009년부터 고려대학교 아세아문제연구소에서 디지털 『삼국유사』 개발팀의 연구원으로 활동하면서, 『삼국유사』에 전하는 국내 및 국외의 다양한 유적지를 답사할 수 있는 기회를 가질 수 있었다. 저자에게 이처럼 소중한 기회를 갖도록 해준 최광식·박대재 교수님과 개발팀의 일원으로 함께 했던 많은 분들의 고마움은 가슴 속에 소중한 추억으로 남아 있다. 뿐만 아니라 저자는 이러한 경험을 통해 『삼국유사』를 다시금 정리해야겠다는 생각을 하게 되었다. 이에 『삼국유사』, 『왕력편』까지 포함하는 『삼국유사 연표』 작업을 개인적으로 조금씩 진행시켜 나갔다.

그런데 올해 4월에 최광식·박대재 교수가 다시 정리하고 역주한 『삼국유사』 1~3이 고려대학교출판부에서 출간되었다. 이 세 권의 저서는 2002~2003년에 한국정신문화연구원에서 다섯 권으로 출간한 『역주 삼국유사』 1~5(강인구·김두진·김상현·장충식·황패강, 이회문화사) 이후의 연구성과들이 꼼꼼하게 반영된 연구라고 할 수 있다. 이에 저자는 정신문화연구원과 고려대학교출판부에서 출간된 두 저서를 다시 검토하면서, 그동안 미완성 상태로 남아 있던 『삼국유사 연표』 작업을 다시 정리하여 마무리하였다. 하지만 정확한 연대를 끝내 밝히지 못한 부분도 다라 있으며, 지금까지의 연구성과를 충분히 반영하지 못한 곳도 다소 있다. 앞으로 좀더 보완해야 할 내용도 많이 있을 것이지만, 일연 탄신 8백주년인 2006년에 세웠던 발원을 일단은 마무리할 필요가 있다고 생각된다. 이러한 작업은 앞으로 『삼국유사 연표』와 『삼국유사 어린이 연표』 등으로 다시 정리해서 『삼국유사』의 내용을 일반 독자들이 좀더 쉽게 접근할 수 있도록 보완할 필요도 있다고 생각된다. 이러한 부분은 앞으로의 연구과제로 남겨두고자 한다.

지금까지 자식 노릇을 제대로 하지 못하였음에도, 항상 기다려주시는 부모님의 크신 사랑은 저자가 계속 학문의 세계를 걸을 수 있도록 하는 커다란 버팀목이었다. 하지만 얼마 전에 아버님은 우리들의 곁을 떠나가셨다. 아버님이 살아계실 때 이 책을 출간하지 못한 아쉬움이 끝내 남는다. 삼가 이 책을 아버님의 영전에 바친다. 여리므로 부족함을 느끼지만, 이 책이 출간될 수 있도록 힘을 실어준 사랑하는 아내와 예쁜 딸에게 고마움을 전한다. 만약 사랑하는 아내와 예쁜 딸이 없었다면 『삼국유사 연표』를 감히 해 이

6

로 꿰밸 생각은 하지도 못했을 것이다.

여러 모로 부족한 이 글의 출판을 기꺼이 취락해준 은주사의 김시열 사장님께 감사드
린다. 또한 아담한 한 권의 책이 될 수 있도록 편집해준 여러 선생님들의 고마움도 잊을
수 없다.

2014년 11월

마늘서 책에서 남무회

범례

- 본서는 대정신수대장경에 수록되어 있는 『삼국유사』 원문을, 『역주 삼국유사』 I ~IV(강인구 외, 이회문화사, 2002~2003)의 교감본과 대조하면서 정리하였다.

- 본서는 독자가 내용을 쉽게 찾아볼 수 있도록 하기 위해, 개별 항목에 고유번호를 추가한 『역주 삼국유사』 I ~IV의 방식을 받아들였다. 이때 1. 서叙는 생략하고, 왕력편을 연표에 주 가로 포함시켰다.

  예) 1. 왕력제일, 2. 고조선~139. 빈녀양모.

- 본서는 『삼국유사』의 편목 순서대로 연표를 작성하였다. 하지만 약간의 예외도 두었다.

  예) '60. 가락국기'는 '1. 왕력제일'의 '가락국'과 바로 비교할 수 있도록 하기 위해, 위치를 조정하였다.

- 본서는 『삼국유사』 왕력에서 서술되지 않은 부분 및 말해와 관련된 연표는 아래 자료를 참고 하여 보완하였다.

  이현종, 『동양연표』, 탐구당, 1971.

  한국역사연구회 편, 『역사문화수첩』, 역민사, 2000.

- 본서에서는 최치원과 입연 및 무구의 연보를 추가하였다.

  예) 140. 최치원연보, 141. 입연연보, 142. 무구연보

- 『삼국유사』의 기록을 연대로 연대를 추정할 수 없는 경우는 『삼국사기』를 비롯한 다양한 자료와 논문을 참고하면서, 저자가 연대를 주관적으로 추론하였다. 이 과정에서 지금까지의 연구 성과를 꼼꼼하게 검토하지는 않았다. 독자들의 양해를 바란다.

- 과誤避諱한 글자는 원래의 글자로 고쳤다. 예: "開國號朝鮮 與高同時"에서 과誤한 '고高'는 원래 글자인 '요堯'로 표시하였다.

- ( )는 생략된 내용을 넣은 경우이며, '…'는 내용을 생략하였다는 의미이다. 또한 [ ]는 세주 임을 나타낸다.

  예) (古記云…) 以唐堯即位五十年庚黃 [唐堯即位元年戊辰 則五十年丁巳 非庚黃也 疑其實]

西紀 B.C.	干支	韓國 古朝鮮	中國 陶唐	2. 古朝鮮〔王儉朝鮮〕
2457?[1]	上元 甲子?[2]			古記云 昔有桓因〔謂帝釋也〕 庶子桓雄 數意天下 貪求人世 父知子意 下視三危太伯 可以弘益人間 乃授天符印三箇 遣往理之 雄率徒三千 降於太伯山頂〔卽太伯 今妙香山〕 神壇樹下 謂之神市 是謂 桓雄天王也 將風伯雨師雲師 而主穀主命主病主刑主善惡 凡主人間三百六十餘事 在世理化 時有一熊一虎 同穴而居 常祈于神雄 願化爲人 時神遺靈艾一炷 蒜二十枚曰 爾輩食之 不見日光百 日 便得人形 熊虎得而食之 忌三七日 熊得女身 虎不能忌 而不得人身 熊女者無與爲婚 故每於壇樹 下 呪願有孕 雄乃假化而婚之 孕生子 號曰壇君王儉
2333[3]	戊辰	檀君王儉 재위 1년	堯 25	(古記云…) 以唐堯卽位五十年庚寅〔唐堯卽位元年戊辰 則五十年丁巳 非庚寅也 疑其未實〕都平 壤城〔今西京〕 始稱朝鮮
2332	己巳	檀君王儉 재위 2년	堯 26	
?	?		與堯同時	魏書云 乃往二千載有壇君王儉 立都阿斯達〔經云無葉山 亦云白岳 在白州地 或云在開城東 今白岳 宮是〕 開國號朝鮮 與堯同時
833[4]	?	檀君王儉 재위 1500년	?	(古記云…) 又移都於白岳山阿斯達 又名弓〔一作方〕忽山 又今彌達 御國一千五百年

관련 기록 없음

---

1 대종교에서는 환인의 아들인 환웅천왕이 신단수 아래에 내려와 신시를 연 시기를 기원전 2457년으로 보고 있다(송호정, 『단군, 만들어진 신화』, 산처럼, 2004, p.44).

2 대종교에서는 환인의 아들인 환웅천왕이 신단수 아래에 내려와 신시를 열었던 시기를 상원 갑자년 10월 3일로 보고 있다(송호정, 위의 책, 2004, p.44).

3 중국 북송시대 인물인 소강절(邵康節; 1011~1077)은 요임금이 나라를 연 시기를 기원전 2357년으로 추정하였다. 그런데 조선시대에 편찬된 『동국통감』에서는 이러한 주장을 받아들여 기원전 2357년보다 25년 뒤인 기원전 2333년에 단군이 고조선을 개창한 것으로 이해하였다(송호정, 위의 책, 2004, pp.48~49).

4 단군왕검이 백악산 아사달로 도읍을 언제 옮겼는지는 구체적으로 알 수 없다. 다만 나라를 옮기고도 1500년 동안 나라를 다스렸다고 하는 기록을 존중해서, 본서에서는 기원전 2333년으로부터 1500년이 지난 기원전 833년에 관련 자료를 제시하였다.

西紀 B.C.	干支	韓國 古朝鮮	中國 周	2. 古朝鮮〔王儉朝鮮〕
1124	丁丑			
1123	戊寅			
1122	己卯	箕子 재위 1년	武王 1	(古記云…) 周武王卽位己卯 封箕子於朝鮮 檀君乃移於藏唐京
1121	庚辰	箕子 재위 2년	武王 2	
?	?	?	?	
408[5]	?	箕子朝鮮	?	(古記云…) 後還隱於阿斯達爲山神 壽一千九百八歲

관련 기록 없음

---

5 앞에서 단군이 나라를 다스린 1500년을 기원전 833년 무렵까지로 추정하였다. 그런데 위에서는 단군이 1908년 동안 살았던 것으로 서술하였다. 이에 본서에서는 1908년에서
  1500년을 뺀 기원전 408년 무렵까지 단군이 살았던 것으로 보았다.

西紀 B.C.	干支	韓國 古朝鮮	中國 秦	3. 魏滿朝鮮
?	?	箕子朝鮮	?	前漢朝鮮傳云 自始燕時 嘗略得眞番朝鮮[師古曰 戰國時 燕因始略得此地也] 爲置吏築障
223	戊寅	箕子朝鮮	始皇帝 24	
222	己卯	箕子朝鮮	始皇帝 25	(前漢朝鮮傳云…) 秦滅燕 屬遼東外徼
221	庚辰	箕子朝鮮	始皇帝 26	
220	辛巳	箕子朝鮮	始皇帝 27	

관련 기록 없음

西紀 B.C.	干支	韓國 古朝鮮	中國 前漢	3. 魏滿朝鮮	4. 馬韓	17. 辰韓〔亦作秦韓〕	19. 新羅始祖赫居世王
206	乙未	箕子朝鮮	高祖 1	(前漢朝鮮傳云…) 漢興 爲遠難守 復修遼東故塞 至浿水爲界〔師古曰 浿在樂浪郡〕屬燕			
205	丙申	箕子朝鮮	高祖 2				

관련 기록 없음

西紀 B.C.	干支	韓國 古朝鮮	中國 前漢	3. 魏滿朝鮮	4. 馬韓	17. 辰韓〔亦作秦韓〕	19. 新羅始祖赫居世王
195	丙午	箕子朝鮮 準王	高祖 12	(前漢朝鮮傳云…) 燕王盧綰反入匈奴 燕人魏滿亡命 聚黨千餘人 東走出塞 渡浿水 居秦故空地上下障			
194	丁未	魏滿朝鮮 魏滿 재위 1년	惠帝 1	(前漢朝鮮傳云…) 稍役屬眞番朝鮮蠻夷 及故燕齊亡命者 王之都王儉〔李曰地名 臣瓚曰 王儉城在樂浪郡 浿水之東〕以兵威侵降其旁小邑 眞番臨屯皆來服屬 方數千里	魏志云 魏滿擊朝鮮 朝鮮王準 率宮人左右 越海而南 至韓地開國 號馬韓	後漢書云 辰韓耆老自言 秦之亡人來適韓國 而馬韓割東界地以與之 相呼爲徒 有似秦語 故或名之爲秦韓 有十二小國 各萬戶 稱國	辰韓之地 古有六村 一曰閼川楊山村 (…) 按上文此六部之祖 似皆從天而降

관련 기록 없음

西紀 B.C.	干支	韓國 古朝鮮	中國 前漢	3. 魏滿朝鮮	6. 七十八國	7. 樂浪國
110	辛未	魏滿朝鮮 右渠王	武帝 元封 1			
109	壬申	右渠王	武帝 元封 2	(前漢朝鮮傳云…) 傳子至孫右渠〔師古曰 孫名右渠〕眞番辰國欲上書見天子 雍閼不通〔師古曰 辰謂辰韓也〕元封二年 漢使涉何諭右渠 終不肯奉詔 何去至 界 臨浿水 使馭刺殺送何者朝鮮裨王長〔師古曰 送何者名也〕卽渡水 馭入塞 遂歸報 天子拜何爲遼東東部都尉 朝鮮怨何 襲攻殺何 天子遣樓船將軍楊僕 從齊浮渤海 兵五萬 左將軍荀彘出遼 討右渠 右渠發兵距 嶮 樓船將軍將齊七千人 先到王儉 右渠城守 規知樓船軍少 卽出擊樓船 樓船敗 走 僕失衆遁山中獲免 左將軍擊朝鮮浿水西軍 未能破 天子爲兩將未有利 乃使 衛山 因兵威 往諭右渠 右渠請降 遣太子獻馬 人衆萬餘持兵 方渡浿水 使者及 左將軍疑其爲變 謂太子 已服宜毋持兵 太子亦疑使者詐之 遂不渡浿水 復引歸 報天子誅山 左將軍破浿水上軍 迺前至城下 圍其西北 樓船亦往會 居城南 右渠 堅守 數月未能下 天子以久不能決 使故濟南太守公孫遂往正之 有便宜得以從事 遂至 縛樓船將 軍 幷其軍與左將軍 急擊朝鮮 朝鮮相路人 相韓陶 尼谿相參 將軍王唊〔師古曰 尼谿地名 四人也〕相與謀欲降 王不肯之 陶唊路人 皆亡降漢 路人道死	通典云 朝鮮之遺民 分爲七十餘 國 皆地方百里 後漢書云 西漢以朝鮮舊地 初置 爲四郡 後置二府 法令漸煩 分爲 七十八國 各萬戶〔馬韓在西 有五 十四小邑 皆稱國 辰韓在東 有十 二小邑 稱國 卞韓在南 有十二小 邑 各稱國〕	
108	癸酉	右渠王	武帝 元封 3	(前漢朝鮮傳云…) 元封三年夏 尼谿相參 使人殺王右渠 來降 王儉城未下 故右 渠之大臣成己又反 左將軍使右渠子長 路人子最 告諭其民 謀殺成己 故遂定朝 鮮 爲眞番 臨屯 樂浪 玄菟 四郡		
107	甲戌		武帝 元封 4			前漢時 始置樂浪郡 應邵曰 故朝鮮 國也 新唐書注云 平壤城 古漢之樂 浪郡也
106	乙亥		武帝 元封 5			

관련 기록 없음

西紀 B.C.	干支	中國 前漢	5. 二府
86	乙未	昭帝 始元 1	
85	丙申	昭帝 始元 2	
84	丁酉	昭帝 始元 3	
83	戊戌	昭帝 始元 4	
82	己亥	昭帝 始元 5	前漢書 昭帝始元五年己亥 置二外府 謂朝鮮舊地平那及玄菟郡等 爲平州都督府 臨屯樂浪等 兩郡之地 置東部都尉府〔私曰 朝鮮傳則 眞番玄菟臨屯樂浪等四 今有平那無眞番 蓋一地二名也〕

관련 기록 없음

西紀 B.C.	干支	1. 王曆第一		19. 新羅始祖赫居世王
		中國	新羅	
74	丁未	前漢 宣帝 元平 1		
73	戊申	宣帝 本始 1		
72	己酉	宣帝 本始 2		
71	庚戌	宣帝 本始 3		
70	辛亥	宣帝 本始 4		
69	壬子	宣帝 地節 1	혁거세 태어남; 1세 알영도 태어남; 1세	前漢地節元年壬子〔古本云建武元年 又云建元三年等 皆誤〕三月朔 六部祖各率子弟 俱會於閼川岸上 議曰 我輩上無君主臨理蒸民 民皆放逸 自從所欲 盍覓有德人 爲之君主 立邦設都乎 於是乘高南望 楊山下蘿井傍 異氣如電光垂地 有一白馬跪拜之狀 尋撿之 有一紫卵〔一云靑大卵〕馬見人長嘶上天 剖其卵得童男 形儀端美 驚異之 浴於東泉〔東泉寺在詞腦野北〕身生光彩 鳥獸率舞 天地振動 日月淸明 因名赫居世王〔蓋鄉言也 或作弗矩內王 言光明理世也 說者云 是西述聖母之所誕也 故中華人讚仙桃聖母有娠賢肇邦之語是也 乃至雞龍現瑞 産閼英 又焉知非西述聖母之所現耶〕位號曰居瑟邯〔或作居西干 初開口之時 自稱云 閼智居西干一起 因其言稱之 自後爲王者之尊稱〕時人爭賀曰 今天子已降 宜覓有德女君配之 是日沙梁里閼英井〔一作娥利英井〕邊有雞龍現 而左脅誕生童女〔一云龍現死而剖其腹得之〕姿容殊麗 然而脣似雞觜 將浴於月城北川 其觜撥落 因名其川曰撥川 營宮室於南山西麓〔今昌林寺〕奉養二聖兒 男以卵生 卵如瓠 鄉人以瓠爲朴 故因姓朴 女以所出井名名之

15

西紀 B.C.	干支	1. 王曆第一		19. 新羅始祖赫居世王
		中國	新羅	
68	癸丑	前漢 宣帝 地節 2	혁거세; 2세	赫居世, 閼英; 2세
67	甲寅	宣帝 地節 3	혁거세; 3세	赫居世, 閼英; 3세
66	乙卯	宣帝 地節 4	혁거세; 4세	赫居世, 閼英; 4세
65	丙辰	宣帝 元康 1	혁거세; 5세	赫居世, 閼英; 5세
64	丁巳	宣帝 元康 2	혁거세; 6세	赫居世, 閼英; 6세

西紀 B.C.	干支	1. 王曆第一		13. 北扶餘	14. 東扶餘	19. 新羅始祖赫居世王
		中國	新羅			
63	戊午	前漢 宣帝 元康 3	혁거세; 7세			赫居世, 閼英; 7세
62	己未	宣帝 元康 4	혁거세; 8세			赫居世, 閼英; 8세
61	庚申	宣帝 神爵 1	혁거세; 9세			赫居世, 閼英; 9세
60	辛酉	宣帝 神爵 2	혁거세; 10세			赫居世, 閼英; 10세
59	壬戌	宣帝 神爵 3	혁거세; 11세	古記云 前漢宣帝神爵三年壬戌四月八日 天帝子降于訖升骨城〔在大遼醫州界〕乘五龍車 立都稱王 國號北扶餘 自稱名解慕漱 生子名扶婁 以解爲氏焉 王後因上帝之命 移都于東扶餘	北扶餘王 解夫婁之相阿蘭弗夢 天帝降而謂曰 將使吾子孫立國於此 汝其避之〔謂東明將興之兆也〕東海之濱有地 名迦葉原 土壤膏腴 宜立王都 阿蘭弗勸王 移都於彼 國號東扶餘 夫婁老無子 一日祭山川求嗣 所乘馬至鯤淵 見大石 相對淚流 王怪之 使人轉其石 有小兒金色蛙形 王喜曰 此乃天賚我令胤乎 乃收而養之 名曰金蛙 及其長 爲太子 夫婁薨 金蛙嗣位爲王 次傳位于太子帶素	赫居世, 閼英; 11세

西紀 B.C.	干支	1. 王曆第一		4. 馬韓	15. 高句麗	19. 新羅始祖赫居世王
		中國	新羅			
58	癸亥	前漢 宣帝 神爵 4	혁거세; 12세		先是 北扶餘王解夫婁 旣避地于東扶餘 及夫婁薨 金蛙嗣位 于時得一女子 於太伯山南優渤水 問之 云我是河伯之女 名柳花 與諸弟出遊 時有一男子 自言天帝子解慕漱 誘我於熊神山下鴨綠邊室中 私之而往不返〔壇君記云 君與西河河伯之女要親 有産子 名曰夫婁 今據此記 則解慕漱私河伯之女 而後産朱蒙 壇君記云産子名曰夫婁 夫婁與朱蒙異母兄弟也〕父母責我無媒而從人 遂謫居于此 金蛙異之 幽閉於室中 爲日光所照 引身避之 日影又逐而照之 因而有孕 生一卵 大五升許 王棄之與犬猪 皆不食 又棄之路 牛馬避之 棄之野 鳥獸覆之 王欲剖之而不能破 乃還其母 以物裹之 置於暖處 有一兒破殼而出 骨表英奇[6] 珠琳傳第二十一卷載 昔寧禀離王 侍婢有娠 相者占之曰 貴而當王 王曰 非我之胤也 當殺之 婢曰 氣從天來 故我有娠 及之産 謂爲不祥 捐圈則猪噓 棄欄則馬乳而得不死 卒爲扶餘之王〔卽東明帝爲卒本扶餘王之謂也 此卒本扶餘 亦是北扶餘之別都 故云扶餘王也 寧禀離乃夫婁王之異稱也〕	赫居世, 閼英; 12세
57	甲子	宣帝 五鳳 1	新羅 第一赫居世 姓朴卵生 年十三 甲子卽位理六十年 妃娥伊英 娥英 國號徐羅伐 又徐伐或斯盧 或鷄林一說 至脫解王時 始置鷄林之號[7]	〔據本紀 則羅先起甲子〕	朱蒙; 2세	二聖年至十三歲 以五鳳元年甲子 男立爲王 仍以女爲后 國號徐羅伐 又徐伐〔今俗訓京字云徐伐 以此故也〕或云斯羅 又斯盧 初王生於鷄井故或云鷄林國 以其鷄龍現瑞也一說 脫解王時 得金閼智 而鷄鳴於林中 乃改國號爲鷄林[8]後世遂定新羅之號[9]
56	乙丑	宣帝 五鳳 2	재위 2년(14세)		朱蒙; 3세	재위 2년(赫居世, 閼英; 14세)
55	丙寅	宣帝 五鳳 3	재위 3년(15세)		朱蒙; 4세	재위 3년(赫居世, 閼英; 15세)
54	丁卯	宣帝 五鳳 4	재위 4년(16세)		朱蒙; 5세	재위 4년(赫居世, 閼英; 16세)

---

6 이규보의 『동국이상국집』 「동명왕편」에 실려 있는 『구삼국사』의 인용주에는, 주몽이 4월에 태어난 것으로 되어 있다.

7 『삼국사기』 「신라본기」 제1의 탈해니사금 9년 기사(65)에는, "(…) 乃收養之 及長聰明多智略 乃名閼智 以其出於金櫃 姓金氏 改始林名鷄林 因以爲國號"라고 되어 있다.

8 『삼국사기』 「신라본기」 제1의 탈해니사금 9년 기사(65)에는, "(…) 乃收養之 及長聰明多智略 乃名閼智 以其出於金櫃 姓金氏 改始林名鷄林 因以爲國號"라고 되어 있다.

9 『삼국사기』 「신라본기」 제4의 지증마립간 4년 기사(503)에는, "(…) 今群臣一意 謹上號新羅國王 王從之"라고 되어 있다.

西紀 B.C.	干支	1. 王曆第一		15. 高句麗	19. 新羅始祖赫居世王
		中國	新羅		
53	戊辰	前漢 宣帝 甘露 1	第一赫居世 재위 5년(17세)	朱蒙; 6세	재위 5년(赫居世, 閼英; 17세)
52	己巳	宣帝 甘露 2	재위 6년(18세)	年甫七歲 岐嶷異常 自作弓矢 百發百中 國俗謂善射爲朱蒙 故以名焉	재위 6년(赫居世, 閼英; 18세)
51	庚午	宣帝 甘露 3	재위 7년(19세)	金蛙有七子 常與朱蒙遊戲 技能莫及 長子帶素言於王曰 朱蒙非人所生 若不早圖 恐有後患 王不聽 使之養馬 朱蒙知其駿者 減食令瘦 駑者善養令肥 王自乘肥 瘦者給蒙[10]	재위 7년(赫居世, 閼英; 19세)
50	辛未	宣帝 甘露 4	재위 8년(20세)	朱蒙; 9세	재위 8년(赫居世, 閼英; 20세)
49	壬申	宣帝 黃龍 1	재위 9년(21세)	朱蒙; 10세	재위 9년(赫居世, 閼英; 21세)

10 B.C. 51년부터 B.C. 38년 사이에 있었던 사실로 볼 수 있다.

西紀 B.C.	干支	1. 王曆第一		15. 高句麗	19. 新羅始祖赫居世王
		中國	新羅		
48	癸酉	前漢 元帝 初元 1	第一赫居世 재위 10년(22세)	朱蒙; 11세	재위 10년(赫居世, 閼英; 22세)
47	甲戌	元帝 初元 2	재위 11년(23세)	朱蒙; 12세	재위 11년(赫居世, 閼英; 23세)
46	乙亥	元帝 初元 3	재위 12년(24세)	朱蒙; 13세	재위 12년(赫居世, 閼英; 24세)
45	丙子	元帝 初元 4	재위 13년(25세)	朱蒙; 14세	재위 13년(赫居世, 閼英; 25세)
44	丁丑	元帝 初元 5	재위 14년(26세)	朱蒙; 15세	재위 14년(赫居世, 閼英; 26세)

西紀 B.C.	干支	1. 王曆第一		15. 高句麗	16. 卞韓百濟 〔亦云南扶餘 卽泗沘城也〕	19. 新羅始祖赫居世王
		中國	新羅			
43	戊寅	前漢 元帝 永光 1	第一赫居世 재위 15년(27세)	朱蒙; 16세		재위 15년(赫居世, 閼英; 27세)
42	己卯	元帝 永光 2	재위 16년(28세)	朱蒙; 17세		재위 16년(赫居世, 閼英; 28세)
41	庚辰	元帝 永光 3	재위 17년(29세)	朱蒙; 18세		재위 17년(赫居世, 閼英; 29세)
40	辛巳	元帝 永光 4	재위 18년(30세)	朱蒙; 19세		재위 18년(赫居世, 閼英; 30세)
39	壬午	元帝 永光 5	재위 19년(31세)	朱蒙; 20세	新羅始祖 赫居世卽位十九年壬午 卞 韓人以國來降[11]	재위 19년(赫居世, 閼英; 31세)

---

[11] 『삼국사기』「신라본기」 제1의 혁거세 거서간 19년조에는, "春正月 卞韓以國來降"이라고 되어 있다.

西紀 B.C.	干支	1. 王曆第一			4. 馬韓	13. 北扶餘	15. 高句麗	19. 新羅始祖赫居世王	69. 遼東城育王塔
		中國	新羅	高句麗					
38	癸未	前漢 元帝 建昭 1	第一赫居世 재위 20년(32세)				朱蒙; 21세	재위 20년 (赫居世, 閼英; 32세)	
37	甲申	元帝 建昭 2	재위 21년(33세) 甲申築金城	高麗 第一東明王 甲申立 理十八 姓 高 名朱蒙 一作鄒 蒙 壇君之子	〔據本紀…〕麗 後起甲申〕	(古記云…) 東明帝 繼北扶餘而興 立都 于卒本州 爲卒本扶 餘 卽高句麗之始祖	朱蒙; 22세 高句麗 卽卒本扶餘也 或云今和州 又成州等 皆誤矣 卒本州在遼東界 國史高麗本記云 始祖東明聖帝 姓 高氏 諱朱蒙 (金蛙)王之諸子與諸臣將謀害之 蒙母知之 告曰 國人將害汝 以汝才 略 何往不可 宜速圖之 於是蒙與烏 伊等三人爲友 行至淹水〔今未詳〕 告水曰 我是天帝子河伯孫 今日逃 遁 追者垂及 奈何 於是魚鼈成橋 得 渡而橋解 追騎不得渡 至卒本州 〔玄菟郡之界〕遂都焉 未遑作宮室 但結廬於沸流水上居之 國號高句 麗 因以高爲氏〔本姓解也 今自言 是天帝子 承日光而生 故自以高爲 氏〕時年十二歲[12] 漢孝元帝 建昭二 年甲申歲 卽位稱王 高麗全盛之日 二十一萬五百八戶	재위 21년 (赫居世, 閼英; 33세)	按西漢與三國地理志 遼 東城在鴨綠之外 屬漢幽 州 高麗聖王未知何君 或 云東明聖帝 疑非也 東明 以前漢元帝建昭二年卽 位[13] 成帝鴻嘉壬寅升遐 于時漢亦未見具葉 何得 海外陪臣 已能識梵書乎 然稱佛爲蒲圖王 似在西 漢之時 西域文字或有識 之者 故云梵書爾

---

12 위의 기록에서는 당시 주몽의 나이를 12세라고 하였다. 하지만 『삼국사기』 권13 「고구려본기」 제 1의 동명성왕조에서는, "時朱蒙年二十二歲 是漢孝元帝建昭二年"이라고 하였다. 본서에서는 『삼국사기』의 22세라는 기록을 따랐다.

13 고구려 동명성왕이 즉위한 해이므로 이곳에 넣었다.

西紀 B.C.	干支	1. 王曆第一			19. 新羅始祖赫居世王
		中國	新羅	高句麗	
36	乙酉	前漢 元帝 建昭 3	第一赫居世 재위 22년(34세)	第一東明王 재위 2년(23세)	재위 22년(赫居世, 閼英; 34세)
35	丙戌	元帝 建昭 4	재위 23년(35세)	재위 3년(24세)	재위 23년(赫居世, 閼英; 35세)
34	丁亥	元帝 建昭 5	재위 24년(36세)	재위 4년(25세)	재위 24년(赫居世, 閼英; 36세)
33	戊子	元帝 建昭 6	재위 25년(37세)	재위 5년(26세)	재위 25년(赫居世, 閼英; 37세)
32	己丑	成帝 建始 1	재위 26년(38세)	재위 6년(27세)	재위 26년(赫居世, 閼英; 38세)

西紀 B.C.	干支	1. 王曆第一			7. 樂浪國	10. 鞨鞨〔一作勿吉〕渤海	19. 新羅始祖赫居世王
		中國	新羅	高句麗			
31	庚寅	前漢 成帝 建始 2	第一赫居世 재위 27년(39세)	第一東明王 재위 7년(28세)			재위 27년(赫居世, 閼英; 39세)
30	辛卯	成帝 建始 3	재위 28년(40세)	재위 8년(29세)			재위 28년(赫居世, 閼英; 40세)
29	壬辰	成帝 建始 4	재위 29년(41세)	재위 9년(30세)			재위 29년(赫居世, 閼英; 41세)
28	癸巳	成帝 河平 1	재위 30년(42세)	재위 10년(31세)	國史云 赫居世三十年 樂浪人來投	按東明帝立十年 滅北沃沮[14]	재위 30년(赫居世, 閼英; 42세)
27	甲午	成帝 河平 2	재위 31년(43세)	재위 11년(32세)			재위 31년(赫居世, 閼英; 43세)

14 『삼국사기』 권 13 「고구려본기」 제1의 시조동명성왕조 10년 11월의 기사에는, "(…) 冬十一月 王命扶尉猒 伐北沃沮滅之 以其地爲城邑"이라고 되어 있다.

西紀 B.C.	干支	1. 王曆第一			19. 新羅始祖赫居世王
		中國	新羅	高句麗	
26	乙未	前漢 成帝 河平 3	第一赫居世 재위 32년(44세)	第一東明王 재위 12년(33세)	재위 32년(赫居世, 閼英; 44세)
25	丙申	成帝 河平 4	재위 33년(45세)	재위 13년(34세)	재위 33년(赫居世, 閼英; 45세)
24	丁酉	成帝 陽朔 1	재위 34년(46세)	재위 14년(35세)	재위 34년(赫居世, 閼英; 46세)
23	戊戌	成帝 陽朔 2	재위 35년(47세)	재위 15년(36세)	재위 35년(赫居世, 閼英; 47세)

西紀 B.C.	干支	1. 王曆第一			19. 新羅始祖赫居世王	69. 遼東城育王塔
		中國	新羅	高句麗		
22	己亥	前漢 成帝 陽朔 3	第一赫居世 재위 36년(48세)	第一東明王 재위 16년(37세)	재위 36년(赫居世, 閼英; 48세)	
21	庚子	成帝 陽朔 4	재위 37년(49세)	재위 17년(38세)	재위 37년(赫居世, 閼英; 49세)	
20	辛丑	成帝 鴻嘉 1	재위 38년(50세)	재위 18년(39세)	재위 38년(赫居世, 閼英; 50세)	
19	壬寅	成帝 鴻嘉 2	재위 39년(51세)	第二瑠璃王 一作累利 又孺留 東明子 立 壬寅 理三十六年 姓解氏	재위 39년(赫居世, 閼英; 51세)	按西漢與三國地理志 遼東城在鴨綠之外 高麗聖王未知何君 或云東明聖帝 疑非也 東明 以前漢元帝建昭二年卽位 成帝鴻嘉壬寅升 遐[15] 于時漢亦未見具葉 何得海外陪臣 已能 識梵書乎 然稱佛爲蒲圖王 似在西漢之時 西 域文字或有識之者 故云梵書爾

---

[15] 고구려 동명성왕이 돌아가신 해이므로 이곳에도 관련자료를 제시하였다.

西紀 B.C.	干支	1. 王曆第一				19. 新羅始祖赫居世王	57. 南扶餘 前百濟 北扶餘〔已見上〕
		中國	新羅	高句麗	百濟		
18	癸卯	前漢 成帝 鴻嘉 3	第一赫居世 재위 40년(52세)	第二瑠璃王 재위 2년	百濟 第一溫祚王 東明第三子 一云第二 癸卯立 在位四十五 都慰禮城 一云蛇川 今稷山	재위 40년 (赫居世, 閼英; 52세)	國史本記云 百濟始祖溫祚 其父雛牟王 或云朱蒙 自北扶餘逃難 至卒本扶餘 扶餘州之王無子 只有三女 見朱蒙知非常人 以第二女妻之 未幾 扶餘州王薨 朱蒙嗣位 生二子 長曰沸流 次曰溫祚 恐後太子所不容 遂與烏干馬黎等十臣南行 百姓從之者多 遂至漢山 登負兒岳 望可居之地 沸流欲居於海濱 十臣諫曰 惟此河南之地 北帶漢水 東據高岳 南望沃澤 西阻大海 其天險地利 難得之勢 作都於斯 不亦宜乎 沸流不聽 分其民 歸彌雛忽居之 溫祚都河南慰禮城 以十臣爲輔翼 國號十濟 是漢成帝鴻嘉三年也 沸流以彌雛忽土濕水鹹 不得安居 歸見慰禮都邑鼎定 人民安泰 遂慚悔而死 其臣民皆歸於慰禮城 後以來時百姓樂悅 改號百濟 其世系與高句麗同出扶餘 故以解爲氏(…)〔彌雛忽仁州 慰禮今稷山〕 按古典記云 東明王第三子溫祚 以前漢鴻嘉三年癸卯 自卒本扶餘 至慰禮城 立都稱王 (按古典記云…) 又始祖溫祚 乃東明第三子 體洪大 性孝友 善騎射

西紀 B.C.	干支	1. 王曆第一				16. 卞韓百濟 〔亦云南扶餘 卽泗沘城也〕	19. 新羅始祖赫居世王
		中國	新羅	高句麗	百濟		
17	甲辰	前漢 成帝 鴻嘉 4	第一赫居世 재위 41년(53세)	第二瑠璃王 재위 3년	第一溫祚王 재위 2년	按本記 溫祚之起 在鴻嘉四年甲辰 則後於 赫世東明之世四十餘年[16] 而唐書云 卞韓苗裔在樂浪之地云者 謂溫 祚之系 出自東明 故云耳 或有人出樂浪之 地 立國於卞韓 與馬韓等並峙者 在溫祚之 前爾 非所都在樂浪之北也 或者濫九龍山 亦名卞那山 故以高句麗爲卞韓者 蓋謬 當 以古賢之說爲是 百濟地自有卞山 故云卞 韓 百濟全盛之時 十五萬二千三百戶	재위 41년(赫居世, 閼英; 53세)
16	乙巳	成帝 永始 1	재위 42년(54세)	재위 4년	재위 3년		재위 42년(赫居世, 閼英; 54세)
15	丙午	成帝 永始 2	재위 43년(55세)	재위 5년	재위 4년		재위 43년(赫居世, 閼英; 55세)
14	丁未	成帝 永始 3	재위 44년(56세)	재위 6년	재위 5년		재위 44년(赫居世, 閼英; 56세)
13	戊申	成帝 永始 4	재위 45년(57세)	재위 7년	재위 6년		재위 45년(赫居世, 閼英; 57세)

---

16 『삼국사기』권23 「백제본기」1의 온조왕조에는, "(…) 溫祚都河南慰禮城 以十臣爲輔翼 國號十濟 是前漢成帝鴻嘉三年也 (…)"라고 되어 있다. 이렇게 보면 1년의 연대 차이가 있음을 알 수 있다.

西紀 B.C.	干支	1. 王曆第一				19. 新羅始祖赫居世王
		中國	新羅	高句麗	百濟	
12	己酉	前漢 成帝 元延 1	第一赫居世 재위 46년(58세)	第二瑠璃王 재위 8년	第一溫祚王 재위 7년	재위 46년(赫居世, 閼英; 58세)
11	庚戌	成帝 元延 2	재위 47년(59세)	재위 9년	재위 8년	재위 47년(赫居世, 閼英; 59세)
10	辛亥	成帝 元延 3	재위 48년(60세)	재위 10년	재위 9년	재위 48년(赫居世, 閼英; 60세)
9	壬子	成帝 元延 4	재위 49년(61세)	재위 11년	재위 10년	재위 49년(赫居世, 閼英; 61세)

西紀 B.C.	干支	1. 王曆第一				7. 樂浪國	10. 靺鞨〔一作勿吉〕渤海	19. 新羅始祖赫居世王	57. 南扶餘 前百濟 北扶餘〔已見上〕
		中國	新羅	高句麗	百濟				
8	癸丑	前漢 成帝 綏和[17] 1	第一赫居世 재위 50년(62세)	第二瑠璃王 재위 12년	第一溫祚王 재위 11년			재위 50년 (赫居世, 閼英; 62세)	
7	甲寅	成帝 綏和 2	재위 51년(63세)	재위 13년	재위 12년			재위 51년 (赫居世, 閼英; 63세)	
6	乙卯	哀帝 建平 1	재위 52년(64세)	재위 14년	재위 13년	(國史云…) 又百濟 溫祚之言曰 東有樂 浪 北有靺鞨 則殆 古漢時 樂浪郡之屬 縣之地也[18]	(按…) 又赫居世五十二年 東沃沮來獻良馬 則又有東 沃沮矣[19]	재위 52년 (赫居世, 閼英; 64세)	
5	丙辰	哀帝 建平 2	재위 53년(65세)	재위 15년	재위 14년 丙辰移都漢 山 今廣州			재위 53년 (赫居世, 閼英; 65세)	(按古典記云…) 十四年丙辰 移都漢山 〔今廣州〕 歷三百八十九年[20]
4	丁巳	哀帝 建平 3	재위 54년(66세)	재위 16년	재위 15년			재위 54년 (赫居世, 閼英; 66세)	

---

17 王曆第一에 빠져 있는 연호이다.

18 『삼국사기』권23 「백제본기」1의 온조왕 13년조에는, "夏五月 王謂臣下曰 國家東有樂浪 北有靺鞨 (…)"이라고 되어 있다.

19 『삼국사기』권1 「신라본기」1의 혁거세거서간 53년조(B.C.5)에는, "東沃沮使者來 獻良馬二十匹 曰寡君聞南韓有聖人出 故遣臣來享"이라고 되어 있다. 그렇다면 1년의 연대 차이가 있음을 알 수 있다.

20 B.C.5년에서 A.D.371년에 해당된다.

西紀 B.C.	干支	1. 王曆第一				19. 新羅始祖赫居世王
		中國	新羅	高句麗	百濟	
3	戊午	前漢 哀帝 建平 4	第一赫居世 재위 55년(67세)	第二瑠璃王 재위 17년	第一溫祚王 재위 16년	재위 55년(赫居世, 閼英; 67세)
2	己未	哀帝 元壽 1	재위 56년(68세)	재위 18년	재위 17년	재위 56년(赫居世, 閼英; 68세)
1	庚申	哀帝 元壽 2	재위 57년(69세)	재위 19년	재위 18년	재위 57년(赫居世, 閼英; 69세)
西紀 A.D. 1	辛酉	平帝 元始 1	재위 58년(70세)	재위 20년	재위 19년	재위 58년(赫居世, 閼英; 70세)
2	壬戌	平帝 元始 2	재위 59년(71세)	재위 21년	재위 20년	재위 59년(赫居世, 閼英; 71세)
3	癸亥	平帝 元始 3	재위 60년(72세)	재위 22년 癸亥移都國內城 亦云不而城	재위 21년	재위 60년(赫居世, 閼英; 72세)

西紀 A.D.	干支	1. 王曆第一				19. 新羅始祖赫居世王	20. 第二南解王
		中國	新羅	高句麗	百濟		
4	甲子	前漢 平帝 元始 4	第二南解次次雄 父赫居世 母閼 英 姓朴氏 妃雲帝夫人 甲子立 理 二十年 此王位 亦云居西干	第二瑠璃王 재위 23년	第一溫祚王 재위 22년	理國六十一年 王升于天 七日後遺體散落于地 后亦 云亡 國人欲合而葬之 有大蛇逐禁 各葬五體爲五陵 亦名蛇陵 曇嚴寺北陵是也 太子南解王繼位	南解居西干 亦云次次雄 是尊長之稱 唯此王稱之 父赫居世 母閼英夫人 妃雲帝夫人〔一作雲梯 今迎日縣西 有雲梯山聖母 祈旱有應〕前漢平帝 元始四年甲子 卽位 御理二十一年
5	乙丑	平帝 元始 5	재위 2년	재위 24년	재위 23년		재위 2년
6	丙寅	平帝 元始 6[21]	재위 3년	재위 25년	재위 24년		재위 3년
7	丁卯	平帝 元始 7	재위 4년	재위 26년	재위 25년		재위 4년
8	戊辰	孺子 初始 1	재위 5년	재위 27년	재위 26년		재위 5년

---

21 前漢 孺子 嬰의 居攝 1년과 2년이 빠져 있다.

西紀 A.D.	干支	1. 王曆第一				20. 第二南解王
		中國	新羅	高句麗	百濟	
9	己巳	新室 建國 1	第二南解次次雄 재위 6년	第二瑠璃王 재위 28년	第一溫祚王 재위 27년	第二南解王 재위 6년
10	庚午	新室 建國 2	재위 7년	재위 29년	재위 28년	재위 7년
11	辛未	新室 建國 3	재위 8년	재위 30년	재위 29년	재위 8년
12	壬申	新室 建國 4	재위 9년	재위 31년	재위 30년	재위 9년
13	癸酉	新室 建國 5	재위 10년	재위 32년	재위 31년	재위 10년

西紀 A.D.	干支	1. 王曆第一				20. 第二南解王
		中國	新羅	高句麗	百濟	
14	甲戌	新室 天鳳 1	第二南解次次雄 재위 11년	第二瑠璃王 재위 33년	第一溫祚王 재위 32년	第二南解王 재위 11년 此王代樂浪國人來侵金城 不克而還[22]
15	乙亥	新室 天鳳 2	재위 12년	재위 34년	재위 33년	재위 12년
16	丙子	新室 天鳳 3	재위 13년	재위 35년	재위 34년	재위 13년
17	丁丑	新室 天鳳 4	재위 14년	재위 36년	재위 35년	재위 14년
18	戊寅	新室 天鳳 5	재위 15년	第三大武神王 名無恤 一作味留 姓解氏 瑠璃王第三子 戊寅立 理 二十六年	재위 36년	재위 15년 又天鳳五年戊寅 高麗之裨屬七國來投

---

22 『삼국사기』 권1 「신라본기」 1의 남해차차웅 11년조에는, "倭人遣兵船百餘艘 掠海邊民戶 發六部勁兵以禦之 樂浪謂內虛 來攻金城 甚急 夜有流星 墮於敵營 衆懼而退 屯於閼川之上
造石堆二十而去 六部兵一千人追之 自吐含山東至閼川 見石堆 知賊衆乃止"라고 되어 있다.

西紀 A.D.	干支	1. 王曆第一				4. 馬韓	14. 東扶餘	20. 第二南解王	21. 第三弩禮王
		中國	新羅	高句麗	百濟				
19	己卯	新室 天鳳 6	第二南解次次雄 재위 16년	第三大武神王 재위 2년	第一溫祚王 재위 37년	三國史云 溟州古穢 國 野人耕田 得穢王 印 獻之[23]		第二南解王 재위 16년	
20	庚辰	新室 地皇 1	재위 17년	재위 3년	재위 38년			재위 17년	
21	辛巳	新室 地皇 2	재위 18년	재위 4년	재위 39년			재위 18년	
22	壬午	新室 地皇 3	재위 19년	재위 5년	재위 40년		至地皇三年壬午 高麗王無恤 伐之 殺王帶素 國除	재위 19년	
23	癸未	前漢 更始[24] 1	재위 20년	재위 6년	재위 41년			재위 20년	朴弩禮尼叱今〔一作儒禮王〕 初王與妹夫脫解讓位 脫解云 凡有德者多齒 宜以齒理試之 乃咬餠驗之 王齒多 故先立 因名尼叱今 尼叱今之稱 自此 王始 劉聖公更始元年癸未卽 位〔年表云[25] 甲申卽位〕

---

23 『삼국사기』권1 「신라본기」 1의 남해차차웅 16년에는, "春二月 北溟人耕田 得濊王印 獻之"라고 되어 있다.

24 前漢 淮陽王의 연호이다.

25 年表는 1. 王曆第一을 말하는 것으로 보인다. 20. 第二南解王에서도 24년(갑신)에 있었던 일로 기록하고 있어, 1년의 차이를 보인다.

西紀 A.D.	干支	1. 王曆第一				10. 靺鞨〔一作勿吉〕渤海	20. 第二南解王	22. 第四脫解王	57. 南扶餘 前百濟 北扶餘〔已見上〕
		中國	新羅	高句麗	百濟				
24	甲申	前漢 更始 2	第三弩禮〔一作 弩〕尼叱今 父 南解 母雲帝 妃 辭要王之女 金 氏 甲申立 理三 十三年 尼叱今 或作尼師今	第三大武神 王 재위 7년	第一溫祚王 재위 42년	(按…) 溫祚王四十二 年 南沃沮二十餘家來 投新羅[26]	御理二十一年 以地皇四年甲申崩[27] 此 王乃三皇之弟二云 按三國史云 新羅稱王曰居西干 辰言王 也 或云呼貴人之稱 或曰 次次雄 或作 慈充 金大問云[28] 次次雄方言謂巫也 世 人以巫事鬼神尙祭祀 故畏敬之 遂稱尊 長者爲慈充 或云尼師今 言謂齒理也 初南解王薨 子弩禮讓位於脫解 解云 吾聞 聖智人多齒 乃試以餠噬之 古傳 如此 或曰麻立干〔立一作袖〕金大問 云 麻立者 方言謂橛也 橛標准位而置 則王橛爲主 臣橛列於下 因以名之	脫解齒叱今〔一作吐解尼師今〕 南解王時〔古本云壬寅年至者謬 矣 近則後於弩禮卽位之初 無爭 讓之事 前則在於赫居之世 故知 壬寅非也〕駕洛國海中 有船來泊 其國首露王 與臣民鼓譟而迎 將 欲留之 而船乃飛走 至於雞林東 下西知村阿珍浦〔今有上西知下 西知村名〕時浦邊有一嫗 名阿珍 義先 乃赫居王之海尺之母 (…) 時南解王知脫解是智人 以長公 主妻之 是爲阿尼夫人 (…)[29]	
25	乙酉	後漢 武帝 建武 1	재위 2년	재위 8년	재위 43년				
26	丙戌	武帝 建武 2	재위 3년	재위 9년	재위 44년				
27	丁亥	武帝 建武 3	재위 4년	재위 10년	재위 45년				
28	戊子	武帝 建武 4	재위 5년	재위 11년	第二多婁王 溫祚第二子 戊子立 理四 十九年				(按古典記云…) 又 多婁王 寬厚有威望

---

26 『삼국사기』 권23 「백제본기」 1의 온조왕 43년에는, "冬十月 南沃沮仇頗解等二十餘家 至斧壤納款 王納之 安置漢山之西"라고 되어 있다. 이로 볼 때, 온조왕 43년조의 일로 보아야
할 듯하다.

27 地皇 4년은 甲申이 아니고 癸未이다. 1년의 연대 차이가 있다.

28 성덕왕 3년(704)에 김대문이 한산주 도독으로 있었다는 『삼국사기』의 기록을 근거로, 김대문과 관련된 자료는 704년에도 제시하였다.

29 석탈해가 언제부터 활동하였는지는 기록마다 차이를 보이고 있다. 그렇다면 위의 기사를 어떻게 이해해야 할지는 좀더 고민해볼 부분이다.

西紀 A.D.	干支	1. 王曆第一				60. 駕洛國記	19. 新羅始祖赫居世王	21. 第三弩禮王
		中國	新羅	高句麗	百濟			
29	己丑	後漢 武帝 建武 5	第三弩禮尼叱今 재위 6년	第三大武神王 재위 12년	第二多婁王 재위 2년			
30	庚寅	武帝 建武 6	재위 7년	재위 13년	재위 3년			
31	辛卯	武帝 建武 7	재위 8년	재위 14년	재위 4년			
32	壬辰	武帝 建武 8	재위 9년	재위 15년	재위 5년		〔弩禮王九年置 名及梁部〕[30] 弩禮王九年 始改六部名 又賜六姓 今俗中興部爲母[31] 長福部爲父 臨川 部爲子 加德部爲女 其實未詳	改定六部號 仍賜六姓 始作 兜率歌 有嗟辭 詞腦格 始製 黎耜及藏冰庫 作車乘
33	癸巳	武帝 建武 9	재위 10년	재위 16년	재위 6년	許黃玉 태어남		

---

30 "辰韓之地 古有六村 一曰閼川楊山村 南今曇嚴寺 長曰謁平 初降于瓢嵓峰 是爲及梁部李氏祖"라고 되어 있는 본문 기사에 대한 각주이다.

31 지금의 풍속은 고려 태조 왕건대를 가리키는 것으로 보고, 940년에도 관련 자료를 제시하였다.

西紀 A.D.	干支	1. 王曆第一				60. 駕洛國記	7. 樂浪國	8. 北帶方	11. 伊西國
		中國	新羅	高句麗	百濟				
34	甲午	後漢 武帝 建武 10	第三弩禮尼叱今 재위 11년	第三大武神王 재위 17년	第二多婁王 재위 7년	허황옥; 2세			
35	乙未	武帝 建武 11	재위 12년	재위 18년	재위 8년	허황옥; 3세			
36	丙申	武帝 建武 12	재위 13년	재위 19년	재위 9년	허황옥; 4세			
37	丁酉	武帝 建武 13	재위 14년	재위 20년	재위 10년	허황옥; 5세	(國史云…) 又第三弩禮王十四年 高麗第三無恤王 伐樂浪滅之 其國人與帶方〔北帶方〕投于羅[32]	北帶方 本竹軍城 新羅弩禮王十四年 帶方人與樂浪人投于羅〔此皆前漢所置二郡名 其後僭稱國 今來降〕[33]	弩禮王十四年 伊西國人來攻金城
38	戊戌	武帝 建武 14	재위 15년	재위 21년	재위 11년	허황옥; 6세			

---

32 『삼국사기』 권1 「신라본기」 1의 유리니사금 14년조에는, "高句麗王無恤 襲樂浪滅之 其國人五千來投 分居六部"라고 되어 있다.

33 『삼국사기』 권1 「신라본기」 1의 유리니사금 14년조에는, "高句麗王無恤 襲樂浪滅之 其國人五千來投 分居六部"라고 되어 있다.

西紀 A.D.	干支	1. 王曆第一					60. 駕洛國記	12. 五伽倻	21. 第三弩禮王
		中國	新羅	高句麗	百濟	駕洛國			
39	己亥	後漢 武帝 建武 15	第三弩禮尼叱今 재위 16년	第三大武神王 재위 22년	第二多婁王 재위 12년		허황옥; 7세		
40	庚子	武帝 建武 16	재위 17년	재위 23년	재위 13년		허황옥; 8세		
41	辛丑	武帝 建武 17	재위 18년	재위 24년	재위 14년		開闢之後 此地未有邦國之號 亦無君臣之稱 越有我刀干 汝刀干 彼刀干 五刀干 留水干 留天干 神天干 五天干 神鬼干等 九干者 是酋長 領總百姓 凡一百戶 七萬五千人 多以自都山野 鑿井而飲 耕田而食[34]		
42	壬寅	武帝 建武 18	재위 19년	재위 25년	재위 15년	駕洛國 一作伽倻 今金州 首露王 壬寅三月卵生 是月卽位 理一百五十八年 因金卵而生 故姓金氏 開皇曆載	屬後漢世祖光武帝建武十八年壬寅三月禊浴之日 所居北龜旨〔是峰巒之稱 若十朋伏之狀 故云也〕有殊常聲氣呼喚 衆庶二三百人 集會於此 有如人音 隱其形 而發其音曰 此有人否 九干等云 吾徒在 又曰 吾所在爲何 對云 龜旨也 又曰 皇天所以命我者 御是處 惟新家邦 爲君后 爲玆故降矣 爾等須掘峰頂撮土 歌之云 龜何龜何 首其現也 若不現也 燔灼而喫也 以之蹈舞 則是迎大王 歡喜踴躍之也 (…) 過浹辰 翌日平明 衆庶復相聚集合 而六卵化爲童子 容貌甚偉 仍坐於床 衆庶拜賀 盡恭敬止 日日而大 踰十餘晨昏 身長九尺 則殷之天乙 顏如龍焉 則漢之高祖 眉之八彩 則有唐之堯 眼之重瞳 則有虞之舜 其於月望日卽位也 始現故諱首露 或云首陵〔首陵是崩後諡也〕國稱大駕洛 又稱伽耶國 卽六伽耶之一也 餘五人各歸爲五伽耶主 東以黃山江 西南以滄海 西北以地理山 東北以伽耶山 南而爲國尾 俾創假宮而入御 但要質儉 茅茨不剪 土階三尺	五伽耶〔按駕洛記贊云 垂一紫纓 下六圓卵 五歸各邑 一在玆城 則一爲首露王 餘五各爲五伽耶之主 金官不入五數 當矣[35]〕阿羅〔一作耶〕伽耶〔今咸安〕 古寧伽耶〔今咸寧〕 大伽耶〔今高靈〕 星山伽耶〔今京山 云碧珍〕 小伽耶〔今固城〕	建武十八年 伐伊西國滅之 是年 高麗兵來侵
43	癸卯	武帝 建武 19	재위 20년	재위 26년	재위 16년	재위 2년; 2세	二年癸卯春正月 王若曰 朕欲定置京都 仍駕幸假宮之南新畓坪〔是古來閑田 新耕作故云也 畓乃俗文也〕四望山嶽 顧左右曰 此地狹小如蓼葉 然而秀異 可爲十六羅漢住地 何況自一成三 自三成七 七聖住地 固合于是 托土開疆 終然允臧歟 築置一千五百步周迴羅城 宮禁殿宇 及諸有司屋宇 武庫倉廩之地 事訖還宮 遍徵國內丁壯人夫工匠 以其月二十日資始金湯 暨三月十日役畢 其宮闕屋舍 候農隙而作之 經始于厥年十月		

34 정확한 시기는 알 수 없지만, 西紀 42년 이전의 일이라고 할 수 있다.

35 각주에 붙어 있는 세주이다. 세주의 뒷부분에서는, "而本朝史略 幷數金官 而濫記昌寧誤"라고 하면서 계속 서술하였다. 이 기록은 뒤의 940년조에서도 언급하였다.

西紀 A.D.	干支	1. 王曆第一					60. 駕洛國記	7. 樂浪國	70. 金官城婆娑石塔	87. 魚山佛影
		中國	新羅	高句麗	百濟	駕洛國				
44	甲辰	後漢 武帝 建武 20	第三弩禮 尼叱今 재위 21년	第四閔中王 名色朱 姓解 氏 大武之 子[36] 甲辰立 理四年	第二 多婁王 재위 17년	首露王 재위 3년; 3세	(經始于厭年十月) 逮甲辰二月而成 涓吉辰而新 宮 理萬機而勤庶務 忽有琓夏國含達王之夫人妊 娠 彌月生卵 卵化爲人 名曰脫解 從海而來 (…) 王竊恐滯留謀亂 急發舟師五百艘而追之 解奔入 雞林地界 舟師盡還 事記所載多異與新羅	(國史云…) 又無恤王二十七年 光 武帝遣使伐樂浪 取其地爲郡縣 薩 水已南屬漢〔據上諸文 樂浪郎平 壤城 宜矣 或云樂浪中頭山下靺鞨 之界 薩水今大同江也 未詳孰是〕		
45	乙巳	武帝 建武 21	재위 22년	재위 2년	재위 18년	재위 4년; 4세	허황옥; 13세			古記云 萬魚寺者 古之慈成山也 又阿耶斯 山〔當作摩耶斯 此云魚也〕傍有呵囉國 昔 天卵下于海邊 作人御國 卽首露王 當此時 境內有玉池 池有毒龍焉 萬魚山有五羅刹 女 往來交通 故時降電雨 歷四年五穀不 成[37] 王呪禁不能 稽首請佛說法 然後羅刹 女受五戒而無後害 故東海魚龍遂化爲滿 洞之石 各有鍾磬之聲〔已上古記〕
46	丙午	武帝 建武 22	재위 23년	재위 3년	재위 19년	재위 5년; 5세	허황옥; 14세			
47	丁未	武帝 建武 23	재위 24년	재위 4년	재위 20년	재위 6년; 6세	허황옥; 15세			
48	戊申	武帝 建武 24	재위 25년	第五慕本王 閔中之兄[38] 名愛留〔一 作憂〕戊申 立 理五年 國祖王 출 생; 1세	재위 21년	재위 7년; 7세	屬建武二十四年戊申七月二十七日 九干等朝謁 之次 獻言曰 大王降靈已來 好仇未得 請臣等所 有處女絶好者 選入宮闈 俾爲伉儷 王曰 朕降于 玆 天命也 配朕而作后 亦天之命 卿等無慮 (…) 忽自海之西南隅 掛緋帆 張茜旗 而指乎北 (…) 於是王與后共在御國寢 從容語王曰 妾是阿踰陁 國公主也 姓許名黃玉 年二八矣 在本國時 今年 五月中 (…) 王答曰 朕生而頗聖 先知公主自遠而 屆 下臣有納妃之請 不敢從焉 今也淑質自臻 眇 躬多幸 遂以合歡 (…) 令歸本國 八月一日迴鑾 (…) 其功也 塗山翼夏 唐媛興姚		金官虎溪寺婆娑石塔者 昔此 邑爲金官國時 世祖首露王之 妃 許皇后名黃玉 以東漢建武 二十四年戊申 自西域阿踰陁 國所載來 初公主承二親之命 泛海將指東 阻波神之怒 不克 而還 白父王 父王命載玆塔 乃獲利涉 來泊南涯 有緋帆茜 旗珠玉之美 今云主浦 初解綾 綺於岡上處曰綾峴 茜旗初入 海涯曰旗出邊	

---

36 『삼국사기』권14 「고구려본기」 2의 민중왕조에는, "大武神王之弟也"라고 되어 있다.

37 이 사건이 일어난 구체적인 시기를 알 수는 없다. 다만 4년 동안 오곡이 익지 않았다라고 한 기록을 근거로, 수로왕 재위 4년 이후에 일어난 것으로 추정하고자 한다.

38 『삼국사기』권14 「고구려본기」 2의 모본왕조에는, "大武神王元子"라고 되어 있다.

西紀 A.D.	干支	1. 王曆第一					60. 駕洛國記
		中國	新羅	高句麗	百濟	駕洛國	
49	己酉	後漢 武帝 建武 25	第三弩禮尼叱今 재위 26년	第五慕本王 재위 2년 국조왕; 2세	第二多婁王 재위 22년	首露王 재위 8년; 8세	頻年有夢得熊羆之兆 誕生太子居 登公[39] 허황옥; 17세
50	庚戌	武帝 建武 26	재위 27년	재위 3년 국조왕; 3세	재위 23년	재위 9년; 9세	허황옥; 18세
51	辛亥	武帝 建武 27	재위 28년	재위 4년 국조왕; 4세	재위 24년	재위 10년; 10세	허황옥; 19세
52	壬子	武帝 建武 28	재위 29년	재위 5년 국조왕; 5세	재위 25년	재위 11년; 11세	허황옥; 20세
53	癸丑	武帝 建武 29	재위 30년	第六國祖王 名宮 亦云太祖王 癸丑立 理九十三年 後漢傳云 初生開目能視　後遜位于母弟 次大王	재위 26년	재위 12년; 12세	허황옥; 21세

---

[39] 정확한 연대는 알 수 없지만, 西紀 49년 이후의 일로 볼 수 있다.

西紀 A.D.	干支	1. 王曆第一					60. 駕洛國記	22. 第四脫解王
		中國	新羅	高句麗	百濟	駕洛國		
54	甲寅	後漢 武帝 建武 30	第三弩禮尼叱今 재위 31년	第六國祖王 재위 2년; 8세	第二多婁王 재위 27년	首露王 재위 13년; 13세	허황옥; 22세	
55	乙卯	武帝 建武 31	재위 32년	재위 3년; 9세	재위 28년	재위 14년; 14세	허황옥; 23세 其餘臧獲之輩 自來七八年間 未有茲子生 唯抱懷土之悲 皆首丘而沒	
56	丙辰	後漢 武帝 中元 1	재위 33년	재위 4년; 10세	재위 29년	재위 15년; 15세	허황옥; 24세	
57	丁巳	武帝 中元 2	第四脫解[一作吐解]尼叱今 昔氏 父玩夏國含達婆王 一作花夏國王 母積女國王之女 妃南解王之女阿老夫人 丁巳立 理二十三年 王崩水葬 未召疏井丘中 塑骨安東岳 今東岳大王	재위 5년; 11세	재위 30년	재위 16년; 16세	허황옥; 25세	及弩禮王崩 以光武帝中元二年 丁巳六月 乃登王位 以昔是吾家取他人家 故因姓昔氏 或云 因鵲開櫃 故去鳥字 姓昔氏 解櫃脫卵而生 故因名脫解
58	戊午	明帝 永平 1	재위 2년	재위 6년; 12세	재위 31년	재위 17년; 17세	허황옥; 26세	

西紀 A.D.	干支	1. 王曆第一					60. 駕洛國記	23. 金閼智 脫解王代
		中國	新羅	高句麗	百濟	駕洛國		
59	己未	後漢 明帝 永平 2	第四脫解尼叱今 재위 3년	第六國祖王 재위 7년; 13세	第二多婁王 재위 32년	首露王 재위 18년; 18세	허황옥; 27세	
60	庚申	明帝 永平 3	재위 4년	재위 8년; 14세	재위 33년	재위 19년; 19세	허황옥; 28세	永平三年庚申〔一云中元六年 誤矣 中元盡二年而已〕八月四日 瓠公夜行月城西里 見大光明於始林中〔一作鳩林〕有紫雲從天垂地 雲中有黃金櫃 掛於樹枝 光自櫃出 亦有白雞鳴於樹下 以狀聞於王 駕幸其林 開櫃有童男 臥而卽起 如赫居世之故事 故因其言 以閼智名之 閼智卽鄉言 小兒之稱也 抱載還闕 鳥獸相隨 喜躍蹌蹌 王擇吉日 冊位太子 後讓於婆娑 不卽王位 因金櫃而出 乃姓金氏 閼智生熱漢 漢生阿都 都生首留 留生郁部 部生俱道〔一作仇刀〕道生未鄒 鄒卽王位 新羅金氏自閼智始
61	辛酉	明帝 永平 4	재위 5년	재위 9년; 15세	재위 34년	재위 20년; 20세	허황옥; 29세	
62	壬戌	明帝 永平 5	재위 6년	재위 10년; 16세	재위 35년	재위 21년; 21세	허황옥; 30세	
63	癸亥	明帝 永平 6	재위 7년	재위 11년; 17세	재위 36년	재위 22년; 22세	허황옥; 31세	

| 西紀 A.D. | 干支 | 1. 王曆第一 | | | | | 60. 駕洛國記 | 19. 新羅始祖赫居世王 |
		中國	新羅	高句麗	百濟	駕洛國		
64	甲子	後漢 明帝 永平 7	第四脫解尼叱今 재위 8년	第六國祖王 재위 12년; 18세	第二多婁王 재위 37년	首露王 재위 23년; 23세	허황옥; 32세	
65	乙丑	明帝 永平 8	재위 9년 一說 至脫解王時 始置鷄 林之號[40]	재위 13년; 19세	재위 38년	재위 24년; 24세	허황옥; 33세	一說 脫解王時 得金閼智 而 鷄鳴於林中　乃改國號爲鷄 林[41]
66	丙寅	明帝 永平 9	재위 10년	재위 14년; 20세	재위 39년	재위 25년; 25세	허황옥; 34세	
67	丁卯	明帝 永平 10	재위 11년	재위 15년; 21세	재위 40년	재위 26년; 26세	허황옥; 35세	
68	戊辰	明帝 永平 11	재위 12년	재위 16년; 22세	재위 41년	재위 27년; 27세	허황옥; 36세	

---

40 『삼국사기』「신라본기」제1의 탈해니사금 9년 기사(65)에는, "(…) 乃收養之 及長聰明多智略 乃名閼智 以其出於金櫃 姓金氏 改始林名鷄林 因以爲國號"라고 되어 있다.

41 『삼국사기』「신라본기」제1의 탈해니사금 9년 기사(65)에는, "(…) 乃收養之 及長聰明多智略 乃名閼智 以其出於金櫃 姓金氏 改始林名鷄林 因以爲國號"라고 되어 있다.

西紀 A.D.	干支	1. 王曆第一					60. 駕洛國記
		中國	新羅	高句麗	百濟	駕洛國	
69	己巳	後漢 明帝 永平 12	第四脫解尼叱今 재위 13년	第六國祖王 재위 17년; 23세	第二多婁王 재위 42년	首露王 재위 28년; 28세	허황옥; 37세
70	庚午	明帝 永平 13	재위 14년	재위 18년; 24세	재위 43년	재위 29년; 29세	허황옥; 38세
71	辛未	明帝 永平 14	재위 15년	재위 19년; 25세	재위 44년	재위 30년; 30세	허황옥; 39세
72	壬申	明帝 永平 15	재위 16년	재위 20년; 26세	재위 45년	재위 31년; 31세	허황옥; 40세
73	癸酉	明帝 永平 16	재위 17년	재위 21년; 27세	재위 46년	재위 32년; 32세	허황옥; 41세

西紀 A.D.	干支	1. 王曆第一					60. 駕洛國記
		中國	新羅	高句麗	百濟	駕洛國	
74	甲戌	後漢 明帝 永平 17	第四脫解尼叱今 재위 18년	第六國祖王 재위 22년; 28세	第二多婁王 재위 47년	首露王 재위 33년; 33세	허황옥; 42세
75	乙亥	明帝 永平 18	재위 19년	재위 23년; 29세	재위 48년	재위 34년; 34세	허황옥; 43세
76	丙子	章帝 建初 1	재위 20년	재위 24년; 30세	재위 49년	재위 35년; 35세	허황옥; 44세
77	丁丑	章帝 建初 2	재위 21년	재위 25년; 31세	第三己婁王 多婁子 丁丑立 理五十一年	재위 36년; 36세	허황옥; 45세
78	戊寅	章帝 建初 3	재위 22년	재위 26년; 32세	재위 2년	재위 37년; 37세	허황옥; 46세 朕臣泉府卿申輔 宗正監趙匡 等 到國三十年後 各産二女焉 夫與婦踰一二年而皆抛信也

西紀 A.D.	干支	1. 王曆第一					60. 駕洛國記	22. 第四脫解王
		中國	新羅	高句麗	百濟	駕洛國		
79	己卯	後漢 章帝 建初 4	第四脫解尼叱今 재위 23년	第六國祖王 재위 27년; 33세	第三己婁王 재위 3년	首露王 재위 38년; 38세	허황옥; 47세	在位二十三年 建初四年己卯崩 葬疏川丘中 後有神詔 愼埋葬我骨 其髑髏周三尺二寸 身骨長九尺七寸 齒凝如一 骨節皆連瑣 所謂天下無敵力士之骨 碎爲塑像 安闕內 神又報云 我骨置於東岳 故令安之
80	庚辰	章帝 建初 5	第五婆娑尼叱今 姓朴氏 父弩禮王 母辭要王之女 妃史肖夫人 庚辰立 理三十二年	재위 28년; 34세	재위 4년	재위 39년; 39세	허황옥; 48세	
81	辛巳	章帝 建初 6	재위 2년	재위 29년; 35세	재위 5년	재위 40년; 40세	허황옥; 49세	
82	壬午	章帝 建初 7	재위 3년	재위 30년; 36세	재위 6년	재위 41년; 41세	허황옥; 50세	
83	癸未	章帝 建初 8	재위 4년	재위 31년; 37세	재위 7년	재위 42년; 42세	허황옥; 51세	

西紀 A.D.	干支	1. 王曆第一					60. 駕洛國記
		中國	新羅	高句麗	百濟	駕洛國	
84	甲申	後漢 章帝 元和 1	第五婆娑尼叱今 재위 5년	第六國祖王 재위 32년; 38세	第三己婁王 재위 8년	首露王 재위 43년; 43세	허황옥; 52세
85	乙酉	章帝 元和 2	재위 6년	재위 33년; 39세	재위 9년	재위 44년; 44세	허황옥; 53세
86	丙戌	章帝 元和 3	재위 7년	재위 34년; 40세	재위 10년	재위 45년; 45세	허황옥; 54세
87	丁亥	章帝 章和 1	재위 8년	재위 35년; 41세	재위 11년	재위 46년; 46세	허황옥; 55세
88	戊子	章帝 章和 2	재위 9년	재위 36년; 42세	재위 12년	재위 47년; 47세	허황옥; 56세

西紀 A.D.	干支	1. 王曆第一					60. 駕洛國記
		中國	新羅	高句麗	百濟	駕洛國	
89	己丑	後漢 和帝 永元 1	第五婆娑尼叱今 재위 10년	第六國祖王 재위 37년; 43세	第三己婁王 재위 13년	首露王 재위 48년; 48세	허황옥; 57세
90	庚寅	和帝 永元 2	재위 11년	재위 38년; 44세	재위 14년	재위 49년; 49세	허황옥; 58세
91	辛卯	和帝 永元 3	재위 12년	재위 39년; 45세	재위 15년	재위 50년; 50세	허황옥; 59세
92	壬辰	和帝 永元 4	재위 13년	재위 40년; 46세	재위 16년	재위 51년; 51세	허황옥; 60세
93	癸巳	和帝 永元 5	재위 14년	재위 41년; 47세	재위 17년	재위 52년; 52세	허황옥; 61세

西紀 A.D.	干支	1. 王曆第一					60. 駕洛國記
		中國	新羅	高句麗	百濟	駕洛國	
94	甲午	後漢 和帝 永元 6	第五婆娑尼叱今 재위 15년	第六國祖王 재위 42년; 48세	第三己婁王 재위 18년	首露王 재위 53년; 53세	허황옥; 62세
95	乙未	和帝 永元 7	재위 16년	재위 43년; 49세	재위 19년	재위 54년; 54세	허황옥; 63세
96	丙申	和帝 永元 8	재위 17년	재위 44년; 50세	재위 20년	재위 55년; 55세	허황옥; 64세
97	丁酉	和帝 永元 9	재위 18년	재위 45년; 51세	재위 21년	재위 56년; 56세	허황옥; 65세
98	戊戌	和帝 永元 10	재위 19년	재위 46년; 52세	재위 22년	재위 57년; 57세	허황옥; 66세

西紀 A.D.	干支	1. 王曆第一					60. 駕洛國記
		中國	新羅	高句麗	百濟	駕洛國	
99	己亥	後漢 和帝 永元 11	第五婆娑尼叱今 재위 20년	第六國祖王 재위 47년; 53세	第三己婁王 재위 23년	首露王 재위 58년; 58세	허황옥; 67세
100	庚子	和帝 永元 12	재위 21년	재위 48년; 54세	재위 24년	재위 59년; 59세	허황옥; 68세
101	辛丑	和帝 永元 13	재위 22년	재위 49년; 55세	재위 25년	재위 60년; 60세	허황옥; 69세
102	壬寅	和帝 永元 14	재위 23년	재위 50년; 56세	재위 26년	재위 61년; 61세	허황옥; 70세
103	癸卯	和帝 永元 15	재위 24년	재위 51년; 57세	재위 27년	재위 62년; 62세	허황옥; 71세

西紀 A.D.	干支	1. 王曆第一					60. 駕洛國記
		中國	新羅	高句麗	百濟	駕洛國	
104	甲辰	後漢 和帝 永元 16	第五婆娑尼叱今 재위 25년	第六國祖王 재위 52년; 58세	第三己婁王 재위 28년	首露王 재위 63년; 63세	허황옥; 72세
105	乙巳	和帝 永元 17 和帝 元興 1	재위 26년	재위 53년; 59세	재위 29년	재위 64년; 64세	허황옥; 73세
106	丙午	殤帝 延平 1	재위 27년	재위 54년; 60세	재위 30년	재위 65년; 65세	허황옥; 74세
107	丁未	安帝 永初 1	재위 28년	재위 55년; 61세	재위 31년	재위 66년; 66세	허황옥; 75세
108	戊申	安帝 永初 2	재위 29년	재위 56년; 62세	재위 32년	재위 67년; 67세	허황옥; 76세

西紀 A.D.	干支	1. 王曆第一					60. 駕洛國記
		中國	新羅	高句麗	百濟	駕洛國	
109	己酉	後漢 安帝 永初 3	第五婆娑尼叱今 재위 30년	第六國祖王 재위 57년; 63세	第三己婁王 재위 33년	首露王 재위 68년; 68세	허황옥; 77세
110	庚戌	安帝 永初 4	재위 31년	재위 58년; 64세	재위 34년	재위 69년; 69세	허황옥; 78세
111	辛亥	安帝 永初 5	재위 32년	재위 59년; 65세	재위 35년	재위 70년; 70세	허황옥; 79세
112	壬子	安帝 永初 6	第六祇磨尼叱今 一作祇味 姓朴氏 父婆 娑王 母史肖夫人 妃磨帝國王之女 □禮 夫人 一作愛禮 金氏 壬子立 理二十三年 是王代滅音質國 今安康 及押梁國今章山	재위 60년; 66세	재위 36년	재위 71년; 71세	허황옥; 80세
113	癸丑	安帝 永初 7	재위 2년	재위 61년; 67세	재위 37년	재위 72년; 72세	허황옥; 81세

西紀 A.D.	干支	1. 王曆第一					60. 駕洛國記
		中國	新羅	高句麗	百濟	駕洛國	
114	甲寅	後漢 安帝 元初 1	第六祇磨尼叱今 재위 3년	第六國祖王 재위 62년; 68세	第三己婁王 재위 38년	首露王 재위 73년; 73세	허황옥; 82세
115	乙卯	安帝 元初 2	재위 4년	재위 63년; 69세	재위 39년	재위 74년; 74세	허황옥; 83세
116	丙辰	安帝 元初 3	재위 5년	재위 64년; 70세	재위 40년	재위 75년; 75세	허황옥; 84세
117	丁巳	安帝 元初 4	재위 6년	재위 65년; 71세	재위 41년	재위 76년; 76세	허황옥; 85세
118	戊午	安帝 元初 5	재위 7년	재위 66년; 72세	재위 42년	재위 77년; 77세	허황옥; 86세

西紀 A.D.	干支	1. 王曆第一					60. 駕洛國記
		中國	新羅	高句麗	百濟	駕洛國	
119	己未	後漢 安帝 元初 6	第六祗磨尼叱今 재위 8년	第六國祖王 재위 67년; 73세	第三己婁王 재위 43년	首露王 재위 78년; 78세	허황옥; 87세
120	庚申	安帝 永寧 1	재위 9년	재위 68년; 74세	재위 44년	재위 79년; 79세	허황옥; 88세
121	辛酉	安帝 建光 1	재위 10년	재위 69년; 75세	재위 45년	재위 80년; 80세	허황옥; 89세
122	壬戌	安帝 延光 1	재위 11년	재위 70년; 76세	재위 46년	재위 81년; 81세	허황옥; 90세
123	癸亥	安帝 延光 2	재위 12년	재위 71년; 77세	재위 47년	재위 82년; 82세	허황옥; 91세

西紀 A.D.	干支	1. 王曆第一					60. 駕洛國記	10. 靺鞨〔一作勿吉〕渤海
		中國	新羅	高句麗	百濟	駕洛國		
124	甲子	後漢 安帝 延光 3	第六祇磨尼叱今 재위 13년	第六國祖王 재위 72년; 78세	第三己婁王 재위 48년	首露王 재위 83년; 83세	허황옥; 92세	
125	乙丑	安帝 延光 4	재위 14년	재위 73년; 79세	재위 49년	재위 84년; 84세	허황옥; 93세	又東明記云 卒本城地連靺鞨 〔或云今東眞〕 羅第六祇麻王 十四年〔乙丑〕 靺鞨兵大入北 境 襲大嶺柵 過泥河[42]
126	丙寅	順帝 永建 1	재위 15년	재위 74년; 80세	재위 50년	재위 85년; 85세	허황옥; 94세	
127	丁卯	順帝 永建 2	재위 16년	재위 75년; 81세	재위 51년	재위 86년; 86세	허황옥; 95세	
128	戊辰	順帝 永建 3	재위 17년	재위 76년; 82세	第四蓋婁王 己婁子 戊 辰立 理三十八年	재위 87년; 87세	허황옥; 96세	

---

42 『삼국사기』 권1 「신라본기」 1의 지마니사금 14년조에는, "春正月 靺鞨大入北境 殺掠吏民 秋七月 又襲大嶺柵 過於泥河 王移書百濟請救 百濟遣五將軍助之 賊聞而退"라고 되어 있다.

西紀 A.D.	干支	1. 王曆第一					60. 駕洛國記
		中國	新羅	高句麗	百濟	駕洛國	
129	己巳	後漢 順帝 永建 4	第六祗磨尼叱今 재위 18년	第六國祖王 재위 77년; 83세	第四蓋婁王 재위 2년	首露王 재위 88년; 88세	허황옥; 97세
130	庚午	順帝 永建 5	재위 19년	재위 78년; 84세	재위 3년	재위 89년; 89세	허황옥; 98세
131	辛未	順帝 永建 6	재위 20년	재위 79년; 85세	재위 4년	재위 90년; 90세	허황옥; 99세
132	壬申	順帝 陽嘉 1	재위 21년	재위 80년; 86세	재위 5년	재위 91년; 91세	허황옥; 100세
133	癸酉	順帝 陽嘉 2	재위 22년	재위 81년; 87세	재위 6년	재위 92년; 92세	허황옥; 101세

西紀 A.D.	干支	1. 王曆第一					60. 駕洛國記
		中國	新羅	高句麗	百濟	駕洛國	
134	甲戌	後漢 順帝 陽嘉 3	第六祗磨尼叱今 재위 23년 第七逸聖尼叱今 父弩禮王之兄 或云祗磨王 妃□禮夫人 日知葛文王之女 □□禮夫人 祗摩王之女 母伊刊生夫人 或云□□王夫人 朴氏 甲戌立 理二十年	第六國祖王 재위 82년; 88세	第四蓋婁王 재위 7년	首露王 재위 93년; 93세	허황옥; 102세
135	乙亥	順帝 陽嘉 4	재위 2년	재위 83년; 89세	재위 8년	재위 94년; 94세	허황옥; 103세
136	丙子	順帝 永和 1	재위 3년	재위 84년; 90세	재위 9년	재위 95년; 95세	허황옥; 104세
137	丁丑	順帝 永和 2	재위 4년	재위 85년; 91세	재위 10년	재위 96년; 96세	허황옥; 105세
138	戊寅	順帝 永和 3	재위 5년	재위 86년; 92세	재위 11년	재위 97년; 97세	허황옥; 106세

西紀 A.D.	干支	1. 王曆第一					60. 駕洛國記
		中國	新羅	高句麗	百濟	駕洛國	
139	己卯	後漢 順帝 永和 4	第七逸聖尼叱今 재위 6년	第六國祖王 재위 87년; 93세	第四蓋婁王 재위 12년	首露王 재위 98년; 98세	허황옥; 107세
140	庚辰	順帝 永和 5	재위 7년	재위 88년; 94세	재위 13년	재위 99년; 99세	허황옥; 108세
141	辛巳	順帝 永和 6	재위 8년	재위 89년; 95세	재위 14년	재위 100년; 100세	허황옥; 109세
142	壬午	順帝 漢安 1	재위 9년	재위 90년; 96세	재위 15년	재위 101년; 101세	허황옥; 110세
143	癸未	順帝 漢安 2	재위 10년	재위 91년; 97세	재위 16년	재위 102년; 102세	허황옥; 111세

西紀 A.D.	干支	1. 王曆第一					60. 駕洛國記
		中國	新羅	高句麗	百濟	駕洛國	
144	甲申	後漢 順帝 建康 1	第七逸聖尼叱今 재위 11년	第六國祖王 재위 92년; 98세	第四蓋婁王 재위 17년	首露王 재위 103년; 103세	허황옥; 112세
145	乙酉	沖帝 永嘉 1	재위 12년	재위 93년; 99세	재위 18년	재위 104년; 104세	허황옥; 113세
146	丙戌	質帝 本初 1	재위 13년	第七次大王 名邃 國祖王母弟 丙戌立 理十九年	재위 19년	재위 105년; 105세	허황옥; 114세
147	丁亥	桓帝 建和 1	재위 14년	재위 2년 (國祖王; 101세)	재위 20년	재위 106년; 106세	허황옥; 115세
148	戊子	桓帝 建和 2	재위 15년	재위 3년 (國祖王; 102세)	재위 21년	재위 107년; 107세	허황옥; 116세

西紀 A.D.	干支	1. 王曆第一					60. 駕洛國記
		中國	新羅	高句麗	百濟	駕洛國	
149	己丑	後漢 桓帝 建和 3	第七逸聖尼叱今 재위 16년	第七次大王 재위 4년 (國祖王; 103세)	第四蓋婁王 재위 22년	首露王 재위 108년; 108세	허황옥; 117세
150	庚寅	桓帝 和平 1	재위 17년	재위 5년 (國祖王; 104세)	재위 23년	재위 109년; 109세	허황옥; 118세
151	辛卯	桓帝 元嘉 1	재위 18년	재위 6년 (國祖王; 105세)	재위 24년	재위 110년; 110세	허황옥; 119세
152	壬辰	桓帝 元嘉 2	재위 19년	재위 7년 (國祖王; 106세)	재위 25년	재위 111년; 111세	허황옥; 120세
153	癸巳	桓帝 永興 1	재위 20년	재위 8년 (國祖王; 107세)	재위 26년	재위 112년; 112세	허황옥; 121세

西紀 A.D.	干支	1. 王曆第一					60. 駕洛國記	24. 延烏郎 細烏女
		中國	新羅	高句麗	百濟	駕洛國		
154	甲午	後漢 桓帝 永興 2	第八阿達羅尼叱今 (재위; 154~183)[43]	第七次大王 재위 9년 (國祖王; 108세)	第四蓋婁王 재위 27년	首露王 재위 113년; 113세	허황옥; 122세	
155	乙未	桓帝 永壽 1	재위 2년	재위 10년 (國祖王; 109세)	재위 28년	재위 114년; 114세	허황옥; 123세	
156	丙申	桓帝 永壽 2	재위 3년	재위 11년 (國祖王; 110세)	재위 29년	재위 115년; 115세	허황옥; 124세	4월[44]
157	丁酉	桓帝 永壽 3	재위 4년	재위 12년 (國祖王; 111세)	재위 30년	재위 116년; 116세	허황옥; 125세	第八阿達羅王卽位四年丁酉 東海濱有延烏郎細烏女 夫婦而居 一日延烏歸海採藻 忽有一巖〔一云一魚〕負歸日本 國人見之曰 此非常人也 乃立爲王〔按日本帝記 前後無新羅人爲王者 此乃邊邑小王 而非眞王也〕細烏怪夫不來歸尋之 見夫脫鞋 亦上其巖 巖亦負歸如前 其國人驚訝 奏獻於王 夫婦相會 立爲貴妃 是時新羅日月無光 日者奏云 日月之精 降在我國 今去日本 故致斯怪 王遣使求二人 延烏曰 我到此國 天使然也 今何歸乎 雖然 朕之妃有所織細綃 以此祭天可矣 仍賜其綃 使人來奏 依其言而祭之 然後日月如舊 藏其綃於御庫爲國寶 名其庫爲貴妃庫 祭天所名迎日縣 又都祈野
158	戊戌	桓帝 延熹 1	재위 5년	재위 13년 (國祖王; 112세)	재위 31년	재위 117년; 117세	허황옥; 126세	

---

43 『삼국사기』권2 「신라본기」 2의 아달라니사금조를 참고하면서 재위연대를 추가로 넣었다.

44 『삼국사기』권2 「신라본기」 2의 아달라니사금 3년조(156)에는, "夏四月 隕霜 開雞立嶺路"라는 기사가 보인다.

西紀 A.D.	干支	1. 王曆第一					60. 駕洛國記
		中國	新羅	高句麗	百濟	駕洛國	
159	己亥	後漢 桓帝 延熹 2	第八阿達羅尼叱今 재위 6년	第七次大王 재위 14년 (國祖王; 113세)	第四蓋婁王 재위 32년	首露王 재위 118년; 118세	허황옥; 127세
160	庚子	桓帝 延熹 3	재위 7년	재위 15년 (國祖王; 114세)	재위 33년	재위 119년; 119세	허황옥; 128세
161	辛丑	桓帝 延熹 4	재위 8년	재위 16년 (國祖王; 115세)	재위 34년	재위 120년; 120세	허황옥; 129세
162	壬寅	桓帝 延熹 5	재위 9년	재위 17년 (國祖王; 116세)	재위 35년	재위 121년; 121세	허황옥; 130세
163	癸卯	桓帝 延熹 6	재위 10년	재위 18년 (國祖王; 117세)	재위 36년	재위 122년; 122세	허황옥; 131세

西紀 A.D.	干支	1. 王曆第一					60. 駕洛國記
		中國	新羅	高句麗	百濟	駕洛國	
164	甲辰	後漢 桓帝 延熹 7	第八阿達羅尼叱今 재위 11년	第七次大王 재위 19년 (國祖王; 118세)	第四蓋婁王 재위 37년	首露王 재위 123년; 123세	허황옥; 132세
165	乙巳	桓帝 延熹 8	재위 12년	乙巳 國祖王 年百十九歲 兄弟 二王 俱見弒于新王 第八新大王 名伯固 一作伯句 乙巳立 理十四年	재위 38년	재위 124년; 124세	허황옥; 133세
166	丙午	桓帝 延熹 9	재위 13년	재위 2년	第五肖古王 一作素古 蓋婁子 丙午立 理五十年	재위 125년; 125세	허황옥; 134세
167	丁未	桓帝 永康 1	재위 14년	재위 3년	재위 2년	재위 126년; 126세	허황옥; 135세
168	戊申	靈帝 建寧 1	재위 15년	재위 4년	재위 3년	재위 127년; 127세	허황옥; 136세

西紀 A.D.	干支	1. 王曆第一					60. 駕洛國記
		中國	新羅	高句麗	百濟	駕洛國	
169	己酉	後漢 靈帝 建寧 2	第八阿達羅尼叱今 재위 16년	第八新大王 재위 5년	第五肖古王 재위 4년	首露王 재위 128년; 128세	허황옥; 137세
170	庚戌	靈帝 建寧 3	재위 17년	재위 6년	재위 5년	재위 129년; 129세	허황옥; 138세
171	辛亥	靈帝 建寧 4	재위 18년	재위 7년	재위 6년	재위 130년; 130세	허황옥; 139세
172	壬子	靈帝 熹平 1	재위 19년	재위 8년	재위 7년	재위 131년; 131세	허황옥; 140세
173	癸丑	靈帝 熹平 2	재위 20년 又與倭國相□…□嶺□…□立峴 今彌勒大院 東嶺是也[45]	재위 9년	재위 8년	재위 132년; 132세	허황옥; 141세

---

[45] 『삼국사기』 권2 「신라본기」 2의 아달라니사금 20년조에는, "夏五月 倭女王卑彌乎 遣使來聘"이라는 기사가 보인다.

西紀 A.D.	干支	1. 王曆第一					60. 駕洛國記
		中國	新羅	高句麗	百濟	駕洛國	
174	甲寅	後漢 靈帝 熹平 3	第八阿達羅尼叱今 재위 21년	第八新大王 재위 10년	第五肖古王 재위 9년	首露王 재위 133년; 133세	허황옥; 142세
175	乙卯	靈帝 熹平 4	재위 22년	재위 11년	재위 10년	재위 134년; 134세	허황옥; 143세
176	丙辰	靈帝 熹平 5	재위 23년	재위 12년	재위 11년	재위 135년; 135세	허황옥; 144세
177	丁巳	靈帝 熹平 6	재위 24년	재위 13년	재위 12년	재위 136년; 136세	허황옥; 145세
178	戊午	靈帝 光和 1	재위 25년	재위 14년	재위 13년	재위 137년; 137세	허황옥; 146세

西紀 A.D.	干支	1. 王曆第一					60. 駕洛國記
		中國	新羅	高句麗	百濟	駕洛國	
179	己未	後漢 靈帝 光和 2	第八阿達羅尼叱今 재위 26년	第九故國川王 名男武 或云夷謨 己未 立 理二十年 國川 亦曰 國壤乃葬地名	第五肖古王 재위 14년	首露王 재위 138년; 138세	허황옥; 147세
180	庚申	靈帝 光和 3	재위 27년	재위 2년	재위 15년	재위 139년; 139세	허황옥; 148세
181	辛酉	靈帝 光和 4	재위 28년	재위 3년	재위 16년	재위 140년; 140세	허황옥; 149세
182	壬戌	靈帝 光和 5	재위 29년	재위 4년	재위 17년	재위 141년; 141세	허황옥; 150세
183	癸亥	靈帝 光和 6	재위 30년	재위 5년	재위 18년	재위 142년; 142세	허황옥; 151세

西紀 A.D.	干支	1. 王曆第一					60. 駕洛國記
		中國	新羅	高句麗	百濟	駕洛國	
184	甲子	後漢 靈帝 中平 1	第九伐休尼叱今 (재위; 184~196)[46]	第九故國川王 재위 6년	第五肖古王 재위 19년	首露王 재위 143년; 143세	허황옥; 152세
185	乙丑	靈帝 中平 2	재위 2년	재위 7년	재위 20년	재위 144년; 144세	허황옥; 153세
186	丙寅	靈帝 中平 3	재위 3년	재위 8년	재위 21년	재위 145년; 145세	허황옥; 154세
187	丁卯	靈帝 中平 4	재위 4년	재위 9년	재위 22년	재위 146년; 146세	허황옥; 155세
188	戊辰	靈帝 中平 5	재위 5년	재위 10년	재위 23년	재위 147년; 147세	허황옥; 156세 頻年有夢得熊羆之兆 誕生太子居登公[47]

---

[46] 『삼국사기』 권2 「신라본기」 2의 벌휴니사금조를 참고하면서 재위연대를 추가로 넣었다.

[47] 수로왕의 태자인 거등공이 언제 태어났는지는 정확하게 알 수 없다. 하지만 189년에 허왕후가 돌아가셨다는 기록을 통해 볼 때, 거등공은 189년 이전에 태어났음을 알 수 있다.

西紀 A.D.	干支	1. 王曆第一					60. 駕洛國記
		中國	新羅	高句麗	百濟	駕洛國	
189	己巳	後漢 洪農又獻帝 永漢 1	第九伐休尼叱今 재위 6년	第九故國川王 재위 11년	第五肖古王 재위 24년	首露王 재위 148년; 148세	허황옥; 157세(3월 1일에 卒) 靈帝中平六年己巳三月一日后崩 壽一百五十七 國人如嘆坤崩 葬於龜旨東北塢 遂欲不忘子愛下民之惠 因號初來下纜渡頭村曰 主浦村 解綾絝高岡曰 綾峴 茜旗行入海涯曰旗出邊
190	庚午	獻帝 初平 1	재위 7년	재위 12년	재위 25년	재위 149년; 149세	
191	辛未	獻帝 初平 2	재위 8년	재위 13년	재위 26년	재위 150년; 150세	
192	壬申	獻帝 初平 3	재위 9년	재위 14년	재위 27년	재위 151년; 151세	
193	癸酉	獻帝 初平 4	재위 10년	재위 15년	재위 28년	재위 152년; 152세	

西紀 A.D.	干支	1. 王曆第一					70. 金官城婆娑石塔
		中國	新羅	高句麗	百濟	駕洛國	
194	甲戌	後漢 獻帝 興平 1	第九伐休尼叱今 재위 11년	第九故國川王 재위 16년	第五肖古王 재위 29년	首露王 재위 153년; 153세	
195	乙亥	獻帝 興平 2	재위 12년	재위 17년	재위 30년	재위 154년; 154세	
196	丙子	獻帝 建安 1	재위 13년 第十奈解尼叱今 (재위; 196~230)[48]	재위 18년	재위 31년	재위 155년; 155세	
197	丁丑	獻帝 建安 2	재위 2년	(재위 19년) 第十山上王 (재위; 197~227)[49] 재위 1년	재위 32년	재위 156년; 156세	
198	戊寅	獻帝 建安 3	재위 3년	(재위 20년) 第十山上王 재위 2년	재위 33년	재위 157년; 157세	首露王聘迎之　同御國一百五十餘年[50] 然于時海東 未有創寺奉法之事 蓋像敎 未至 而土人不信伏 故本記無創寺之文

---

48 『삼국사기』 권2 「신라본기」 2의 내해니사금조를 참고하면서 재위연대를 추가로 넣었다.

49 『삼국사기』 권16 「고구려본기」 4의 산상왕조를 참고하면서 재위연대를 추가로 넣었다.

50 1. 왕력제일 가락국의 수로왕조를 근거로, 관련 사료를 이곳에 제시하였다.

西紀 A.D.	干支	1. 王曆第一					60. 駕洛國記
		中國	新羅	高句麗	百濟	駕洛國	
199	己卯	後漢 獻帝 建安 4	第十奈解尼叱今 재위 4년	第十山上王 재위 3년	第五肖古王 재위 34년	首露王 재위 158년; 158세 第二居登王 首露子 母許皇后 己卯立 理五十五年 姓金氏	所舍賓館 関其無人 元君乃每歌鰥枕 悲嘆良多 隔二五歲 以獻帝建安四年己卯三月二十三日而殂落 壽一百五十八歲矣 國中之人若亡天只 悲慟甚於后崩之日 㴱於闕之艮方平地 造立殯宮 高一丈 周三百步而葬之 號首陵王廟也 自嗣子居登王(재위; 199~259) 洎九代孫仇衝(재위; 521~532)之享是廟 須以每歲孟春三之日 七之日 仲夏重五之日 仲秋初五之日 十五之日 豊潔之奠 相繼不絶 自居登王卽位己卯年置便房 自建安四年己卯始造 逮今上御國三十一載 大康二年丙辰(1076) 凡八百七十八年 所封美土 不騫不崩 所植佳木 不枯不朽 況所排列萬蘊玉之片片 亦不頹圻 居登王 父首露王 母許王后 建安四年己卯三月二十三日卽位 治五十五年 (…) 王妃泉府卿申輔女慕貞 生太子麻品 開皇曆云 姓金氏 蓋國世祖 從金卵而生 故以金爲姓爾
200	庚辰	獻帝 建安 5	재위 5년	재위 4년	재위 35년	재위 2년	재위 2년
201	辛巳	獻帝 建安 6	재위 6년	재위 5년	재위 36년	재위 3년	재위 3년
202	壬午	獻帝 建安 7	재위 7년	재위 6년	재위 37년	재위 4년	재위 4년
203	癸未	獻帝 建安 8	재위 8년	재위 7년	재위 38년	재위 5년	재위 5년

西紀 A.D.	干支	1. 王曆第一					60. 駕洛國記
		中國	新羅	高句麗	百濟	駕洛國	
204	甲申	後漢 獻帝 建安 9	第十奈解尼叱今 재위 9년	第十山上王 재위 8년	第五肖古王 재위 39년	第二居登王 재위 6년	第二居登王 재위 6년
205	乙酉	獻帝 建安 10	재위 10년	재위 9년	재위 40년	재위 7년	재위 7년
206	丙戌	獻帝 建安 11	재위 11년	재위 10년	재위 41년	재위 8년	재위 8년
207	丁亥	獻帝 建安 12	재위 12년	재위 11년	재위 42년	재위 9년	재위 9년
208	戊子	獻帝 建安 13	재위 13년	재위 12년	재위 43년	재위 10년	재위 10년

西紀 A.D.	干支	1. 王曆第一					60. 駕洛國記	131. 勿稽子
		中國	新羅	高句麗	百濟	駕洛國		
209	己丑	後漢 獻帝 建安 14	第十奈解尼叱今 재위 14년	第十山上王 재위 13년 (동천왕; 1세)	第五肖古王 재위 44년	第二居登王 재위 11년	第二居登王 재위 11년	
210	庚寅	獻帝 建安 15	재위 15년	재위 14년 (동천왕; 2세)	재위 45년	재위 12년	재위 12년	
211	辛卯	獻帝 建安 16	재위 16년	재위 15년 (동천왕; 3세)	재위 46년	재위 13년	재위 13년	
212	壬辰	獻帝 建安 17	재위 17년	재위 16년 (동천왕; 4세)	재위 47년	재위 14년	재위 14년	第十奈解王卽位十七年壬辰 保羅國 古自國〔今固城〕史勿國〔今泗州〕等八國 幷力來侵邊境 王命太子㮈音 將軍一伐等 率兵拒之 八國皆降 時勿稽子軍功第一 然爲太子所嫌 不賞其功 或謂勿稽曰 此戰之功 唯子而已 而賞不及子 太子之嫌君其怨乎 稽曰 國君在上 何怨人臣 或曰 然則奏聞于王幸矣 稽曰 伐功爭命 揚己掩人 志士之所不爲也 勵之待時而已
213	癸巳	獻帝 建安 18	재위 18년	재위 17년 (동천왕; 5세)	재위 48년	재위 15년	재위 15년	

西紀 A.D.	干支	1. 王曆第一					60. 駕洛國記	131. 勿稽子
		中國	新羅	高句麗	百濟	駕洛國		
214	甲午	後漢 獻帝 建安 19	第十奈解尼叱今 재위 19년	第十山上王 재위 18년 (동천왕; 6세)	第五肖古王 재위 49년 第六仇首王 一作貴須 肖古王 之子 甲午立 理二十一年	第二居登王 재위 16년	第二居登王 재위 16년	
215	乙未	獻帝 建安 20	재위 20년	재위 19년 (동천왕; 7세)	(第五肖古王 재위 50년) 第六仇首王 재위 2년	재위 17년	재위 17년	二十年乙未 骨浦國〔今合浦也〕等三國王 各率兵來攻竭火〔疑屈弗也 今蔚州〕王親率禦之 三國皆敗 稽所獲數十級 而人不言稽之功 稽謂其妻曰 吾聞仕君之道 見危致命 臨難忘身 仗於節義 不顧死生之謂忠也 夫保羅〔疑發羅 今羅州〕竭火之役 誠是國之難 君之危 而吾未曾有忘身致命之勇 此乃不忠甚也 旣以不忠而仕君 累及於先人 可謂孝乎 旣失忠孝 何顔復遊朝市之中乎 乃被髮荷琴 入師彘山〔未詳〕悲竹樹之性病 寄托作歌 擬溪潤之咽響 扣琴制曲 隱居不復現世
216	丙申	獻帝 建安 21	재위 21년	재위 20년 (동천왕; 8세)	재위 3년	재위 18년	재위 18년	
217	丁酉	獻帝 建安 22	재위 22년	재위 21년 (동천왕; 9세)	재위 4년	재위 19년	재위 19년	
218	戊戌	獻帝 建安 23	재위 23년	재위 22년 (동천왕; 10세)	재위 5년	재위 20년	재위 20년	

西紀 A.D.	干支	1. 王曆第一					60. 駕洛國記	9. 南帶方
		中國	新羅	高句麗	百濟	駕洛國		
219	己亥	後漢 獻帝 建安 24	第十奈解尼叱今 재위 24년	第十山上王 재위 23년 (동천왕; 11세)	第六仇首王 재위 6년	第二居登王 재위 21년	第二居登王 재위 21년	
220	庚子	曹魏 文帝 黃初 1	재위 25년	재위 24년 (동천왕; 12세)	재위 7년	재위 22년	재위 22년	曹魏時 始置南帶方郡〔今南 原府〕故云 帶方之南海水千 里 曰瀚海〔後漢建安中 以馬 韓南荒地爲帶方郡 倭韓遂 屬 是也〕
221	辛丑	文帝 黃初 2	재위 26년	재위 25년 (동천왕; 13세)	재위 8년	재위 23년	재위 23년	
222	壬寅	文帝 黃初 3	재위 27년	재위 26년 (동천왕; 14세)	재위 9년	재위 24년	재위 24년	
223	癸卯	文帝 黃初 4	재위 28년	재위 27년 (동천왕; 15세)	재위 10년	재위 25년	재위 25년	

西紀 A.D.	干支	1. 王曆第一					60. 駕洛國記
		中國	新羅	高句麗	百濟	駕洛國	
224	甲辰	曹魏 文帝 黃初 5	第十奈解尼叱今 재위 29년	第十山上王 재위 28년 (동천왕; 16세)	第六仇首王 재위 11년	第二居登王 재위 26년	第二居登王 재위 26년
225	乙巳	文帝 黃初 6	재위 30년	재위 29년 (동천왕; 17세)	재위 12년	재위 27년	재위 27년
226	丙午	文帝 黃初 7	재위 31년	재위 30년 (동천왕; 18세)	재위 13년	재위 28년	재위 28년
227	丁未	明帝 太和 1	재위 32년	재위 31년 第十一東川王 (재위; 227~248)[51] 재위 1년; 19세	재위 14년	재위 29년	재위 29년
228	戊申	明帝 太和 2	재위 33년	재위 2년; 20세	재위 15년	재위 30년	재위 30년

---

51 『삼국사기』 권17 「고구려본기」 5의 동천왕조를 참고하면서 재위연대를 추가로 넣었다.

西紀 A.D.	干支	1. 王曆第一					60. 駕洛國記
		中國	新羅	高句麗	百濟	駕洛國	
229	己酉	曹魏 明帝 太和 3	第十奈解尼叱今 재위 34년	第十一東川王 재위 3년; 21세	第六仇首王 재위 16년	第二居登王 재위 31년	第二居登王 재위 31년
230	庚戌	明帝 太和 4	재위 35년 第十一助賁尼叱今 (재위; 230~247)[52]	재위 4년; 22세	재위 17년	재위 32년	재위 32년
231	辛亥	明帝 太和 5	재위 2년	재위 5년; 23세	재위 18년	재위 33년	재위 33년
232	壬子	明帝 太和 6	재위 3년	재위 6년; 24세	재위 19년	재위 34년	재위 34년
233	癸丑	明帝 青龍 1	재위 4년	재위 7년; 25세	재위 20년	재위 35년	재위 35년

52 『삼국사기』 권2 「신라본기」 2의 조분니사금조를 참고하면서 재위연대를 추가로 넣었다.

西紀 A.D.	干支	1. 王曆第一					60. 駕洛國記	57. 南扶餘 前百濟 北扶餘〔已見上〕
		中國	新羅	高句麗	百濟	駕洛國		
234	甲寅	曹魏 明帝 青龍 2	第十一助賁尼叱今 재위 5년	第十一東川王 재위 8년; 26세	第六仇首王 재위 21년 第七沙沸王 一作沙□□ 仇首之子 立卽廢 第八古爾王 肖故之母弟 甲寅立 理五十二年	第二居登王 재위 36년	第二居登王 재위 36년	(按古典記云…) 又沙沸王〔一作沙伊王〕仇 首崩 嗣位 而幼少不能政 卽廢而立古爾王
235	乙卯	明帝 青龍 3	재위 6년	재위 9년; 27세	第八古爾王 재위 2년	재위 37년	재위 37년	
236	丙辰	明帝 青龍 4	재위 7년	재위 10년; 28세	재위 3년	재위 38년	재위 38년	
237	丁巳	明帝 景初 1	재위 8년	재위 11년; 29세	재위 4년	재위 39년	재위 39년	
238	戊午	明帝 景初 2	재위 9년	재위 12년; 30세	재위 5년	재위 40년	재위 40년	

西紀 A.D.	干支	1. 王曆第一					60. 駕洛國記	57. 南扶餘 前百濟 北扶餘〔已見上〕	63. 阿道基羅〔一作我道 又阿頭〕
		中國	新羅	高句麗	百濟	駕洛國			
239	己未	曹魏 明帝 景初 3	第十一助賁尼叱今 재위 10년	第十一東川王 재위 13년; 31세	第八古爾王 재위 6년	第二居登王 재위 41년	第二居登王 재위 41년	(按古典記云…) 或云 至樂初二年己未 乃崩 古爾方立	
240	庚申	齊王 正始 1	재위 11년	재위 14년; 32세	재위 7년	재위 42년	재위 42년		按我道本碑云 我道高麗人也 母高道寧 正始間 曹魏人我〔姓我也〕崛摩奉使句麗 私之而還 因而有娠 師生五歲 其母令出家 年十六歸魏 省覲崛摩 投玄彰和尚講下就業 年十九又歸寧於母 母謂曰 此國于今不知佛法 爾後三千餘月 雞林有聖王出 大興佛教 其京都內有七處伽藍之墟 一曰 金橋東天鏡林〔今興輪寺 金橋謂西川之橋 俗訛呼云 松橋也 寺自我道始基 而中癈〕
241	辛酉	齊王 正始 2	재위 12년	재위 15년; 33세	재위 8년	재위 43년	재위 43년		
242	壬戌	齊王 正始 3	재위 13년	재위 16년; 34세	재위 9년	재위 44년	재위 44년		
243	癸亥	齊王 正始 4	재위 14년	재위 17년; 35세	재위 10년	재위 45년	재위 45년		

西紀 A.D.	干支	1. 王曆第一					60. 駕洛國記
		中國	新羅	高句麗	百濟	駕洛國	
244	甲子	曹魏 齊王 正始 5	第十一助賁尼叱今 재위 15년	第十一東川王 재위 18년; 36세	第八古爾王 재위 11년	第二居登王 재위 46년	第二居登王 재위 46년
245	乙丑	齊王 正始 6	재위 16년	재위 19년; 37세	재위 12년	재위 47년	재위 47년
246	丙寅	齊王 正始 7	재위 17년	재위 20년; 38세	재위 13년	재위 48년	재위 48년
247	丁卯	齊王 正始 8	재위 18년 第十二理解尼叱今 一作詁解王 昔氏 助賁王之 同母弟也 丁卯立 理十五年 始與高麗通聘	재위 21년; 39세	재위 14년	재위 49년	재위 49년
248	戊辰	齊王 正始 9	재위 2년	재위 22년; 40세 第十二中川王 (248~270)[53] 재위 1년	재위 15년	재위 50년	재위 50년

---

[53] 『삼국사기』 권17 「고구려본기」 5의 중천왕조를 참고하면서 재위연대를 추가로 넣었다.

西紀 A.D.	干支	1. 王曆第一					60. 駕洛國記
		中國	新羅	高句麗	百濟	駕洛國	
249	己巳	曹魏 齊王 嘉平 1	第十二理解尼叱今 재위 3년	第十二中川王 재위 2년	第八古爾王 재위 16년	第二居登王 재위 51년	第二居登王 재위 51년
250	庚午	齊王 嘉平 2	재위 4년	재위 3년	재위 17년	재위 52년	재위 52년
251	辛未	齊王 嘉平 3	재위 5년	재위 4년	재위 18년	재위 53년	재위 53년
252	壬申	齊王 嘉平 4	재위 6년	재위 5년	재위 19년	재위 54년	재위 54년
253	癸酉	齊王 嘉平 5	재위 7년	재위 6년	재위 20년	재위 55년	재위 55년 (居登王…) 嘉平五年癸酉 九月十七日崩 麻品王 一云馬品 金氏 嘉平五年癸酉卽位 治三十九年 (…) 王妃宗正監趙匡孫女好仇 生太子居叱彌[54]

---

54 왕력과 비교할 때 연대의 차이가 보인다.

西紀 A.D.	干支	1. 王曆第一					60. 駕洛國記
		中國	新羅	高句麗	百濟	駕洛國	
254	甲戌	曹魏 高貴鄕公 正元 1	第十二理解尼叱今 재위 8년	第十二中川王 재위 7년	第八古爾王 재위 21년		麻品王 재위 2년
255	乙亥	高貴鄕公 正元 2	재위 9년	재위 8년	재위 22년		재위 3년
256	丙子	高貴鄕公 甘露 1	재위 10년	재위 9년	재위 23년		재위 4년
257	丁丑	高貴鄕公 甘露 2	재위 11년	재위 10년	재위 24년		재위 5년
258	戊寅	高貴鄕公 甘露 3	재위 12년	재위 11년	재위 25년		재위 6년

西紀 A.D.	干支	1. 王曆第一					60. 駕洛國記	25. 未鄒王 竹葉軍	63. 阿道基羅〔一作我道 又阿頭〕
		中國	新羅	高句麗	百濟	駕洛國			
259	己卯	曹魏 高貴鄕公 甘露 4	第十二理解尼叱今 재위 13년	第十二中川王 재위 12년	第八古爾王 재위 26년	第三麻品王 父居登王 母泉府卿申輔之女 慕貞夫人 己卯立 理三十二年[55]	麻品王 재위 7년		
260	庚辰	陳留王 景元 1	재위 14년	재위 13년	재위 27년	재위 2년	재위 8년		
261	辛巳	陳留王 景元 2	재위 15년	재위 14년	재위 28년	재위 3년	재위 9년		
262	壬午	陳留王 景元 3	第十三未鄒尼叱今 一作味炤 又未祖 又未召 姓金氏 始立 父仇道葛文王 母生乎 一作述禮夫人 伊非葛文王之女 朴氏 妃諸賁王之女光明娘 壬午立 理二十二年	재위 15년	재위 29년	재위 4년	재위 10년	第十三未鄒尼叱今〔一作未祖 又未古〕金閼智七世孫 赫世紫纓 仍有聖德 受禪于理解 始登王位〔今俗稱王之陵爲始祖堂 蓋以金氏 始登王位故 後代金氏諸王 皆以未鄒爲始祖宜矣〕	(按我道本碑云…) 七日 婚請田〔今曇嚴寺〕皆前佛時伽藍之墟 法水長流之地 爾歸彼而播揚大教 當東嚮於釋祀矣[56]
263	癸未	陳留王 景元 4	재위 2년	재위 16년	재위 30년	재위 5년	재위 11년	재위 2년	(按我道本碑云…) 道稟教至雞林 寓止王城西里 今嚴莊寺 于時未雛王卽位二年癸未也 詣闕請行教法 世以前所未見爲嫌 至有將殺之者 乃逃隱于續林〔今一善縣〕毛祿家〔祿與禮形近之訛 古記云 法師初來毛祿家 時天地震驚 時人不知僧名 而云阿頭彡麼 彡麼者 乃鄕言之稱僧也 猶言沙彌也〕

---

[55] 60. 가락국기와 비교해 볼 때, 연대에 차이가 있다.

[56] 7처가람에서 7번째는 건립된 시기를 구체적으로 밝히지 않았다. 하지만 7처가람은 모두 전불시대의 터라고 하였다. 그렇다면 7번째로 언급한 담엄사는 262년 이후에 창건되었다고 볼 수 있다.

西紀 A.D.	干支	1. 王曆第一					60. 駕洛國記	25. 未鄒王 竹葉軍	63. 阿道基羅〔一作我道 又阿頭〕
		中國	新羅	高句麗	百濟	駕洛國			
264	甲辰	曹魏 咸熙 1	第十三未鄒尼叱今 재위 3년	第十二中川王 재위 17년	第八古爾王 재위 31년	第三麻品王 재위 6년	麻品王 재위 12년	第十三未鄒尼叱今 재위 3년	(按我道本碑云…) 三年[57] 時成國公主 疾 巫醫不效 勅使四方求醫 師率然赴闕 其疾遂理 王大悅 問其所須 對曰 貧道 百無所求 但願創佛寺於天境林 大興佛 敎 奉福邦家爾 王許之 命興工 俗方質 儉 編茅葺屋 住而講演 時或天花落地 號興輪寺 毛祿之妹名史氏 投師爲尼 亦 於三川岐 創寺而居 名永興寺
265	乙酉	曹魏 咸熙 2[58] 西晉 武帝 泰始 1	재위 4년	재위 18년	재위 32년	재위 7년	재위 13년	재위 4년	
266	丙戌	武帝 泰始 2	재위 5년	재위 19년	재위 33년	재위 8년	재위 14년	재위 5년	
267	丁亥	武帝 泰始 3	재위 6년	재위 20년	재위 34년	재위 9년	재위 15년	재위 6년	
268	戊子	武帝 泰始 4	재위 7년	재위 21년	재위 35년	재위 10년	재위 16년	재위 7년	

---

57 미추왕 즉위 3년으로 보면서, 264년에 관련자료를 제시하였다.

58 『三國遺事』「王曆」에는 함희 1년과 2년이 빠져 있다.

西紀 A.D.	干支	1. 王曆第一					60. 駕洛國記	25. 未鄒王 竹葉軍
		中國	新羅	高句麗	百濟	駕洛國		
269	己丑	西晉 武帝 泰始 5	第十三未鄒尼叱今 재위 8년	第十二中川王 재위 22년	第八古爾王 재위 36년	第三麻品王 재위 11년	麻品王 재위 17년	第十三未鄒尼叱今 재위 8년
270	庚寅	武帝 泰始 6	재위 9년	재위 23년 第十三西川王 名藥盧 又 若友 庚寅立 理二十年	재위 37년	재위 12년	재위 18년	재위 9년
271	辛卯	武帝 泰始 7	재위 10년	재위 2년	재위 38년	재위 13년	재위 19년	재위 10년
272	壬辰	武帝 泰始 8	재위 11년	재위 3년	재위 39년	재위 14년	재위 20년	재위 11년
273	癸巳	武帝 泰始 9	재위 12년	재위 4년	재위 40년	재위 15년	재위 21년	재위 12년

西紀 A.D.	干支	1. 王曆第一					60. 駕洛國記	25. 未鄒王竹葉軍
		中國	新羅	高句麗	百濟	駕洛國		
274	甲午	西晉 武帝 泰始 10	第十三未鄒尼叱今 재위 13년	第十三西川王 재위 5년	第八古爾王 재위 41년	第三麻品王 재위 16년	麻品王 재위 22년	第十三未鄒尼叱今 재위 13년
275	乙未	武帝 咸寧 1	재위 14년	재위 6년	재위 42년	재위 17년	재위 23년	재위 14년
276	丙申	武帝 咸寧 2	재위 15년	재위 7년	재위 43년	재위 18년	재위 24년	재위 15년
277	丁酉	武帝 咸寧 3	재위 16년	재위 8년	재위 44년	재위 19년	재위 25년	재위 16년
278	戊戌	武帝 咸寧 4	재위 17년	재위 9년	재위 45년	재위 20년	재위 26년	재위 17년

西紀 A.D.	干支	1. 王曆第一					60. 駕洛國記	25. 未鄒王竹葉軍
		中國	新羅	高句麗	百濟	駕洛國		
279	己亥	西晉 武帝 咸寧 5	第十三未鄒尼叱今 재위 18년	第十三西川王 재위 10년	第八古爾王 재위 46년	第三麻品王 재위 21년	麻品王 재위 27년	第十三未鄒尼叱今 재위 18년
280	庚子	武帝 太康 1	재위 19년	재위 11년	재위 47년	재위 22년	재위 28년	재위 19년
281	辛丑	武帝 太康 2	재위 20년	재위 12년	재위 48년	재위 23년	재위 29년	재위 20년
282	壬寅	武帝 太康 3	재위 21년	재위 13년	재위 49년	재위 24년	재위 30년	재위 21년
283	癸卯	武帝 太康 4	재위 22년	재위 14년	재위 50년	재위 25년	재위 31년	재위 22년

西紀 A.D.	干支	1. 王曆第一					60. 駕洛國記	25. 未鄒王竹葉軍	63. 阿道基羅〔一作我道 又阿頭〕
		中國	新羅	高句麗	百濟	駕洛國			
284	甲辰	西晉 武帝 太康 5	第十四儒禮尼叱今 一作世理智王 昔氏 父諸賁王 母□召夫人 朴氏 甲辰立 治十五年 補築月城	第十三西川王 재위 15년	第八古爾王 재위 51년	第三麻品王 재위 26년	麻品王 재위 32년	在位二十三年而崩 陵在興輪寺東	(按我道本碑云…) 未幾 未雛王卽世 國人將害之 師還毛祿家 自作塚 閉戶自絶 遂不復現 因此大教亦廢
285	乙巳	武帝 太康 6	재위 2년	재위 16년	재위 52년	재위 27년	재위 33년		
286	丙午	武帝 太康 7	재위 3년	재위 17년	第九責稽王 古爾子 一作青 替誤 丙午立 治十二年	재위 28년	재위 34년		
287	丁未	武帝 太康 8	재위 4년	재위 18년	재위 2년	재위 29년	재위 35년		
288	戊申	武帝 太康 9	재위 5년	재위 19년	재위 3년	재위 30년	재위 36년		

西紀 A.D.	干支	1. 王曆第一					60. 駕洛國記
		中國	新羅	高句麗	百濟	駕洛國	
289	己酉	西晉 武帝 太康 10	第二十四儒禮尼叱今 재위 6년	第十三西川王 재위 20년	第九責稽王 재위 4년	第三麻品王 재위 31년	麻品王 재위 37년
290	庚戌	武帝 太康 11	재위 7년	(재위 21년)	재위 5년	재위 32년	재위 38년
291	辛亥	惠帝 元康 1	재위 8년	(재위 22년)	재위 6년	第四居叱彌王 一作 今勿 父麻品 母好仇 辛亥立 治五十五年	재위 39년 (麻品王⋯) 永平元年辛亥一月二十九日崩 居叱彌王 一云今勿 金氏 永平元年卽位 治五十六年(⋯) 王妃阿 躬阿干孫女阿志 生王子伊品
292	壬子	惠帝 元康 2	재위 9년	(재위 23년) 第十四烽上王 一 云雉葛王 名相夫 壬子立 治八年	재위 7년	재위 2년	재위 2년
293	癸丑	惠帝 元康 3	재위 10년	재위 2년	재위 8년	재위 3년	재위 3년

西紀 A.D.	干支	1. 王曆第一					60. 駕洛國記	25. 未鄒王竹葉軍
		中國	新羅	高句麗	百濟	駕洛國		
294	甲寅	西晉 惠帝 元康 4	第二十四儒禮尼叱今 재위 11년	第十四烽上王 재위 3년	第九責稽王 재위 9년	第四居叱彌王 재위 4년	居叱彌王 재위 4년	
295	乙卯	惠帝 元康 5	재위 12년	재위 4년	재위 10년	재위 5년	재위 5년	
296	丙辰	惠帝 元康 6	재위 13년	재위 5년	재위 11년	재위 6년	재위 6년	
297	丁巳	惠帝 元康 7	재위 14년	재위 6년	재위 12년	재위 7년	재위 7년	第十四儒理王代 伊西國人來攻金城 我大擧防 禦 久不能抗 忽有異兵來助 皆珥竹葉 與我軍 幷力 擊賊破之 軍退後 不知所歸 但見竹葉 積 於未鄒陵前 乃知先王陰騭有功 因呼竹現陵
298	戊午	惠帝 元康 8	재위 15년 第十五基臨尼叱今 一作基立 王 昔氏 諸賁王之第二子也 母 阿爾兮夫人 戊午立 治十二年	재위 7년	第十汾西王 責稽子 戊午立 治六年	재위 8년	재위 8년	

西紀 A.D.	干支	1. 王曆第一					60. 駕洛國記
		中國	新羅	高句麗	百濟	駕洛國	
299	己未	西晉 惠帝 元康 9	第十五基臨尼叱今 재위 2년	第十四烽上王 재위 8년	第十汾西王 재위 2년	第四居叱彌王 재위 9년	居叱彌王 재위 9년
300	庚申	惠帝 永寧 1	재위 3년	第十五美川王 一云好攘 名乙 弗 又憂弗 庚申立 理三十一年	재위 3년	재위 10년	재위 10년
301	辛酉	惠帝 永寧 2	재위 4년	재위 2년	재위 4년	재위 11년	재위 11년
302	壬戌	惠帝 太安 1	재위 5년	재위 3년	재위 5년	재위 12년	재위 12년
303	癸亥	惠帝 太安 2	재위 6년	재위 4년	재위 6년	재위 13년	재위 13년

西紀 A.D.	干支	1. 王曆第一					60. 駕洛國記
		中國	新羅	高句麗	百濟	駕洛國	
304	甲子	西晉 惠帝 永興 1	第十五基臨尼叱今 재위 7년	第十五美川王 재위 5년	第十一比流王 仇首第二子 沙 泮之弟也 甲子立 治四十年	第四居叱彌王 재위 14년	居叱彌王 재위 14년
305	乙丑	惠帝 永興 2	재위 8년	재위 6년	재위 2년	재위 15년	재위 15년
306	丙寅	惠帝 永興 3 惠帝 光熙 1	재위 9년	재위 7년	재위 3년	재위 16년	재위 16년
307	丁卯	懷帝 永嘉 1	재위 10년 丁卯年定國號曰新羅 新者 德業日新 羅 者網羅四方之民云 或系智證法興之世	재위 8년	재위 4년	재위 17년	재위 17년
308	戊辰	懷帝 永嘉 2	재위 11년	재위 9년	재위 5년	재위 18년	재위 18년

西紀 A.D.	干支	1. 王曆第一					60. 駕洛國記
		中國	新羅	高句麗	百濟	駕洛國	
309	己巳	西晉 懷帝 永嘉 3	第十五基臨尼叱今 재위 12년	第十五美川王 재위 10년	第十一比流王 재위 6년	第四居叱彌王 재위 19년	居叱彌王 재위 19년
310	庚午	懷帝 永嘉 4	第十六乞解尼叱今 昔氏 父于老音 角干 卽奈解王第二子也 庚午立 治 四十六年 是王代 百濟兵始來侵	재위 11년	재위 7년	재위 20년	재위 20년
311	辛未	懷帝 永嘉 5	재위 2년	재위 12년	재위 8년	재위 21년	재위 21년
312	壬申	懷帝 永嘉 6	재위 3년	재위 13년	재위 9년	재위 22년	재위 22년
313	癸酉	愍帝 建興 1	재위 4년	재위 14년	재위 10년	재위 23년	재위 23년

西紀 A.D.	干支	1. 王曆第一					60. 駕洛國記
		中國	新羅	高句麗	百濟	駕洛國	
314	甲戌	西晉 愍帝 建興 2	第十六乞解尼叱今 재위 5년	第十五美川王 재위 15년	第十一比流王 재위 11년	第四居叱彌王 재위 24년	居叱彌王 재위 24년
315	乙亥	愍帝 建興 3	재위 6년	재위 16년	재위 12년	재위 25년	재위 25년
316	丙子	愍帝 建興 4	재위 7년	재위 17년	재위 13년	재위 26년	재위 26년
317	丁丑	東晉 中宗 建武 1	재위 8년	재위 18년	재위 14년	재위 27년	재위 27년
318	戊寅	中宗 太興 1	재위 9년	재위 19년	재위 15년	재위 28년	재위 28년

西紀 A.D.	干支	1. 王曆第一					60. 駕洛國記
		中國	新羅	高句麗	百濟	駕洛國	
319	己卯	東晉 中宗 太興 2	第十六乞解尼叱今 재위 10년	第十五美川王 재위 20년	第十一比流王 재위 16년	第四居叱彌王 재위 29년	居叱彌王 재위 29년
320	庚辰	中宗 太興 3	재위 11년	재위 21년	재위 17년	재위 30년	재위 30년
321	辛巳	中宗 太興 4	재위 12년	재위 22년	재위 18년	재위 31년	재위 31년
322	壬午	中宗 永昌 1	재위 13년	재위 23년	재위 19년	재위 32년	재위 32년
323	癸未	明帝 太寧 1	재위 14년	재위 24년	재위 20년	재위 33년	재위 33년

西紀 A.D.	干支	1. 王曆第一					60. 駕洛國記
		中國	新羅	高句麗	百濟	駕洛國	
324	甲申	東晉 明帝 太寧 2	第十六乞解尼叱今 재위 15년	第十五美川王 재위 25년	第十一比流王 재위 21년	第四居叱彌王 재위 34년	居叱彌王 재위 34년
325	乙酉	明帝 太寧 3	재위 16년	재위 26년	재위 22년	재위 35년	재위 35년
326	丙戌	顯宗 咸和 1	재위 17년	재위 27년	재위 23년	재위 36년	재위 36년
327	丁亥	顯宗 咸和 2	재위 18년	재위 28년	재위 24년	재위 37년	재위 37년
328	戊子	顯宗 咸和 3	재위 19년	재위 29년	재위 25년	재위 38년	재위 38년

西紀 A.D.	干支	1. 王曆第一					60. 駕洛國記
		中國	新羅	高句麗	百濟	駕洛國	
329	己丑	東晉 顯宗 咸和 4	第十六乞解尼叱今 재위 20년 己丑始築碧骨堤 周□萬七千二十六步 □□百六十六步 水田 一萬四千七十□	第十五美川王 재위 30년	第十一比流王 재위 26년	第四居叱彌王 재위 39년	居叱彌王 재위 39년
330	庚寅	顯宗 咸和 5	재위 21년	재위 31년	재위 27년	재위 40년	재위 40년
331	辛卯	顯宗 咸和 6	재위 22년	第十六國原王 名釗 又斯由 或 云岡上王 辛卯立 理四十年 (재위; 331~371)[59]	재위 28년	재위 41년	재위 41년
332	壬辰	顯宗 咸和 7	재위 23년	재위 2년	재위 29년	재위 42년	재위 42년
333	癸巳	顯宗 咸和 8	재위 24년	재위 3년	재위 30년	재위 43년	재위 43년

---

[59] 『삼국사기』 권18 「고구려본기」 6의 고국원왕조를 참고하면서 재위연대를 추가로 넣었다.

西紀 A.D.	干支	1. 王曆第一					60. 駕洛國記
		中國	新羅	高句麗	百濟	駕洛國	
334	甲午	東晉 顯宗 咸和 9	第十六乞解尼叱今 재위 25년	第十六國原王 재위 4년 甲午增築平壤城	第十一比流王 재위 31년	第四居叱彌王 재위 44년	居叱彌王 재위 44년
335	乙未	顯宗 咸康 1	재위 26년	재위 5년	재위 32년	재위 45년	재위 45년
336	丙申	顯宗 咸康 2	재위 27년	재위 6년	재위 33년	재위 46년	재위 46년
337	丁酉	顯宗 咸康 3	재위 28년	재위 7년	재위 34년	재위 47년	재위 47년
338	戊戌	顯宗 咸康 4	재위 29년	재위 8년	재위 35년	재위 48년	재위 48년

西紀 A.D.	干支	1. 王曆第一					60. 駕洛國記
		中國	新羅	高句麗	百濟	駕洛國	
339	己亥	東晉 顯宗 咸康 5	第十六乞解尼叱今 재위 30년	第十六國原王 재위 9년	第十一比流王 재위 36년	第四居叱彌王 재위 49년	居叱彌王 재위 49년
340	庚子	顯宗 咸康 6	재위 31년	재위 10년	재위 37년	재위 50년	재위 50년
341	辛丑	顯宗 咸康 7	재위 32년	재위 11년	재위 38년	재위 51년	재위 51년
342	壬寅	顯宗 咸康 8	재위 33년	재위 12년 壬寅八月 移都安市城 卽丸都城	재위 39년	재위 52년	재위 52년
343	癸卯	康帝 建元 1	재위 34년	재위 13년	재위 40년	재위 53년	재위 53년

西紀 A.D.	干支	1. 王曆第一					60. 駕洛國記
		中國	新羅	高句麗	百濟	駕洛國	
344	甲辰	東晉 康帝 建元 2	第十六乞解尼叱今 재위 35년	第十六國原王 재위 14년	第十二契王 汾西元子 甲辰立 理二年	第四居叱彌王 재위 54년	居叱彌王 재위 54년
345	乙巳	孝宗 永和 1	재위 36년	재위 15년	재위 2년	재위 55년	재위 55년
346	丙午	孝宗 永和 2	재위 37년	재위 16년	第十三近肖古王 比流第二子 丙午立 理二十九年	第五伊品王 父居叱彌 母 阿志 丙午立 理六十年	재위 56년 (居叱彌王…) 永和二年丙午七月八日崩[60] 伊尸品王 金氏 永和二年卽位 治六十二年 (…) 王妃司 農卿克忠女貞信 生王子坐知
347	丁未	孝宗 永和 3	재위 38년	재위 17년	재위 2년	재위 2년	재위 2년
348	戊申	孝宗 永和 4	재위 39년	재위 18년	재위 3년	재위 3년	재위 3년

---

60 왕력과 1년의 차이가 난다.

西紀 A.D.	干支	1. 王曆第一					60. 駕洛國記
		中國	新羅	高句麗	百濟	駕洛國	
349	己酉	東晉 孝宗 永和 5	第十六乞解尼叱今 재위 40년	第十六國原王 재위 19년	第十三近肖古王 재위 4년	第五伊品王 재위 4년	伊尸品王 재위 4년
350	庚戌	孝宗 永和 6	재위 41년	재위 20년	재위 5년	재위 5년	재위 5년
351	辛亥	孝宗 永和 7	재위 42년	재위 21년	재위 6년	재위 6년	재위 6년
352	壬子	孝宗 永和 8	재위 43년	재위 22년	재위 7년	재위 7년	재위 7년
353	癸丑	孝宗 永和 9	재위 44년	재위 23년	재위 8년	재위 8년	재위 8년

西紀 A.D.	干支	1. 王曆第一					60. 駕洛國記
		中國	新羅	高句麗	百濟	駕洛國	
354	甲寅	東晉 孝宗 永和 10	第十六乞解尼叱今 재위 45년	第十六國原王 재위 24년	第十三近肖古王 재위 9년	第五伊品王 재위 9년	伊尸品王 재위 9년
355	乙卯	孝宗 永和 11	재위 46년	재위 25년	재위 10년	재위 10년	재위 10년
356	丙辰	孝宗 永和 12	第十七奈勿麻立干 一作 □□王 金氏 父仇道葛文王 一作未召王之弟 未仇角干 母休禮夫人金氏 丙辰立 理四十六年 陵在占星臺西南	재위 26년	재위 11년	재위 11년	재위 11년
357	丁巳	孝宗 昇平 1	재위 2년	재위 27년	재위 12년	재위 12년	재위 12년
358	戊午	孝宗 昇平 2	재위 3년	재위 28년	재위 13년	재위 13년	재위 13년

西紀 A.D.	干支	1. 王曆第一					60. 駕洛國記
		中國	新羅	高句麗	百濟	駕洛國	
359	己未	東晉 孝宗 昇平 3	第十七奈勿麻立干 재위 4년	第十六國原王 재위 29년	第十三近肖古王 재위 14년	第五伊品王 재위 14년	伊尸品王 재위 14년
360	庚申	孝宗 昇平 4	재위 5년	재위 30년	재위 15년	재위 15년	재위 15년
361	辛酉	孝宗 昇平 5	재위 6년	재위 31년	재위 16년	재위 16년	재위 16년
362	壬戌	哀帝 隆和 1	재위 7년	재위 32년	재위 17년	재위 17년	재위 17년
363	癸亥	哀帝 興寧 1	재위 8년	재위 33년	재위 18년	재위 18년	재위 18년

西紀 A.D.	干支	1. 王曆第一					60. 駕洛國記
		中國	新羅	高句麗	百濟	駕洛國	
364	甲子	東晉 哀帝 興寧 2	第十七奈勿麻立干 재위 9년	第十六國原王 재위 34년	第十三近肖古王 재위 19년	第五伊品王 재위 19년	伊尸品王 재위 19년
365	乙丑	哀帝 興寧 3	재위 10년	재위 35년	재위 20년	재위 20년	재위 20년
366	丙寅	廢帝 太和 1	재위 11년	재위 36년	재위 21년	재위 21년	재위 21년
367	丁卯	廢帝 太和 2	재위 12년	재위 37년	재위 22년	재위 22년	재위 22년
368	戊辰	廢帝 太和 3	재위 13년	재위 38년	재위 23년	재위 23년	재위 23년

西紀 A.D.	干支	1. 王曆第一					60. 駕洛國記	57. 南扶餘 前百濟 北扶餘〔已見上〕	61. 順道肇麗[61]
		中國	新羅	高句麗	百濟	駕洛國			
369	己巳	東晉 廢帝 太和 4	第十七奈勿麻立干 재위 14년	第十六國原王 재위 39년	第十三近肖古王 재위 24년	第五伊品王 재위 24년	伊尸品王 재위 24년		
370	庚午	廢帝 太和 5	재위 15년	재위 40년	재위 25년	재위 25년	재위 25년		
371	辛未	簡文帝 咸安 1	재위 16년	第十七小獸林王 名丘 夫 辛未立 理十三年	재위 26년 辛未移都北漢山	재위 26년	재위 26년	(按古典記云…) 歷三百八十九年[62] 至十 三世近肖古王 咸安元年 取高句麗南平 壤 移都北漢城〔今楊州〕歷一百五年[63]	
372	壬申	簡文帝 咸安 2	재위 17년	재위 2년	재위 27년	재위 27년	재위 27년		高麗本記云 小獸林 王卽位二年壬申 乃 東晉咸安二年[64] 孝武 帝卽位之年也 前秦 符堅 遣使及僧順道 送佛像經文〔時堅都 關中 卽長安〕
373	癸酉	烈宗 寧康 1	재위 18년	재위 3년	재위 28년	재위 28년	재위 28년		

---

61 제목의 세주에는, "道公之次 亦有法深 義淵曇嚴之流 相繼而興教 然古傳無文 今亦不敢編次 詳見僧傳"이라고 되어 있다.

62 B.C.5년부터 A.D.371년에 해당된다.

63 371년부터 475년에 해당된다.

64 동진의 효무제는 373년에 즉위하였다. 1년의 연대 차이가 있다.

西紀 A.D.	干支	1. 王曆第一					60. 駕洛國記	61. 順道肇麗
		中國	新羅	高句麗	百濟	駕洛國		
374	甲戌	東晉 烈宗 寧康 2	第十七奈勿麻立干 재위 19년	第十七小獸林王 재위 4년	第十三近肖古王 재위 29년	第五伊品王 재위 29년	伊尸品王 재위 29년	(高麗本記云…) 又四年甲戌 阿道來自晉
375	乙亥	烈宗 寧康 3	재위 20년	재위 5년	第十四近仇首王 近肖古之 子也 乙亥立 理九年	재위 30년	재위 30년	(高麗本記云…) 明年乙亥二月 創肖門寺 以置順道 又創伊弗蘭寺 以置阿道 此高麗佛法之始 僧傳作二道來自魏云者 誤矣 實自前秦而來 又云肖 門寺今興國 伊弗蘭寺今興福者 亦誤 按麗時都安市 城 一名安丁忽 在遼水之北 遼水一名鴨淥 今云安民 江 豈有松京之興國寺名
376	丙子	烈宗 太元 1	재위 21년	재위 6년	재위 2년	재위 31년	재위 31년	
377	丁丑	烈宗 太元 2	재위 22년	재위 7년	재위 3년	재위 32년	재위 32년	
378	戊寅	烈宗 太元 3	재위 23년	재위 8년	재위 4년	재위 33년	재위 33년	

西紀 A.D.	干支	1. 王曆第一					60. 駕洛國記	26. 奈勿王〔一作那密王〕金堤上
		中國	新羅	高句麗	百濟	駕洛國		
379	己卯	東晉 烈宗 太元 4	第十七奈勿麻立干 재위 24년	第十七小獸林王 재위 9년	第十四近仇首王 재위 5년	第五伊品王 재위 34년	伊尸品王 재위 34년	
380	庚辰	烈宗 太元 5	재위 25년	재위 10년	재위 6년	재위 35년	재위 35년	
381	辛巳	烈宗 太元 6	재위 26년	재위 11년	재위 7년	재위 36년	재위 36년	美海 出生
382	壬午	烈宗 太元 7	재위 27년	재위 12년	재위 8년	재위 37년	재위 37년	美海; 2세
383	癸未	烈宗 太元 8	재위 28년	재위 13년	재위 9년	재위 38년	재위 38년	美海; 3세

西紀 A.D.	干支	1. 王曆第一					60. 駕洛國記	26. 奈勿王 〔一作那密王〕金堤上	62. 難陁闢濟
		中國	新羅	高句麗	百濟	駕洛國			
384	甲申	東晉 烈宗 太元 9	第十七奈勿麻立干 재위 29년	第十八國壤王 名伊速 又於 只支 甲申立 治八年	第十五枕流王 近仇首 子 甲申立	第五伊品王 재위 39년	伊尸品王 재위 39년	美海; 4세	百濟本記云 第十五〔僧傳 云十四誤〕 枕流王卽位甲 申〔東晉孝武帝太元九年〕 胡僧摩羅難陁至自晉 迎置 宮中禮敬
385	乙酉	烈宗 太元 10	재위 30년	재위 2년	第十六辰斯王 枕流王 弟 乙酉立 治七年	재위 40년	재위 40년	美海; 5세	(百濟本記云…) 明年乙酉 創佛寺於新都漢山州 度僧 十人 此百濟佛法之始
386	丙戌	烈宗 太元 11	재위 31년	재위 3년	재위 2년	재위 41년	재위 41년	美海; 6세	
387	丁亥	烈宗 太元 12	재위 32년	재위 4년	재위 3년	재위 42년	재위 42년	美海; 7세	
388	戊子	烈宗 太元 13	재위 33년	재위 5년	재위 4년	재위 43년	재위 43년	美海; 8세	

西紀 A.D.	干支	1. 王曆第一					60. 駕洛國記	26. 奈勿王〔一作那密王〕金堤上	62. 難陁闢濟
		中國	新羅	高句麗	百濟	駕洛國			
389	己丑	東晉 烈宗 太元 14	第十七奈勿麻立干 재위 34년	第十八國壤王 재위 6년	第十六辰斯王 재위 5년	第五伊品王 재위 44년	伊尸品王 재위 44년	美海; 9세	
390	庚寅	烈宗 太元 15	재위 35년	재위 7년	재위 6년	재위 45년	재위 45년	美海; 10세 第十七那密王 卽位三十六年庚寅[65] 倭王遣使來朝曰 寡君聞大王之神聖 使臣等以告百濟之罪於大王也 願大王遣一王子表誠心於寡君也 於是 王使第三子美海〔一作未吐喜〕以聘於 倭 美海年十歲 言辭動止猶未備具 故以內臣朴娑覽 爲副使而遣之 倭王留而不送三十年	
391	辛卯	烈宗 太元 16	재위 36년	재위 8년	재위 7년	재위 46년	재위 46년	美海; 11세	
392	壬辰	烈宗 太元 17	재위 37년	第十九廣開土王 名 談德 壬辰立 治二十 一年	第十七阿莘王 一作阿 芳 辰斯子 壬辰立 治 十三年	재위 47년	재위 47년	美海; 12세	(百濟本記云…) 又 阿莘王卽位太元十 七年二月 下教崇信 佛法求福 摩羅難陀 譯云童學 〔其異跡詳見僧傳〕
393	癸巳	烈宗 太元 18	재위 38년	재위 2년	재위 2년	재위 48년	재위 48년	美海; 13세	

---

65 奈勿王 재위 36년은 신묘년으로, 경인년은 재위 35년에 해당된다. 간지와 재위년 사이에 1년의 차이를 보이고 있다.

西紀 A.D.	干支	1. 王曆第一					60. 駕洛國記	63. 阿道基羅〔一作我道 又阿頭〕	69. 遼東城育王塔
		中國	新羅	高句麗	百濟	駕洛國			
394	甲午	東晉 烈宗 太元 19	第十七奈勿麻立干 재위 39년	第十九廣開土王 재위 3년	第十七阿莘王 재위 3년	第五伊品王 재위 49년	伊尸品王 재위 49년		
395	乙未	烈宗 太元 20	재위 40년	재위 4년	재위 4년	재위 50년	재위 50년		三寶感通錄載 高麗遼東城傍塔者 古老傳云 昔高麗聖王 按行國界次 至此城 見五色雲覆地 往尋雲中 有僧執錫而立 旣至便滅 遠看還現 傍有土塔三重 上如覆釜 不知是何 更往覓僧 唯有荒草 掘尋一丈 得杖幷履 又掘得銘 上有梵書 侍臣識之 云是佛塔 王委曲問詰 答曰 漢國有之 彼名蒲圖〔本作休屠 祭天金人〕 王因生信 起木塔七重 後佛法始至 具知始末 今更損高 木塔朽壞 育王所統一閻浮提洲 處處立塔 不足可怪[66]
396	丙申	烈宗 太元 21	재위 41년	재위 5년	재위 5년	재위 51년	재위 51년	又按元魏釋曇始〔一云惠始〕傳云 始關中人 自出家已後 多有異迹 晉孝武太元年末 齎經律數十部 往遼東宣化 現授三乘 立以歸戒 蓋高麗聞道之始也 義熙初(405) 復還關中 開導三輔 始足白於面 雖涉泥水 未嘗沾濕 天下咸稱白足和尙云 議曰[67] 曇始以太元末(396) 到海東 義熙初(405) 還關中 則留此十餘年 何東史無文 始旣恢詭不測之人 而與阿道 墨胡 難陀 年事相同 三人中疑一必其變諱也	
397	丁酉	安帝 隆安 1	재위 42년	재위 6년	재위 6년	재위 52년	재위 52년		
398	戊戌	安帝 隆安 2	재위 43년	재위 7년	재위 7년	재위 53년	재위 53년		

[66] 395년 무렵에 고구려 광개토왕은 요동성을 완전히 확보하였다고 생각된다. 그렇다면 위에 보이는 高麗聖王은 광개토왕으로 볼 수 있다. 이와 관련해서는 남무희(『고구려 승랑 연구』, 서경문화사, 2011)의 저서를 참고하기 바란다.

| 西紀 A.D. | 干支 | 1. 王曆第一 | | | | | 60. 駕洛國記 | 26. 奈勿王〔一作那密王〕金堤上 |
		中國	新羅	高句麗	百濟	駕洛國		
399	己亥	東晉 安帝 隆安 3	第十七奈勿麻立干 재위 44년	第十九廣開土王 재위 8년	第十七阿莘王 재위 8년	第五伊品王 재위 54년	伊尸品王 재위 54년	美海; 19세
400	庚子	安帝 隆安 4	재위 45년	재위 9년	재위 9년	재위 55년	재위 55년	美海; 20세
401	辛丑	安帝 隆安 5	재위 46년	재위 10년	재위 10년	재위 56년	재위 56년	美海; 21세
402	壬寅	安帝 元興 1	第十八實聖麻立干 一作實主王 又寶金 又 父未鄒王弟 大西知角干 母禮生夫人 昔氏 登也阿干女也 妃阿留夫人 壬寅立 治十五 王卽鵄述之父	재위 11년	재위 11년	재위 57년	재위 57년	美海; 22세
403	癸卯	安帝 元興 2	재위 2년	재위 12년	재위 12년	재위 58년	재위 58년	美海; 23세

67 一然이 의견을 제시한 부분이다. 曇始는 396년부터 405년 무렵까지 요동지역에 와서 불교를 홍포하였다. 담시가 고구려 요동지역으로 들어온 396년을 근거로, 이곳에 관련사료를 제시하였다.

西紀 A.D.	干支	1. 王曆第一					60. 駕洛國記	63. 阿道基羅〔一作我道 又阿頭〕
		中國	新羅	高句麗	百濟	駕洛國		
404	甲辰	東晉 安帝 元興 3	第十八實聖麻立干 재위 3년	第十九廣開土王 재위 13년	第十七阿莘王 재위 13년	第五伊品王 재위 59년	伊尸品王 재위 59년	
405	乙巳	安帝 義熙 1	재위 4년	재위 14년	第十八腆支王 一作眞支王 名映 阿莘子 乙巳立 治十五年	재위 60년	재위 60년	(又按元魏釋曇始〔一云惠始〕傳云…) 義熙初(405) 復還關中 聞導三輔 始足 白於面 雖涉泥水 未嘗沾濕 天下咸稱白 足和尙云 議曰[68] 曇始以太元末(396) 到海東 義熙 初(405) 還關中 則留此十餘年 何東史 無文 始旣恢詭不測之人 而與阿道 墨胡 難陀 年事相同 三人中疑一必其變諱也
406	丙午	安帝 義熙 2	재위 5년	재위 15년	재위 2년		재위 61년	
407	丁未	安帝 義熙 3	재위 6년	재위 16년	재위 3년	第六坐知王 一 云金叱王 父伊 品 母貞信 丁未 立 治十四年	재위 62년 (伊尸品王…) 義熙三年丁未 四月十日崩 坐知王 一云金叱 義熙三年卽位 娶傭女 以女 黨爲官 國內擾亂 雞林國以謀欲伐 有一臣名 朴元道 諫曰 遺草閱閱亦含羽 況乃人乎 天亡 地陷 人保何基 又卜士筮得解卦 其辭曰 解而 拇 朋至斯孚 君鑒易卦乎 王謝曰可 擯傭女 貶於荷山島 改行其政 長御安民也 治十五年 (…) 王妃道寧大阿干女福壽 生子吹希	
408	戊申	安帝 義熙 4	재위 7년	재위 17년	재위 4년	재위 2년	재위 2년	

---

68 一然이 자신의 의견을 제시한 부분이다. 曇始는 396년부터 405년 무렵까지 고구려 요동지역에 와서 불교를 홍포하였다. 담시가 중국으로 돌아간 해인 405년을 근거로, 이곳에 관련사료를 넣었다.

西紀 A.D.	干支	1. 王曆第一					60. 駕洛國記	27. 第十八實聖王	63. 阿道基羅〔一作我道 又阿頭〕
		中國	新羅	高句麗	百濟	駕洛國			
409	己酉	東晉 安帝 義熙 5	第十八實聖麻立干 재위 8년	第十九廣開土王 재위 18년	第十八腆支王 재위 5년	第六坐知王 재위 3년	坐知王 재위 3년		
410	庚戌	安帝 義熙 6	재위 9년	재위 19년	재위 6년	재위 4년	재위 4년		
411	辛亥	安帝 義熙 7	재위 10년	재위 20년	재위 7년	재위 5년	재위 5년		
412	壬子	安帝 義熙 8	재위 11년	재위 21년	재위 8년	재위 6년	재위 6년		
413	癸丑	安帝 義熙 9	재위 12년	第二十長壽王 名臣連 癸 丑立 治七十九年	재위 9년	재위 7년	재위 7년	義熙九年癸丑 平壤 州大橋成〔恐南平 壤也 今楊州〕	(又按元魏釋曇始〔一云惠始〕傳 云…) 晉末 朔方凶奴赫連勃勃 破獲 關中[69] 斬戮無數 時始亦遇害 刀不能 傷 勃勃嗟嘆之 普赦沙門 悉皆不殺 始於是潛遁山澤 修頭陁行

---

[69] 혁련발발이 관중을 차지한 것은 413년 무렵이다. 그렇다면 위의 사건은 대체로 413년 이후에 일어났다고 볼 수 있다.

西紀 A.D.	干支	1. 王曆第一					60. 駕洛國記	27. 第十八實聖王	63. 阿道基羅〔一作我道 又阿頭〕
		中國	新羅	高句麗	百濟	駕洛國			
414	甲寅	東晉 安帝 義熙 10	第十八實聖麻立干 재위 13년	第二十長壽王 재위 2년	第十八腆支王 재위 10년	第六坐知王 재위 8년	坐知王 재위 8년		
415	乙卯	安帝 義熙 11	재위 14년	재위 3년	재위 11년	재위 9년	재위 9년		
416	丙辰	安帝 義熙 12	재위 15년	재위 4년	재위 12년	재위 10년	재위 10년		
417	丁巳	安帝 義熙 13	第十九訥祇麻立干 一作內只王 金氏 父奈勿王 母內禮希夫人 金氏 未鄒王女 丁巳立 治四十一年	재위 5년	재위 13년	재위 11년	재위 11년	王忌憚前王太子 訥祇 有德望 將害之 請高麗兵而詐迎訥祇 高麗人見訥祇有賢行 乃倒戈而殺王 乃立訥祇爲王而去	新羅本記第四云 第十九訥祇王時 沙門墨胡子 自高麗至一善郡 郡人毛禮〔或作毛祿〕 於家中作堀室安置 時梁[70]遣使賜衣著香物〔高得相詠史詩云 梁遣使僧曰元表 宣送溟檀及經像〕君臣不知其香名與其所用 遣人齎香 遍問國中 墨胡子見之曰 此之謂香也 焚之則香氣芬馥 所以達誠於神聖 神聖未有過於三寶 若燒此發願 則必有靈應〔訥祇在晉宋之世 而云梁遣使 恐誤〕時王女病革 使召墨胡子 焚香表誓 王女之病尋愈 王喜 厚加賚貺 俄而不知所歸
418	戊午	安帝 義熙 14	재위 2년	재위 6년	재위 14년	재위 12년	재위 12년		

---

70 梁나라는 502년에 개국하여 557년에 멸망하였다. 그렇다면 양나라에서 사신을 보냈다는 위의 기록을 그대로 믿을 수는 없다. 일연도 이 부분에 대해 의문을 제기하고 있다.

| 西紀
A.D. | 干支 | 1. 王曆第一 | | | | | 60. 駕洛國記 | 26. 奈勿王〔一作那密王〕金堤上 |
		中國	新羅	高句麗	百濟	駕洛國		
419	己未	東晉 恭帝 元熙 1	第十九訥祇麻立干 在位 3년	第二十長壽王 在位 7년	第十八腆支王 在位 15년	第六坐知王 在位 13년	坐知王 在位 13년	美海; 39세 至訥祇王卽位三年己未 句麗長壽王遣使來朝云 寡君聞 大王之弟寶海秀智才藝 願與相親 特遣小臣懇請 王聞之 幸甚 因此和通 命其弟寶海 道於句麗 以內臣金武謁 爲 輔而送之 長壽王又留而不送
420	庚申	宋 武帝 永初 1	在位 4년	在位 8년	第十九久爾辛王 腆支 子 庚申立 治七年	在位 14년	在位 14년	美海; 40세
421	辛酉	武帝 永初 2	在位 5년	在位 9년	在位 2년	第七吹希王 一云 金喜 父坐知王 母福壽 辛酉立 治三十年	在位 15년 (坐知王…) 永初二年 辛酉 五月十二日崩 吹希王 一云叱嘉 金 氏 永初二年卽位 治 三十一年 (…) 王妃進 思角干女仁德 生王 子銍知	美海; 41세
422	壬戌	武帝 永初 3	在位 6년	在位 10년	在位 3년	在位 2년	在位 2년	美海; 42세
423	癸亥	小帝 景平 1	在位 7년	在位 11년	在位 4년	在位 3년	在位 3년	美海; 43세

西紀 A.D.	干支	1. 王曆第一					60. 駕洛國記	26. 奈勿王〔一作那密王〕金堤上	64. 原宗興 法厭觸滅身
		中國	新羅	高句麗	百濟	駕洛國			
424	甲子	宋 文帝 元嘉 1	第十九訥祇麻立干 재위 8년	第二十 長壽王 재위 12년	第十九久爾辛王 재위 5년	第七吹希王 재위 4년	吹希王 재위 4년	美海; 44세	
425	乙丑	文帝 元嘉 2	재위 9년	재위 13년	재위 6년	재위 5년	재위 5년	美海; 45세 至十年乙丑71 王召集群臣 及國中豪俠 親賜御宴 進酒三行 衆樂初作 王垂涕而謂群臣曰 昔我聖考 誠心民事 故使愛子東聘於倭 不見而崩 又朕卽位已來 鄰兵甚熾 戰爭不息 句麗獨有結親之言 朕信其言 以其 親弟 聘於句麗 句麗亦留而不送 朕雖處富貴 而未嘗一日暫忘而不哭 若得見二弟 共謝於先主之廟 則能報恩於國人 誰能成其謀策 時百官 咸奏曰 (…) 於是王召問焉 堤上再拜對曰 (…) 王甚嘉之 分觴而飮 握手而別 堤上簾前受命 徑趨北海之路 變服入句麗 進於寶海所 共謀 逸期 先以五月十五日 歸泊於高城水口而待 (…) 遂免而歸 王旣見寶海 益思美海 一欣一悲 (…) 美海渡海而來 使康仇麗先告於國 中 王驚喜 命百官迎於屈歇驛 王與親弟寶海 迎於南郊 入闕設宴 大赦 國內 冊其妻爲國大夫人 以其女子爲美海公夫人 (…) 初堤上之發去也 夫人聞之追不及 及至望德寺門南沙上 放臥長號 因名其沙曰長沙 親 戚二人 扶腋將還 夫人舒脚坐不起 名其地曰伐知旨 久後夫人不勝其 慕 率三娘子上鵄述嶺 望倭國痛哭而終 仍爲鵄述神母 今祠堂存焉	
426	丙寅	文帝 元嘉 3	재위 10년	재위 14년	재위 7년	재위 6년	재위 6년	美海; 46세	
427	丁卯	文帝 元嘉 4	재위 11년	재위 15년 丁卯 移 都 平壤城	第二十毗有王 久爾辛子 丁卯 立 治二十八年	재위 7년	재위 7년	美海; 47세	原宗興法〔距訥祇 世一百餘年72〕厭觸 滅身
428	戊辰	文帝 元嘉 5	재위 12년	재위 16년	재위 2년	재위 8년	재위 8년	美海; 48세	

71 을축년은 눌지마립간 재위 9년이고, 재위 10년은 병인년이 된다. 재위년과 간지 사이에 1년의 차이가 있다.

72 64. 원종흥법염촉멸신의 제목에서, 원종흥법에 붙어 있는 세주이다. 법흥왕 재위 14년(527)을 기준으로 100년 이전의 시기를 말하고 있다. 그렇다면 427년에 해당된다고 할
수 있다.

西紀 A.D.	干支	1. 王曆第一					60. 駕洛國記	26. 奈勿王〔一作那密王〕金堤上
		中國	新羅	高句麗	百濟	駕洛國		
429	己巳	宋 文帝 元嘉 6	第十九訥祇麻立干 재위 13년	第二十長壽王 재위 17년	第二十毗有王 재위 3년	第七吹希王 재위 9년	吹希王 재위 9년	美海; 49세
430	庚午	文帝 元嘉 7	재위 14년	재위 18년	재위 4년	재위 10년	재위 10년	美海; 50세
431	辛未	文帝 元嘉 8	재위 15년	재위 19년	재위 5년	재위 11년	재위 11년	美海; 51세
432	壬申	文帝 元嘉 9	재위 16년	재위 20년	재위 6년	재위 12년	재위 12년	美海; 52세
433	癸酉	文帝 元嘉 10	재위 17년	재위 21년	재위 7년	재위 13년	재위 13년	美海; 53세로 卒[73]

---

[73] 『삼국사기』 권3 「신라본기」 3의 눌지마립간 17년조에는, "夏五月 未斯欣卒 贈舒弗邯"이라고 되어 있다.

西紀 A.D.	干支	1. 王曆第一					60. 駕洛國記	29. 智哲路王
		中國	新羅	高句麗	百濟	駕洛國		
434	甲戌	宋 文帝 元嘉 11	第十九訥祗麻立干 재위 18년	第二十長壽王 재위 22년	第二十毗有王 재위 8년	第七吹希王 재위 14년	吹希王 재위 14년	
435	乙亥	文帝 元嘉 12	재위 19년	재위 23년	재위 9년	재위 15년	재위 15년	
436	丙子	文帝 元嘉 13	재위 20년	재위 24년	재위 10년	재위 16년	재위 16년	
437	丁丑	文帝 元嘉 14	재위 21년	재위 25년	재위 11년	재위 17년	재위 17년	지철로; 1세[74]
438	戊寅	文帝 元嘉 15	재위 22년	재위 26년	재위 12년	재위 18년	재위 18년	지철로; 2세

[74] 『삼국사기』 권4 「신라본기」 4의 지증마립간 즉위년조에는, "(…) 前王薨無子 故繼位 時年六十四歲"라고 되어 있다. 이로 볼 때, 지증마립간은 64세(500)에 즉위하였음을 알 수 있다. 이러한 기록을 참고하면서 지증왕의 출생연대를 복원하였다.

西紀 A.D.	干支	1. 王曆第一					60. 駕洛國記	29. 智哲路王
		中國	新羅	高句麗	百濟	駕洛國		
439	己卯	宋 文帝 元嘉 16	第十九訥祗麻立干 재위 23년	第二十長壽王 재위 27년	第二十毗有王 재위 13년	第七吹希王 재위 19년	吹希王 재위 19년	지철로; 3세
440	庚辰	文帝 元嘉 17	재위 24년	재위 28년	재위 14년	재위 20년	재위 20년	지철로; 4세
441	辛巳	文帝 元嘉 18	재위 25년	재위 29년	재위 15년	재위 21년	재위 21년	지철로; 5세
442	壬午	文帝 元嘉 19	재위 26년	재위 30년	재위 16년	재위 22년	재위 22년	지철로; 6세
443	癸未	文帝 元嘉 20	재위 27년	재위 31년	재위 17년	재위 23년	재위 23년	지철로; 7세

西紀 A.D.	干支	1. 王曆第一					60. 駕洛國記	29. 智哲路王	63. 阿道基羅〔一作我道 又阿頭〕
		中國	新羅	高句麗	百濟	駕洛國			
444	甲申	宋 文帝 元嘉 21	第十九訥祇麻立干재 위 28년	第二十長壽王 재위 32년	第二十毗有王 재위 18년	第七吹希王재 위 24년	吹希王 재위 24년	지철로; 8세	
445	乙酉	文帝 元嘉 22	재위 29년	재위 33년	재위 19년	재위 25년	재위 25년	지철로; 9세	
446	丙戌	文帝 元嘉 23	재위 30년	재위 34년	재위 20년	재위 26년	재위 26년	지철로; 10세	(又按元魏釋曇始〔一云惠始〕傳云…) 拓拔燾復 剋長安 擅威關洛 時有博陵崔皓 小習左道 猜嫉 釋敎 旣位居僞輔 爲燾所信 乃與天師寇謙之說 燾 佛敎無益 有傷民利 勸令廢之云云
447	丁亥	文帝 元嘉 24	재위 31년	재위 35년	재위 21년	재위 27년	재위 27년	지철로; 11세	
448	戊子	文帝 元嘉 25	재위 32년	재위 36년	재위 22년	재위 28년	재위 28년	지철로; 12세	

西紀 A.D.	干支	1. 王曆第一					60. 駕洛國記	29. 智哲路王	63. 阿道基羅〔一作我道 又阿頭〕
		中國	新羅	高句麗	百濟	駕洛國			
449	己丑	宋 文帝 元嘉 26	第十九訥祇麻立干 재위 33년	第二十長壽王 재위 37년	第二十毗有王 재위 23년	第七吹希王 재위 29년	吹希王 재위 29년	지철로; 13세	
450	庚寅	文帝 元嘉 27	재위 34년	재위 38년	재위 24년	재위 30년	재위 30년	지철로; 14세	(又按元魏釋曇始〔一云惠始〕傳云…) 太平[75]之末 始方知熹將化時至 乃以元會之日 忽杖錫到宮門 熹聞令斬之 屢不傷 熹自斬之亦無傷 飼北園所養虎 亦不敢近 熹大生慚懼 遂感癘疾 崔寇二人 相次發惡病 熹以過由於彼 於是誅滅二家門族 宣下國中 大弘佛法 始後不知所終
451	辛卯	文帝 元嘉 28	재위 35년	재위 39년	재위 25년	第八銍知王 一云金銍 父吹希 母仁德 辛卯立 治三十六年	재위 31년 (吹希王…) 元嘉二十八年 辛卯 二月三日崩 銍知王 一云金銍王 元嘉二十八年卽位 (…) 治四十二年 (…) 王妃金相沙干女邦媛 生王子鉗知	지철로; 15세	

---

75 여기에 보이는 太平이라는 연호는 북위 太武帝의 연호인 太平眞君(440~450)을 가리킨다. 이에 위의 사건이 일어난 시기는 대체로 450년 무렵으로 볼 수 있다.

西紀 A.D.	干支	1. 王曆第一					60. 駕洛國記	29. 智哲路王	70. 金官城婆娑石塔
		中國	新羅	高句麗	百濟	駕洛國			
452	壬辰	宋 文帝 元嘉 29	第十九訥祇麻立干 재위 36년	第二十長壽王 재위 40년	第二十毘有王 재위 26년	第八銍知王 재위 2년	銍知王 재위 2년 元君八代孫金銍王 克勤 爲政 又切崇眞 爲世祖母 許皇后奉資冥福 以元嘉 二十九年壬辰 於元君與 皇后合婚之地創寺 額曰 王后寺 遣使審量近側平 田十結 以爲供億三寶之 費 (…) 悲夫 世祖已下九 代孫曆數 委錄于下 銘曰 (…) (銍知王…) 明年 爲世祖 許黃玉王后 奉資冥福 於 初與世祖合御之地 創寺 曰王后寺 納田十結充之	지철로; 16세	逮第八代銍知王二年壬辰 置寺於 其地 又創王后寺〔在阿道訥祇王 之世 法興王之前〕至今奉福焉 兼 以鎭南倭 具見本國本記 塔方四 面五層 其彫鏤甚奇 石微赤斑色 其質良脆 非此方類也 本草所云 點雞冠血爲驗者是也 金官國 亦 名駕洛國 具載本記
453	癸巳	世祖 大初[76] 1	재위 37년	재위 41년	재위 27년	재위 3년	재위 3년	지철로; 17세	

---

76 大初라는 연호는 『삼국유사』 왕력에만 보인다.

西紀 A.D.	干支	1. 王曆第一					60. 駕洛國記	29. 智哲路王
		中國	新羅	高句麗	百濟	駕洛國		
454	甲午	宋 孝武帝 孝建 1	第十九訥祇麻立干 재위 38년	第二十長壽王 재위 42년	第二十毗有王 재위 28년	第八銍知王 재위 4년	銍知王 재위 4년	지철로; 18세
455	乙未	孝武帝 孝建 2	재위 39년	재위 43년	第二十一蓋鹵王 一云近 蓋鹵王 名慶司 乙未立 治 二十年	재위 5년	재위 5년	지철로; 19세
456	丙申	孝武帝 孝建 3	재위 40년	재위 44년	재위 2년	재위 6년	재위 6년	지철로; 20세
457	丁酉	孝武帝 大明 1	재위 41년	재위 45년	재위 3년	재위 7년	재위 7년	지철로; 21세
458	戊戌	孝武帝 大明 2	第二十慈悲麻立干 金氏 父訥 祇 母阿老夫人 一作次老夫人 實聖王之女 戊戌立 治二十一 年 妃巴胡葛文王女 一作未叱 希角干 一作未欣角干女	재위 46년	재위 4년	재위 8년	재위 8년	지철로; 22세

西紀 A.D.	干支	1. 王曆第一					60. 駕洛國記	29. 智哲路王
		中國	新羅	高句麗	百濟	駕洛國		
459	己亥	宋 孝武帝 大明 3	第二十慈悲麻立干 재위 2년	第二十長壽王 재위 47년	第二十一蓋鹵王 재위 5년	第八銍知王 재위 9년	銍知王 재위 9년	지철로; 23세
460	庚子	孝武帝 大明 4	재위 3년	재위 48년	재위 6년	재위 10년	재위 10년	지철로; 24세
461	辛丑	孝武帝 大明 5	재위 4년	재위 49년	재위 7년	재위 11년	재위 11년	지철로; 25세
462	壬寅	孝武帝 大明 6	재위 5년	재위 50년	재위 8년	재위 12년	재위 12년	지철로; 26세
463	癸卯	孝武帝 大明 7	재위 6년	재위 51년	재위 9년	재위 13년	재위 13년	지철로; 27세

西紀 A.D.	干支	1. 王曆第一					60. 駕洛國記	29. 智哲路王
		中國	新羅	高句麗	百濟	駕洛國		
464	甲辰	宋 孝武帝 大明 8	第二十慈悲麻立干 재위 7년	第二十長壽王재위 52년	第二十一蓋鹵王 재위 10년	第八銍知王 재위 14년	銍知王 재위 14년	지철로; 28세
465	乙巳	太宗 泰始 1	재위 8년	재위 53년	재위 11년	재위 15년	재위 15년	지철로; 29세
466	丙午	太宗 泰始 2	재위 9년	재위 54년	재위 12년	재위 16년	재위 16년	지철로; 30세
467	丁未	太宗 泰始 3	재위 10년	재위 55년	재위 13년	재위 17년	재위 17년	지철로; 31세
468	戊申	太宗 泰始 4	재위 11년	재위 56년	재위 14년	재위 18년	재위 18년	지철로; 32세

西紀 A.D.	干支	1. 王曆第一					60. 駕洛國記	29. 智哲路王
		中國	新羅	高句麗	百濟	駕洛國		
469	己酉	宋 太宗 泰始 5	第二十慈悲麻立干 재위 12년	第二十長壽王 재위 57년	第二十一蓋鹵王 재위 15년	第八銍知王 재위 19년	銍知王 재위 19년	지철로; 33세
470	庚戌	太宗 泰始 6	재위 13년	재위 58년	재위 16년	재위 20년	재위 20년	지철로; 34세
471	辛亥	太宗 泰始 7	재위 14년	재위 59년	재위 17년	재위 21년	재위 21년	지철로; 35세
472	壬子	太宗 泰始 8	재위 15년	재위 60년	재위 18년	재위 22년	재위 22년	지철로; 36세
473	癸丑	後廢帝 元徽 1	재위 16년	재위 61년	재위 19년	재위 23년	재위 23년	지철로; 37세

| 西紀
A.D. | 干支 | 1. 王曆第一 | | | | | 60. 駕洛國記 | 29. 智哲路王 | 57. 南扶餘 前百濟 北扶餘〔已見上〕 |
		中國	新羅	高句麗	百濟	駕洛國			
474	甲寅	宋 後廢帝 元徽 2	第二十慈悲麻立干 재위 17년	第二十長壽王 재위 62년	第二十一蓋鹵王 재위 20년	第八銍知王 재위 24년	銍知王 재위 24년	지철로; 38세	
475	乙卯	後廢帝 元徽 3	재위 18년	재위 63년	第二十二文周王 一作 文明 蓋鹵子 乙卯立 移 都熊川 理二年	재위 25년	재위 25년	지철로; 39세	(按古典記云…) 至二十二世文周王卽位 元徽三年乙卯 移都熊川〔今公州〕歷六十 三年[77]
476	丙辰	後廢帝 元徽 4	재위 19년	재위 64년	재위 2년	재위 26년	재위 26년	지철로; 40세	
477	丁巳	順帝 昇明 1	재위 20년	재위 65년	第二十三三斤王 一作 三乞王 文周子 丁巳立 理二年	재위 27년	재위 27년	지철로; 41세	
478	戊午	順帝 昇明 2	재위 21년	재위 66년	재위 2년	재위 28년	재위 28년	지철로; 42세	

---

[77] 475년부터 538년에 이르는 기간이다.

西紀 A.D.	干支	1. 王曆第一					60. 駕洛國記	63. 阿道基羅〔一作我道 又阿頭〕
		中國	新羅	高句麗	百濟	駕洛國		
479	己未	齊 太祖 建元 1	始與吳國通[78] 己未年 倭國兵來侵 始築明活城入避 來圍梁州二城 不克而還 第二十一毗處麻立干 一作炤知王 金氏 慈悲王第三子 母未欣角干之女 己未立 理二十一年 妃期寶葛文王之女	第二十長壽王 재위 67년	第二十四東城王 名牟大 一云麻帝 又餘大 三斤王之堂弟 己未立 理二十二年	第八銍知王 재위 29년	銍知王 재위 29년	(新羅本紀第四云…) 又至二十一毗處王時[79] 有我道和尙 與侍者三人 亦來毛禮家 儀表似墨胡子 住數年 無疾而終 其侍者三人留住 講讀經律 往往有信奉者〔有注云 與本碑及諸傳記殊異 又高僧傳云西竺人 或云從吳來〕
480	庚申	太祖 建元 2	재위 2년	재위 68년	재위 2년	재위 30년	재위 30년	
481	辛酉	太祖 建元 3	재위 3년	재위 69년	재위 3년	재위 31년	재위 31년	
482	壬戌	太祖 建元 4	재위 4년	재위 70년	재위 4년	재위 32년	재위 32년	
483	癸亥	武帝 永明 1	재위 5년	재위 71년	재위 5년	재위 33년	재위 33년	

[78] 479년 이전으로 볼 수 있지만, 정확한 연대를 알 수 없으므로 이곳에 두었다.

[79] 정확한 연대는 알 수 없지만, 479년 이후인 것만은 확실하므로 이곳에 관련자료를 제시하였다.

西紀 A.D.	干支	1. 王曆第一					60. 駕洛國記	28. 射琴匣	29. 智哲路王
		中國	新羅	高句麗	百濟	駕洛國			
484	甲子	齊 武帝 永明 2	第二十一毗處麻立干 재위 6년	第二十長壽王 재위 72년	第二十四東城王 재위 6년	第八銍知王 재위 34년	銍知王 재위 34년		지철로; 48세
485	乙丑	武帝 永明 3	재위 7년	재위 73년	재위 7년	재위 35년	재위 35년		지철로; 49세
486	丙寅	武帝 永明 4	재위 8년	재위 74년	재위 8년	재위 36년	재위 36년		지철로; 50세
487	丁卯	武帝 永明 5	재위 9년	재위 75년	재위 9년		재위 37년		지철로; 51세
488	戊辰	武帝 永明 6	재위 10년	재위 76년	재위 10년		재위 38년	第二十一毗處王〔一作炤智王〕卽位十年戊辰 幸於天泉亭 時有烏與鼠來鳴 鼠作人語云 此烏去處尋之〔或云 神德王欲行香興輪寺 路見衆鼠含尾 怪之而還占之 明日先鳴烏尋之云云 此說非也〕王命騎士追之 南至避村〔今壤避寺村 在南山東麓〕兩猪相鬪 留連見之 忽失烏所在 徘徊路傍 時有老翁自池中出奉書 外面題云 開見二人死 不開一人死 使來獻之 王曰 與其二人死 莫若不開 但一人死耳 日官奏云 二人者庶民也 一人者王也 王然之開見 書中云射琴匣 王入宮見琴匣射之 乃內殿焚修僧與宮主潛通而所奸也 二人伏誅 自爾國俗 每正月上亥上子上午等日 忌慎百事 不敢動作 以十五日爲烏忌之日 以糯飯祭之 至今行之 俚言怛忉 言悲愁而禁忌百事也 命其池曰書出池	지철로; 52세

129

西紀 A.D.	干支	1. 王曆第一					60. 駕洛國記	29. 智哲路王	64. 原宗興法厭髑滅身
		中國	新羅	高句麗	百濟	駕洛國			
489	己巳	齊 武帝 永明 7	第二十一毗處麻立干 재위 11년	第二十長壽王 재위 77년	第二十四東城王 재위 11년		銍知王 재위 39년	지철로; 53세	박염촉 출생[80]
490	庚午	武帝 永明 8	재위 12년	재위 78년	재위 12년		재위 40년	지철로; 54세	박염촉; 2세
491	辛未	武帝 永明 9	재위 13년	재위 79년	재위 13년		재위 41년	지철로; 55세	박염촉; 3세
492	壬申	武帝 永明 10	재위 14년	第二十一文咨明王 名明 理好 又个雲 又高雲 壬申 立 理二十七年	재위 14년	第九鉗知王 父銍知 王 母邦媛 壬申立 理 二十九年	재위 42년 (銍知王…) 永明十年壬申 十月四日崩 鉗知王 一云金鉗王 永明 十年卽位 治三十年 (…) 王妃出忠角干女淑 生王 子仇衡	지철로; 56세	박염촉; 4세
493	癸酉	武帝 永明 11	재위 15년	재위 2년	재위 15년	재위 2년	재위 2년	지철로; 57세	박염촉; 5세/1세[81]

---

80 김용행이 편찬한 「아도비」를 근거로 하면, 박염촉은 이때 출생하였다.

81 남간사사문 일념이 편찬한 「촉향분예불결사문」을 근거로 하면, 박염촉은 이때 출생하였다고 볼 수 있다.

西紀 A.D.	干支	1. 王曆第一					60. 駕洛國記	29. 智哲路王	64. 原宗興法厭觸滅身
		中國	新羅	高句麗	百濟	駕洛國			
494	甲戌	廢帝[82] 齊 高宗 建武 1	第二十一毗處麻立干 재위 16년	第二十一文咨明王 재위 3년	第二十四東城王 재위 16년	第九鉗知王 재위 3년	鉗知王 재위 3년	지철로; 58세	박염촉; 6세/2세
495	乙亥	高宗 建武 2	재위 17년	재위 4년	재위 17년	재위 4년	재위 4년	지철로; 59세	박염촉; 7세/3세
496	丙子	高宗 建武 3	재위 18년	재위 5년	재위 18년	재위 5년	재위 5년	지철로; 60세	박염촉; 8세/4세
497	丁丑	高宗 建武 4	재위 19년	재위 6년	재위 19년	재위 6년	재위 6년	지철로; 61세	박염촉; 9세/5세
498	戊寅	東昏侯[83] 永泰 1	재위 20년	재위 7년	재위 20년	재위 7년	재위 7년	지철로; 62세	박염촉; 10세/6세

---

82 昭業(재위; 493~494)과 昭文(재위; 494)의 두 廢帝를 가리킨다.

83 廢帝 寶卷을 말한다.

西紀 A.D.	干支	1. 王曆第一					60. 駕洛國記	29. 智哲路王	64. 原宗興法厭觸滅身
		中國	新羅	高句麗	百濟	駕洛國			
499	己卯	齊 東昏候 永元 1	第二十一毗處麻立干 재위 21년	第二十一文咨明王 재위 8년	第二十四東城王 재위 21년	第九鉗知王 재위 8년	鉗知王 재위 8년	지철로; 63세 王陰長一尺五寸 難於嘉耦 發使三道求之 使至牟梁部 冬老樹下 見二狗嚙一屎塊 如鼓大 爭嚙其兩端 訪於里 人 有一小女告云 此部相公 之女子洗澣于此 隱林而所 遺也 尋其家檢之 身長七尺 五寸 具事奏聞 王遣車邀入 宮中 封爲皇后 群臣皆賀[84]	박염촉; 11세/7세
500	庚辰	東昏候 永元 2	第二十二智訂麻立干 一作 智哲老 又智度路王 金氏 父 訥祇王弟期寶葛文王 母烏 生夫人 訥祇王之女 妃迎帝 夫人 儉攬代漢只登許〔一作 □□〕角干之女 庚辰立 理十 四年	재위 9년	재위 22년	재위 9년	재위 9년	지철로왕; 64세 (재위 1년) 第二十二智哲老王 姓金氏 名智大路 又智度路 諡曰智 證 諡號始于此 又鄕稱王 爲麻立干者 自此王始 王以 永元二年庚辰卽位〔或云 辛巳 則三年也〕	박염촉; 12세/8세

---

84 위의 사건이 일어난 정확한 시기는 알 수 없지만, 지증왕이 즉위하기 이전의 일이라고 보는 것이 타당할 것이다.

西紀 A.D.	干支	1. 王曆第一 中國	1. 王曆第一 新羅	1. 王曆第一 高句麗	1. 王曆第一 百濟	1. 王曆第一 駕洛國	60. 駕洛國記	19. 新羅始祖赫居世王	29. 智哲路王	103. 慈藏定律
501	辛巳	和帝 中興 1	第二十二智訂麻立干 재위 2년	第二十一文咨明王 재위 10년	第二十五武寧王 名斯摩 即東城第二子 辛巳立 理二十二年 南史云名扶餘隆誤矣 隆乃義慈王之太子 詳見唐史	第九鉗知王 재위 10년	鉗知王 재위 10년		지철로왕; 65세 (재위 2년) 〔或云辛巳 則三年也〕	
502	壬午	梁 高祖 天監 1	재위 3년	재위 11년	재위 2년	재위 11년	재위 11년		지철로왕; 66세 (재위 3년)	〔又梁陳之間(502〜588) 有國統 州統 國都 州都 僧都 僧正 都維乃等名 總屬昭玄曹 曹即領僧尼官名〕[85]
503	癸未	高祖 天監 2	재위 4년	재위 12년	재위 3년	재위 12년	재위 12년	一說 (…) 後世逐定新羅之號[86]	지철로왕; 67세 (재위 4년)	

---

85 梁나라가 시작되는 502년을 기준으로 하여 관련자료를 이곳에 제시하였다.

86 『삼국사기』 권4 「신라본기」 제4의 지증마립간 4년 기사(503)에는, "(…) 今群臣一意 謹上號新羅國王 王從之"라고 되어 있다.

西紀 A.D.	干支	1. 王曆第一					60. 駕洛國記	29. 智哲路王	64. 原宗興法厭髑滅身
		中國	新羅	高句麗	百濟	駕洛國			
504	甲申	梁 高祖 天監 3	第二十二智訂麻立干 재위 5년	第二十一文咨明王 재위 13년	第二十五武寧王 재위 4년	第九鉗知王 재위 13년	鉗知王 재위 13년	지철로왕; 68세 (재위 5년)	박염촉; 16세/12세
505	乙酉	高祖 天監 4	재위 6년	재위 14년	재위 5년	재위 14년	재위 14년	지철로왕; 69세 (재위 6년)	박염촉; 17세/13세
506	丙戌	高祖 天監 5	재위 7년	재위 15년	재위 6년	재위 15년	재위 15년	지철로왕; 70세 (재위 7년)	박염촉; 18세/14세
507	丁亥	高祖 天監 6	재위 8년	재위 16년	재위 7년	재위 16년	재위 16년	지철로왕; 71세 (재위 8년)	박염촉; 19세/15세
508	戊子	高祖 天監 7	재위 9년	재위 17년	재위 8년	재위 17년	재위 17년	지철로왕; 72세 (재위 9년)	박염촉; 20세/16세

| 西紀
A.D. | 干支 | 1. 王曆第一 | | | | | 60. 駕洛國記 | 29. 智哲路王 | 64. 原宗興法厭觸滅身 |
		中國	新羅	高句麗	百濟	駕洛國			
509	己丑	梁 高祖 天監 8	第二十二智訂麻立干 재위 10년	第二十一文咨明王 재위 18년	第二十五武寧王 재위 9년	第九鉗知王 재위 18년	鉗知王 재위 18년	지철로왕; 73세 (재위 10년)	박염촉; 21세/17세
510	庚寅	高祖 天監 9	재위 11년	재위 19년	재위 10년	재위 19년	재위 19년	지철로왕; 74세 (재위 11년)	박염촉; 22세/18세
511	辛卯	高祖 天監 10	재위 12년	재위 20년	재위 11년	재위 20년	재위 20년	지철로왕; 75세 (재위 12년)	박염촉; 23세/19세
512	壬辰	高祖 天監 11	재위 13년	재위 21년	재위 12년	재위 21년	재위 21년	지철로왕; 76세 (재위 13년) 又阿瑟羅州〔今溟州〕東海 中　便風二日程有于陵島 〔今作羽陵〕周廻二萬六千 七百三十步 島夷恃其水深 驕傲不臣 王命伊湌朴伊宗 將兵討之 宗作木偶師子 載 於大艦之上 威之云 不降則 放此獸 島夷畏而降 賞伊宗 爲州伯[87]	박염촉; 24세/20세
513	癸巳	高祖 天監 12	재위 14년 已上爲上古 已下爲中古	재위 22년	재위 13년	재위 22년	재위 22년	지철로왕; 77세 (재위 14년)	박염촉; 25세/21세

---

[87] 『삼국사기』 권4 「신라본기」 제4의 지증마립간 13년조(512)에도 비슷한 내용이 실려 있다.

西紀 A.D.	干支	1. 王曆第一					60. 駕洛國記	63. 阿道基羅	64. 原宗興法厭髑滅身
		中國	新羅	高句麗	百濟	駕洛國			
514	甲午	梁 高祖 天監 13	第二十三法興王 名原宗 金氏 冊府元龜云 姓募 名 秦 父智訂 母迎帝夫人 法 興諡 諡始乎此 甲午立 理 二十六年 陵在愛公寺北 妃巴刀夫人 出家名法流 住永興寺 始行律令 始行 十齋日 禁殺度人爲僧尼	第二十一文咨明王 재위 23년	第二十五武寧王 재위 14년	第九鉗知王 재위 23년	鉗知王 재위 23년	(按我道本碑云…) 至二 十三法興大王 以蕭梁 天監十三年甲午登位 乃興釋氏 距未雛王癸 未之歲(262) 二百五十 二年 道寧所言三千餘 月驗矣[88]	元和中 南澗寺沙門一念 撰髑香墳禮佛 結社文[89] 載此事甚詳 其略曰 昔在法興 大王垂拱紫極之殿 俯察扶桑之域 以謂 昔漢明感夢 佛法東流 寡人自登位 願爲 蒼生 欲造修福滅罪之處 於是朝臣〔鄉傳 云 工目謁恭等〕未測深意 唯遵理國之 大義 不從建寺之神略 大王嘆曰 於戲 寡 人以不德 丕承大業 上虧陰陽之造化 下 無黎庶之歡 萬機之暇 留心釋風 誰與爲 伴 粵有內養者 姓朴字厭髑〔或作異次 或云伊處 方音之別也 譯云厭也 髑頓道 覩獨等皆隨書者之便 乃助辭也 今譯上 不譯下 故云厭髑 又厭覩等也〕(…)〔又 按金用行撰阿道碑 舍人時年二十六 (…)〕挺竹柏而爲質 抱水鏡而爲志 (…) 時年二十二 (…) 遂乃葬北山之西嶺〔卽 金剛山也 傳云 頭飛落處 因葬其地 今不 言何也〕內人哀之 卜勝地造蘭若 名曰 刺楸寺 於是家家作禮 必獲世榮 人人行 道 當曉法利 박염촉; 26세[90]/ 22세[91]

---

88 일연은 이러한 기록에 대해, "據此 本記與本碑 二說相戾 不同如此 嘗試論之 (…) 三千餘月 未必盡信 蓋自訥祇之世 抵乎丁未 无慮一百餘年 若曰一千餘月 則殆幾矣 姓我單名 疑贗難詳"이라고 하면서 합리적인 해석을 시도하였다.

89 남간사사문 일념이 「촉향분예불결사문」을 지은 시기는 신라 헌덕왕 9년(817)이다.

90 김용행이 편찬한 「아도비」를 근거로 박염촉의 나이를 넣었다.

91 남간사사문 일념이 작성한 「촉향분예불결사문」에서는 이 당시 박염촉이 22세였다고 되어 있다.

西紀 A.D.	干支	1. 王曆第一					60. 駕洛國記	79. 三所觀音衆生寺	80. 栢栗寺
		中國	新羅	高句麗	百濟	駕洛國			
515	乙未	梁 高祖 天監 14	第二十三法興王 재위 2년	第二十一文咨明王 재위 24년	第二十五武寧王 재위 15년	第九鉗知王 재위 24년	鉗知王 재위 24년	新羅古傳云 中華天子有寵姬 美艶無雙 謂古今圖畫尠 有如此者 乃命善畫者寫眞〔畫工傳失其名 或云張僧 繇 則是吳人也 梁天監中 爲武陵王國侍郎直秘閣知畫 事 歷右將軍吳興太守 則乃中國梁陳間之天子也 而傳 云唐帝者 海東人凡諸中國爲唐爾 其實未詳何代帝王 兩存之〕其人奉勅圖成 誤落筆污赤 毀於臍下 欲改之 而不能 心疑赤誌必自天生 功畢獻之 帝目之日 形則逼 眞矣 其臍下之誌 乃所內秘 何得知之幷寫 帝乃震怒 下圓扉將加刑 丞相奏云 所謂伊人其心且直 願赦宥之 帝曰彼旣賢直 朕昨夢之像 畫進不差則宥之 其人乃畫十一面觀音像呈之 恊於所夢 帝於是意解赦 之 其人旣免 乃與博士芬節約曰 吾聞新羅國敬信佛法 與子乘桴于海 適彼同修佛事 廣益仁邦 不亦益乎 遂相 與到新羅國 因成此寺大悲像 國人瞻仰 禳禱獲福 不可 勝記[92]	雞林之北岳曰金 剛嶺 山之陽有栢 栗寺 寺有大悲之 像一軀 不如知作 始 而靈異頗著 或 云 是中國之神匠 塑衆生寺像時幷 造也[93] 諺云 此大 聖曾上忉利天 還 來入法堂時 所履 石上脚跡至今不 刓 或云救夫禮郎 還來時之所視跡 也
516	丙申	高祖 天監 15	재위 3년	재위 25년	재위 16년	재위 25년	재위 25년		
517	丁酉	高祖 天監 16	재위 4년	재위 26년	재위 17년	재위 26년	재위 26년		
518	戊戌	高祖 天監 17	재위 5년	재위 27년	재위 18년	재위 27년	재위 27년		
519	己亥	高祖 天監 18	재위 6년	第二十二安藏王 名興 安 己亥立 理十二年	재위 19년	재위 28년	재위 28년		

---

92 위의 사건이 언제 있었던지는 자세히 알 수 없다. 다만 위의 글에서, "내가 들으니 신리국은 佛法을 신봉한다고 하니, 그대와 함께 바다에 배를 타고 그곳에 가서 함께 佛事를 닦아 널리 仁邦을 도우면 또한 이롭지 않겠는가"라고 한 부분이 주목된다. 이에 위의 사건이 있었던 시기를 신라 법흥왕대로 추측하면서, 관련자료를 이곳에 제시하였다.

93 백율사가 언제 창건되었는지는 정확하게 알 수 없다. 다만 위의 글에서, "혹은 중국의 神匠이 중생사의 불상을 조성할 때 함께 만든 것이라고 한다"라고 한 부분이 주목된다. 이에 관련자료를 이곳에 제시하였다.

西紀 A.D.	干支	1. 王曆第一					60. 駕洛國記
		中國	新羅	高句麗	百濟	駕洛國	
520	庚子	梁 高祖 普通 1	第二十三法興王 재위 7년	第二十二安藏王 재위 2년	第二十五武寧王 재위 20년	第九鉗知王 재위 29년	鉗知王 재위 29년
521	辛丑	高祖 普通 2	재위 8년	재위 3년	재위 21년	第十仇衡王 鉗知子 母淑女 辛丑立 理四十三年	재위 30년 (鉗知王…) 正光二年辛丑 四月七日崩 仇衡王 金氏 正光二年卽位 治四十二年
522	壬寅	高祖 普通 3	재위 9년	재위 4년	재위 22년	재위 2년	재위 2년
523	癸卯	高祖 普通 4	재위 10년	재위 5년	第二十六聖王 名明襛 武寧子 癸卯 立 理三十一年	재위 3년	재위 3년
524	甲辰	高祖 普通 5	재위 11년	재위 6년	재위 2년	재위 4년	재위 4년

西紀 A.D.	干支	1. 王曆第一					60. 駕洛國記	30. 眞興王	63. 阿道基羅	64. 原宗興法厭髑滅身	125. 朗智乘雲普賢樹
		中國	新羅	高句麗	百濟	駕洛國					
525	乙巳	梁 高祖 普通 6	第二十三法興王 재위 12년	第二十二安藏王 재위 7년	第二十六聖王 재위 3년	第十仇衡王 재위 5년	仇衡王 재위 5년				
526	丙午	高祖 普通 7	재위 13년	재위 8년	재위 4년	재위 6년	재위 6년	진흥왕 출생[94]			
527	丁未	高祖 大通 1	재위 14년	재위 9년	재위 5년	재위 7년	재위 7년	진흥왕; 2세	(按我道本碑云…) (…) 一曰 金橋東天鏡林〔今興輪寺…〕至法興王 丁未草創〕 (按我道本碑云…) 二曰三川歧〔今永興寺 與興輪開同代〕	新羅本記 法興大王卽位十四年 小臣異次頓爲法滅身 卽蕭梁普通八年丁未 西竺達摩來金陵之歲也 是年 朗智法師亦始住靈鷲山開法[95] 則大敎興衰必遠近相感一時 於此可信 〔按國史與鄕傳 實法興王十四年丁未始開〕[96] 又於大通元年丁未(527) 爲梁帝創寺於熊川州 名大通寺〔熊川卽公州也 時屬新羅故也 然恐非丁未也 乃中大通元年己酉歲所創也(529) 始創興輪之丁未 未暇及於他郡立寺也〕[97]	(智)通曰 法師住此其已久 智曰法興王丁未之歲(527) 始寓足焉 不知今幾 通到山之時 乃文武王卽位元年辛酉歲也(661) 計已一百三十五年矣
528	戊申	高祖 大通 2	재위 15년	재위 10년	재위 6년	재위 8년	재위 8년	진흥왕; 3세			

94 『삼국유사』 1 기이2의 「진흥왕」조에는, "第二十四眞興王 卽位時年十五歲 (…)"라고 되어 있다. 이 기록을 근거로 진흥왕의 출생 연대를 526년으로 보았다.

95 125. 낭지승운보현수에도 같은 이야기가 실려 있다.

96 "眞興大王卽位五年甲子(544) 造大興輪寺"의 세주에 있는 내용이다.

97 527년과 529년에 관련 사료를 모두 제시하였다.

西紀 A.D.	干支	1. 王曆第一					60. 駕洛國記	64. 原宗興法厭觸滅身
		中國	新羅	高句麗	百濟	駕洛國		
529	己酉	梁 高祖 中大通 1	第二十三法興王 재위 16년	第二十二安藏王 재위 11년	第二十六聖王 재위 7년	第十仇衡王 재위 9년	仇衡王 재위 9년 降及仇衡朝末 三百三十載之中 享 廟禮曲 永無違者	又於大通元年丁未(527) 爲梁帝創寺 於熊川州 名大通寺〔熊川卽公州也 時 屬新羅故也 然恐非丁未也 乃中大通元 年己酉歲所創也(529) 始創興輪之丁 未 未暇及於他郡立寺也〕[98]
530	庚戌	高祖 中大通 2	재위 17년	재위 12년	재위 8년	재위 10년	재위 10년	
531	辛亥	高祖 中大通 3	재위 18년	第二十三安原王 名寶迎 辛亥立 理十四年	재위 9년	재위 11년	재위 11년	
532	壬子	高祖 中大通 4	재위 19년	재위 2년	재위 10년	재위 12년 中大通四年壬子 納土投羅 自首露 王壬寅至壬子 合 四百九十年 國除	재위 12년 自嗣子居登王(재위; 199~259) 泊 九代孫仇衡(재위; 521~532)之享 是廟 須以每歲孟春三之日 七之日 仲夏重五之日 仲秋初五之日 十五 之日 豊潔之奠 相繼不絶 開皇錄云 梁中大通四年壬子 降于 新羅 議曰 案三國史 仇衡以梁中大 通四年壬子 納土投羅 則計自首露 初卽位東漢建武十八年壬寅 至仇衡 末壬子 得四百九十年矣	
533	癸丑	高祖 中大通 5	재위 20년	재위 3년	재위 11년	재위 13년	재위 13년	

---

98 527년과 529년에 관련 사료를 모두 제시하였다.

西紀 A.D.	干支	1. 王曆第一					60. 駕洛國記	30. 眞興王	63. 阿道基羅	64. 原宗興法厭髑滅身
		中國	新羅	高句麗	百濟	駕洛國				
534	甲寅	梁 高祖 中大通 6	第二十三法興王 재위 21년	第二十三安原王 재위 4년	第二十六聖王 재위 12년	第十仇衡王 재위 14년	仇衡王 재위 14년	진흥왕; 9세[99]		
535	乙卯	高祖 大同 1	재위 22년	재위 5년	재위 13년	재위 15년	재위 15년	진흥왕; 10세	(按我道本碑云…) (…) 一曰 金橋東天鏡林 〔(今興輪寺…) 乙卯大開〕	〔(按國史與鄕傳…) 二十二年乙卯大 伐天鏡林 始興工 梁棟之材 皆於其林 中取足 而階礎石龕皆有之〕[100] (又鄕傳云[101]…) 法興王旣擧廢立寺 寺 成 謝冕旒披方袍 施宮戚爲寺隷〔寺隷 至今稱王孫 後至太宗王時 宰輔金良 圖信向佛法 有二女曰花寶 蓮寶 捨身 爲此寺婢 又以逆臣毛尺之族 沒寺爲 隷 二族之裔 至今不絶〕主住其寺 躬任 弘化 (…) 前王姓金氏 出家法雲 字法 空〔僧傳與諸說亦以王妃出家名法雲 又眞興王爲法雲 又以爲眞興之妃名 法雲 頗多疑混〕 冊府元龜云 姓募 名秦 初興役之乙卯 歲 王妃亦創永興寺 慕史氏之遺風 同 王落彩爲尼 名妙法 亦住永興寺 有年 而終

---

99 『삼국사기』4 「신라본기」4의 진흥왕 즉위조에는, 7세에 즉위한 것으로 되어 있다. 이 기록을 따른다면, 진흥왕은 534년에 출생하였다고 볼 수 있다.

100 "眞興大王卽位五年甲子(544) 造大興輪寺"의 세주에 있는 내용이다.

101 여기에서 말하는 鄕傳이 쓰여진 시기는 817년 무렵으로 추측된다.

西紀 A.D.	干支	1. 王曆第一					60. 駕洛國記	30. 眞興王	57. 南扶餘 前百濟 北扶餘〔已見上〕	127. 惠現求靜
		中國	新羅	高句麗	百濟	駕洛國				
536	丙辰	梁 高祖 大同 2	第二十三法興王 재위 23년 建元丙辰 是年始 置 年號始此	第二十三安原王 재위 6년	第二十六聖王 재위 14년	第十仇衡王 재위 16년	仇衡王 재위 16년	진흥왕; 11세		
537	丁巳	高祖 大同 3	재위 24년	재위 7년	재위 15년	재위 17년	재위 17년	진흥왕; 12세		
538	戊午	高祖 大同 4	재위 25년	재위 8년	재위 16년 戊午移都泗沘 稱南扶餘	재위 18년	재위 18년	진흥왕; 13세	扶餘郡者 前百濟王都也 或稱所夫里郡 按 三國史記 百濟聖王十六年戊午春 移都於 泗沘 國號南扶餘 注曰 其地名所夫里 泗 沘今之古省津也 所夫里者 扶餘之別號也 已上注 (國史本記云…) 後至聖王 移都於泗沘 今 扶餘郡〔彌雛忽仁州 慰禮今稷山〕 (按古典記云…) 至二十六世聖王 移都所 夫里 國號南扶餘 至三十一世義慈王 歷一 百二十年[102]	天台智者; 1세

---

[102] 538년부터 658년에 이르는 기간이다.

西紀 A.D.	干支	1. 王曆第一					60. 駕洛國記	30. 眞興王	64. 原宗興法厭觸滅身	83. 彌勒仙花未尸郎眞慈師	98. 圓光西學	127. 惠現求靜
		中國	新羅	高句麗	百濟	駕洛國						
539	己未	梁 高祖 大同 5	第二十三法興王 재위 26년	第二十三安原王 재위 9년	第二十六聖王 재위 17년	第十仇衡王 재위 19년	仇衡王 재위 19년	진흥왕; 14세				天台智者; 2세
540	庚申	高祖 大同 6	第二十四眞興王 名彡麥宗 一作深□ 金氏 父卽法興之弟 立宗葛文王 母只召夫人 一作息道夫人 朴氏 牟梁里英失角干之女 終時亦剃髮而卒 庚申立 理三十七年	재위 10년	재위 18년	재위 20년	재위 20년	진흥왕; 15세 즉위[103] 第二十四眞興王 卽位時年十五歲 太后攝政 太后乃法興王之女子 立宗葛文王之妃	(又鄕傳云[104]…) 眞興乃繼德重聖 承袞職處九五 威率百僚 號令畢備 因賜額大王興輪寺	第二十四眞興王 姓金氏 名彡麥宗 一作深麥宗 以梁大同六年庚申卽位		天台智者; 3세
541	辛酉	高祖 大同 7	재위 2년	재위 11년	재위 19년	재위 21년	재위 21년	진흥왕; 16세				天台智者; 4세
542	壬戌	高祖 大同 8	재위 3년	재위 12년	재위 20년	재위 22년	재위 22년	진흥왕; 17세			圓光 出生[105]	天台智者; 5세
543	癸亥	高祖 大同 9	재위 4년	재위 13년	재위 21년	재위 23년	재위 23년	진흥왕; 18세			圓光; 2세	天台智者; 6세

---

103 『삼국유사』1 기이2의 「진흥왕」조에는, 진흥왕이 15세에 즉위한 것으로 되어 있다. 이에 반해 『삼국사기』4 「신라본기」4의 진흥왕 즉위년조에는, 진흥왕이 7세에 즉위하였다고 하였다. 두 기록의 내용에 차이가 보이는 이유는 자세히 알 수 없다. 여기에서는 『삼국유사』의 입장을 따랐다.

104 여기에서 말하는 鄕傳이 쓰여진 시기는 817년 무렵으로 추측된다.

105 貞觀 14년(640)에 원광이 99세로 입적했다는 일연의 입장을 존중해서, 원광의 출생 연대를 542년으로 추정하였다. 98. 「원광서학」에서는 『속고승전』 「원광전」과 『고본수이전』의 자료를 모두 제시하고 있다.

西紀 A.D.	干支	1. 王曆第一					60. 駕洛國記	63. 阿道基羅	64. 原宗興法厭觸滅身	83. 彌勒仙花未尸郎眞慈師
		中國	新羅	高句麗	百濟	駕洛國				
544	甲子	梁 高祖 大同 10	第二十四眞興王 재위 5년	第二十三安原王 재위 14년	第二十六聖王 재위 22년	第十仇衡王 재위 24년	仇衡王 재위 24년	(按我道本碑云…) (…) 一日金橋東天鏡林〔(今興輪寺…)眞興王畢成〕[106]	(元和中 南澗寺沙門一念 撰 髑香墳禮佛結社文 載此事甚詳 其略曰…) 眞興大王卽位五年甲子 造大興輪寺〔按國史與鄕傳 實法興王十四年丁未始開(527) 二十一年乙卯(535) 大伐天鏡林 始興工 梁棟之材 皆於其林中取足 而階礎石龕皆有之 至眞興王五年甲子(544)寺成 故云甲子 僧傳云七年誤〕	慕伯父法興之志 一心奉佛 廣興佛寺 度人爲僧尼 又天性風味 多尙神仙 擇人家娘子美艶者 捧爲原花 要聚徒選士 敎之以孝悌忠信 亦理國之大要也 乃取南毛娘峧貞娘兩花 聚徒三四百人 峧貞者嫉妒毛娘 多置酒飮毛娘 至醉潛昇去北川中 擧石埋殺之 其徒罔知去處 悲泣而散 有人知其謀者 作歌誘街巷小童唱於街 其徒聞之 尋得其尸於北川中 乃殺峧貞娘 於是大王 下令廢原花
545	乙丑	高祖 大同 11	재위 6년	第二十四陽原王 一云陽崗王 名平成 乙丑立 理十四年	재위 23년	재위 25년	재위 25년			
546	丙寅	高祖 中大同 1	재위 7년	재위 2년	재위 24년	재위 26년	재위 26년			
547	丁卯	高祖 太淸 1	재위 8년	재위 3년	재위 25년	재위 27년	재위 27년		(元和中 南澗寺沙門一念 撰 髑香墳禮佛結社文 載此事甚詳 其略曰…) 太淸之初 梁使沈湖將舍利	
548	戊辰	高祖 太淸 2	재위 9년	재위 4년	재위 26년	재위 28년	재위 28년			

---

106 바로 옆에 제시한 64.「原宗興法厭觸滅身」조의 내용을 참고하기 바란다.

西紀 A.D.	干支	1. 王曆第一					60. 駕洛國記	82. 前後所將舍利	98. 圓光西學	103. 慈藏定律	127. 惠現求靜
		中國	新羅	高句麗	百濟	駕洛國					
549	己巳	梁 高祖 太淸 3	第二十四眞興王 在位 10년	第二十四陽原王 在位 5년	第二十六聖王 在位 27년	第十仇衡王 在位 29년	仇衡王 在位 29년	國史云 眞興王太淸 三年己巳 梁使沈湖 送舍利 若于粒	圓光; 8세		天台智者; 12세
550	庚午	簡文帝 太寶 1	在位 11년	在位 6년	在位 28년	在位 30년	在位 30년		圓光; 9세	〔按北齊天寶中 國置十統 有司 奏宜甄異之 於 是宣帝以法上法 師爲大統 餘爲 通統 (…) 新羅眞 興王十一年庚午 以安藏法師爲大 書省一人 又有 小書省二人〕	天台智者; 13세
551	辛未	侯景 大始 1	在位 12년 開國辛未十七 開國 1년	在位 7년	在位 29년	在位 31년	在位 31년		圓光; 10세	〔明年辛未 以高 麗惠亮法師爲國 統 亦云寺主 寶 良法師爲大都維 那一人 及州統 九人 郡統十八 人等〕	天台智者; 14세
552	壬申	侯景 承聖 1	在位 13년 開國 2년	在位 8년	在位 30년	在位 32년	在位 32년		圓光; 11세		天台智者; 15세

西紀 A.D.	干支	1. 王曆第一					60. 駕洛國記	63. 阿道基羅	68. 迦葉佛宴坐石	72. 皇龍寺丈六	73. 皇龍寺九層塔
		中國	新羅	高句麗	百濟	駕洛國					
553	癸酉	梁 侯景 承聖 2	第二十四眞興王 在位 14년 開國 3년	第二十四陽原王 在位 9년	第二十六聖王 在位 31년	第十仇衡王 在位 33년	仇衡王 在位 33년	(按我道本碑 云…) 三曰龍宮 南 〔今皇龍寺 眞興王癸酉始 開〕	玉龍集及慈藏傳 與 諸家傳紀皆云 新羅 月城東 龍宮南 有迦 葉佛宴坐石 其地卽 前佛時伽藍之墟也 今皇龍寺之地 卽七 伽藍之一也 按國史 眞興王卽位十四 開 國三年癸酉二月 築 新宮於月城東 有皇 龍現其地 王疑之 改 爲皇龍寺	新羅第二十四眞 興王卽位十四年 癸酉二月 將築紫 宮於龍宮南 有黃 龍現其地 乃改置 爲佛寺 號黃龍寺	又按國史及寺中古 記 眞興王癸酉創 寺

西紀 A.D.	干支	1. 王曆第一					60. 駕洛國記	30. 眞興王	72. 皇龍寺丈六	98. 圓光西學
		中國	新羅	高句麗	百濟	駕洛國				
554	甲戌	梁 侯景 承聖 3	第二十四眞興王 재위 15년 開國 4년	第二十四陽原王 재위 10년	第二十七威德王 名高 又明 甲戌立 理四十四年	第十仇衡王 재위 34년	仇衡王 재위 34년	진흥왕; 29세 承聖三年九月 百濟兵來侵於 珍城 掠取人男女三萬九千 馬 八千匹而去 先是[107] 百濟欲與新羅合兵謀 伐高麗 眞興曰 國之興亡在天 若天未厭高麗 則我何敢望焉 乃以此言通高麗 高麗感其言 與羅通好 而百濟怨之 故來爾	황룡사 공사; 2년	圓光; 13세
555	乙亥	侯景 承聖 4 敬帝 紹泰 1	재위 16년 開國 5년	재위 11년	재위 2년	재위 35년	재위 35년	진흥왕; 30세	황룡사 공사; 3년	圓光; 14세
556	丙子	敬帝 太平 1	재위 17년 開國 6년	재위 12년	재위 3년	재위 36년	재위 36년	진흥왕; 31세	황룡사 공사; 4년	圓光; 15세
557	丁丑	陳 高祖 永定 1	재위 18년 開國 7년	재위 13년	재위 4년	재위 37년	재위 37년	진흥왕; 32세	황룡사 공사; 5년	圓光; 16세
558	戊寅	高祖 永定 2	재위 19년 開國 9년	재위 14년	재위 5년	재위 38년	재위 38년	진흥왕; 33세	황룡사 공사; 6년	圓光; 17세

---

107 "先是"가 구체적으로 언제인지는 알 수 없다. 대체로 554년으로부터 그렇게 멀지 않은 이전 시기에 있었던 사건으로 볼 수 있다.

西紀 A.D.	干支	1. 王曆第一					60. 駕洛國記	72. 皇龍寺丈六	98. 圓光西學	127. 惠現求靜
		中國	新羅	高句麗	百濟	駕洛國				
559	己卯	陳 高祖 永定 3	第二十四眞興王 재위 20년 開國 9년	第二十五平原王 一作 平岡 名陽城 南史云高 陽 己卯立 理三十一年	第二十七威德王 재위 6년	第十仇衡王 재위 39년	仇衡王 재위 39년	황룡사 공사; 7년	圓光; 18세	天台智者; 22세
560	庚辰	文帝 天嘉 1	재위 21년 開國 10년	재위 2년	재위 7년	재위 40년	재위 40년	황룡사 공사; 8년	圓光; 19세	天台智者; 23세
561	辛巳	文帝 天嘉 2	재위 22년 開國 11년	재위 3년	재위 8년	재위 41년	재위 41년	황룡사 공사; 9년	圓光; 20세	天台智者; 24세 波若; 1세
562	壬午	文帝 天嘉 3	재위 23년 開國 12년	재위 4년	재위 9년	재위 42년	재위 42년 保定二年壬午九月　新羅 第二十四君眞興王　興兵 薄伐 王使親軍卒 彼衆我 寡 不堪對戰也 仍遣同氣 脫知爾叱今 留在於國 王 子上孫卒支公等　降入新 羅　王妃分叱水爾叱女桂 花 生三子 一世宗角干 二 茂刀角干 三茂得角干 (議曰…) 若以此記考之 納 土在元魏保定二年壬午 則更三十年　總五百二十 年矣 今兩存之	황룡사 공사; 10년	圓光; 21세	天台智者; 25세 波若; 2세
563	癸未	文帝 天嘉 4	재위 24년 開國 13년	재위 5년	재위 10년	재위 43년		황룡사 공사; 11년	圓光; 22세	天台智者; 26세 波若; 3세

西紀 A.D.	干支	1. 王曆第一				64. 原宗興法厭觸滅身	72. 皇龍寺丈六	82. 前後所將舍利	98. 圓光西學	127. 惠現求靜
		中國	新羅	高句麗	百濟					
564	甲申	陳 文帝 天嘉 5	第二十四眞興王 재위 25년 開國 14년	第二十五平原王 재위 6년	第二十七威德王 재위 11년		황룡사 공사; 12년		圓光; 23세	天台智者; 27세 波若; 4세
565	乙酉	文帝 天嘉 6	재위 26년 開國 15년	재위 7년	재위 12년	(元和中 南澗寺沙門一念撰 髑香墳禮佛結社文 載此事甚詳 其略曰…) 天嘉六年 陳使劉思幷僧明觀 奉內經幷次[108]	황룡사 공사; 13년	眞興王代 天嘉六年 乙酉 陳使劉思與釋明觀 載送佛經論一千七百餘卷	圓光; 24세	天台智者; 28세 波若; 5세
566	丙戌	文帝 天康 1	재위 27년 開國 16년	재위 8년	재위 13년		황룡사 공사; 14년		唐續高僧傳第十三卷載 新羅皇隆寺釋圓光 俗姓朴氏 本住三韓 卞韓辰韓馬韓 光卽辰韓人也 家世海東 祖習綿遠 而神器恢廓 愛染篇章 校獵玄儒 討讎子史 文華騰鬳於韓服 博瞻猶愧於中原 遂割略親朋 發憤溟渤 年二十五 乘舶造于金陵 有陳之世 號稱文國 故得諮考先疑 詢猷了義[109]	天台智者; 29세 波若; 6세
567	丁亥	文帝 光大 1	재위 28년 開國 17년	재위 9년	재위 14년		황룡사 공사; 15년		圓光; 26세	天台智者; 30세 波若; 7세
568	戊子	文帝 光大 2	재위 29년 大昌戊子四 大昌 1년	재위 10년	재위 15년		황룡사 공사; 16년		圓光; 27세	天台智者; 31세 波若; 8세

108 『삼국사기』4 「신라본기」4의 진흥왕 26년 9월조에는, "(…)陳遣使劉思與僧明觀 來聘 送釋氏經論千七百餘卷"이라고 되어 있다.

109 『속고승전』「원광전」의 기록을 수록한 부분이다.

西紀 A.D.	干支	1. 王曆第一				72. 皇龍寺丈六	98. 圓光西學	127. 惠現求靜
		中國	新羅	高句麗	百濟			
569	己丑	陳 宣帝 太建 1	第二十四眞興王 재위 30년 大昌 2년	第二十五平原王 재위 11년	第二十七威德王 재위 16년	至己丑年 周圍牆宇 至十七年方畢	圓光; 28세	天台智者; 32세 波若; 9세
570	庚寅	宣帝 太建 2	재위 31년 大昌 3년	재위 12년	재위 17년		圓光; 29세	天台智者; 33세 波若; 10세 惠現; 1세
571	辛卯	宣帝 太建 3	재위 32년 大昌 4년	재위 13년	재위 18년		圓光; 30세 又東京安逸戶長貞孝家在 古本殊異傳 載圓光法師傳 日 法師俗姓薛氏 王京人也 初爲僧學佛法 年三十歲 思 靜居修道 獨居三岐山[110]	天台智者; 34세 波若; 11세 惠現; 2세
572	壬辰	宣帝 太建 4	재위 33년 鴻濟壬申十二 鴻濟 1년	재위 14년	재위 19년		圓光; 31세	天台智者; 35세 波若; 12세 惠現; 3세
573	癸巳	宣帝 太建 5	재위 34년 鴻濟 2년	재위 15년	재위 20년	未幾 海南有一巨舫 來泊於河曲縣之絲浦〔今蔚 州谷浦也〕撿看有牒文云 西竺阿育王 聚黃鐵五 萬七千斤 黃金三萬分〔別傳云 鐵四十萬七千斤 金一千兩 恐誤 或云三萬七千斤〕將鑄釋迦三尊 像 未就 載船泛海而祝日 願到有緣國土 成丈六尊 容 幷載摸樣一佛二菩薩像 縣吏具狀上聞 勅使卜 其縣之城東爽塏之地 創東竺寺 邀安其三尊	圓光; 32세	天台智者; 36세 波若; 13세 惠現; 4세

---

110 「고본수이전」에 실려 있는 내용이다. "初爲僧學佛法 年三十歲"의 나이는 『속고승전』「원광전」의 생몰년을 중시하여 이곳에 넣었다.

西紀 A.D.	干支	1. 王曆第一				30. 眞興王	72. 皇龍寺丈六	98. 圓光西學
		中國	新羅	高句麗	百濟			
574	甲午	陳 宣帝 太建 6	第二十四眞興王 재위 35년 鴻濟 3년	第二十五平原王 재위 16년	第二十七威德王 재위 21년	진흥왕; 49세	輸其金鐵於京師 以大建六年甲午三月〔寺中記云 癸巳(573) 十月十七日〕鑄成丈六尊像 一鼓而就 重三萬五千七斤 入黃金一萬一百九十八分 二菩薩入鐵一萬二千斤 黃金一萬一百三十六分 安於皇龍寺	圓光; 33세
575	乙未	宣帝 太建 7	재위 36년 鴻濟 4년	재위 17년	재위 22년	진흥왕; 50세 終時削髮 被法衣而逝	明年像淚流至踵 沃地一尺 大王升遐之兆 或云 像成在眞平之世者謬也 別本云 阿育王在西竺大香華國 生佛後一百年間 恨不得供養眞身 斂化金鐵若干斤 三度鑄成無功 時王之太子獨不預斯事 王使詰之 太子奏云 獨力非功 曾知不就 王然之 乃載船泛海 南閻浮提十六大國 五百中國 十千小國 八萬聚落 靡不周旋 皆鑄不成 最後到新羅國 眞興王鑄之於文仍林 像成相好畢備 阿育此翻無憂	後四年有一比丘來 所居不遠 別作蘭若 居二年(575~576) 爲人强猛 好修呪術[111]

---

111 「고본수이전」에 실려 있는 내용이다.

西紀 A.D.	干支	1. 王曆第一				31. 桃花女 鼻荊郎	83. 彌勒仙花未尸郎眞慈師	98. 圓光西學	103.慈藏定律	127. 惠現求靜
		中國	新羅	高句麗	百濟					
576	丙申	陳 宣帝 太建 8	(鴻濟 5년) 第二十五眞智王 名舍輪 一作金輪 金氏 父眞興 母朴英失角干之女 息途 一作色刀夫人 朴氏 妃知刀夫人 起烏公之女 朴氏 丙申立 理四年 陵在哀公寺北	第二十五 平原王 재위 18년	第二十七 威德王 재위 23년	第二十五舍輪王 諡眞智大王 姓金氏 妃起烏公之女 知刀夫人 太建八年丙申卽位〔古本云 十一年 己亥 誤矣〕	累年 王又念欲興邦國 須先風月道 更下令 選良家男子有德行者 改爲花郎 始奉薛原郎爲國仙 此花郎國仙之始 故豎碑於溟州 自此使人悛惡更善 上敬下順 五常六藝 三師六正 廣行於代〔國史 眞智王 大建八年丙申 始奉花郎 恐史傳乃誤〕 及眞智王代 有興輪寺僧眞慈〔一作貞慈也〕 每就堂主彌勒像前 發願誓言 願我大聖化作花郎 出現於世 我常親近晬容 奉以周旋 其誠懇至禱之情 日益彌篤 一夕夢有僧謂曰 汝往熊川〔今公州〕水源寺 得見彌勒仙花也 慈覺而驚喜 尋其寺 行十日程 一步一禮 及到其寺 (…) 於是肩輿而入見於王 王敬愛之 奉爲國仙 其和睦子弟 禮義風敎 不類於常 風流耀世	圓光; 35세	大德慈藏 金氏 本辰韓眞骨蘇判〔三級爵名〕武林之子 其父歷官淸要 絶無後胤 乃歸心三寶 造于千部觀音 希生一息 祝曰 若生男子 捨作法海津梁 母忽夢星墜入懷 因有娠及誕 與釋尊同日 名善宗郎 慈藏 출생[112]	天台智者; 39세 波若; 16세 惠現; 7세
577	丁酉	宣帝 太建 9	(鴻濟 6년) 眞智王 재위 2년	재위 19년	재위 24년			圓光; 36세 居二年(575~576) 爲人强猛 好修呪術 法師夜獨坐誦經 (…) 盍採佛法於中國 導群迷於東海 對日學道中國 是本所願 海陸迴阻 不能自通而已[113]	慈藏; 2세	天台智者; 40세 波若; 17세 惠現; 8세
578	戊戌	宣帝 太建 10	(鴻濟 7년) 재위 3년	재위 20년	재위 25년			圓光; 37세	慈藏; 3세	天台智者; 41세 波若; 18세 惠現; 9세

---

112 「자장정율」의 내용을 연표로 작성하는데는 아래의 저서를 참고하였다.
　　남무희, 『신라 자장 연구』, 서경문화사, 2012.
113 「고본수이전」에 실려 있는 내용이다.

西紀 A.D.	干支	1. 王曆第一				31. 桃花女鼻荊郎	32. 天賜玉帶	46. 元聖大王	102. 二惠同塵	115. 仙桃聖母隨喜佛事
		中國	新羅	高句麗	百濟					
579	己亥	陳 宣帝 太建 11	(鴻濟 8년) (眞智王 재위 4년) 第二十六眞平王 名白淨 父銅輪 一云東輪太子 母立宗葛文王之女 萬呼 一云萬寧夫人 名行義 先妃摩耶夫人 金氏 名福肹口 後妃僧滿夫人 孫氏 己亥立	第二十五平原王 재위 21년	第二十七威德王 재위 26년	〔古本云 十一年己亥 誤矣〕 御國四年 政亂荒婬 國人廢之 前此 沙梁部之庶女 姿容豔美 時號桃花娘 王聞而召致宮中 欲幸之 女曰 女之所守 不事二夫 有夫而適他 雖萬乘之威 終不奪也 王曰 殺之何 女曰寧斬于市 有願靡他 王戲曰 無夫則可乎 曰可 王放而遣之 是年 王見廢而崩	第二十六白淨王 謚眞平大王 金氏 太建十一年己亥八月卽位 身長十一尺 駕幸內帝釋宮〔亦名天柱寺 王之所創〕踏石梯三石並折 王謂左右曰 不動此石 以示後來 卽城中五不動石之一也 卽位元年 有天使降於殿庭 謂王曰 上皇命我傳賜玉帶 王親奉跪受 然後其使上天 凡郊廟大祀皆服之	妾等乃東池青池〔青池卽東泉寺之泉也 寺記云 泉乃東海龍往來聽法之地 寺乃眞平王所造[114] 五百聖衆 五層塔 幷納田民焉〕	釋惠宿 沈光於好世郎徒 郎旣讓名黃卷 師亦隱居赤善村〔今安康縣有赤谷村〕二十餘年 時國仙瞿旵公嘗往其郊 (…) 公甚異之 歸奏於朝 眞平王聞之 遣使徵迎 (…) 未幾宿忽死 村人輿葬於耳峴〔一作硎峴〕東 (…) 今安康縣之北 有寺名惠宿 乃其所居云 亦有浮圖焉[115]	眞平王朝 有比丘尼名智惠 多賢行 住安興寺 擬新修佛殿而力未也 夢一女仙風儀婥約 珠翠飾鬟 來慰曰 我是仙桃山神母也 喜汝欲修佛殿 願施金十斤以助之 宜取金於予座下 粧點主尊三像 壁上繪五十三佛 六類聖衆 及諸天神 五岳神君〔羅時五岳 謂東吐含山 南智異山 西雞龍 北太伯 中父岳 亦云公山也〕每春秋二季之十日 叢會善男善女 廣爲一切含靈 設占察法會 以爲恒規〔本朝屈弗池龍 託夢於帝 請於靈鷲山長開藥師道場 □平海途 其事亦同〕惠乃驚覺 率徒往神祠座下 堀得黃金一百六十兩 克就乃功 皆依神母所諭 其事唯存 而法事廢矣[116]
580	庚子	宣帝 太建 12	(鴻濟 9년) 재위 2년	재위 22년	재위 27년					

---

114 동천사가 언제 창건되었는지는 알 수 없다. 대체로 진평왕대 초기에 창건되었을 것으로 보인다.

115 정확한 연대는 알 수 없다. 다만 혜숙은 진평왕대에 활동하였으므로 일단 이곳에 관련사료를 제시하였다.

116 神母에 대해서는, "神母本中國帝室之女 名娑蘇 早得神仙之術 歸止海東 久而不還 父皇寄書繫足云 隨鳶所止爲家 蘇得書放鳶 飛到此山而止 遂來宅爲地仙 故名西鳶山 神母久據玆山 鎭祐邦國 靈異甚多 有國已來 常爲三祀之一 秩在群望之上"이라는 설명을 덧붙이고 있다.

西紀 A.D.	干支	1. 王曆第一					31. 桃花女 鼻荊郎	83. 彌勒仙花未尸郎眞慈師	103. 慈藏定律	127. 惠現求靜
		中國		新羅	高句麗	百濟				
581	辛丑	陳 宣帝 太建 13	隋 文帝 開皇 1	(鴻濟 10년) 第二十六眞平王 재위 3년	第二十五平原王 재위 23년	第二十七威德王 재위 28년			慈藏; 6세	天台智者; 44세 波若; 21세 惠現; 12세
582	壬寅	宣帝 太建 14	文帝 開皇 2	(鴻濟 11년) 재위 4년	재위 24년	재위 29년	後三年其夫亦死 浹旬忽夜中 王如平昔 來於女房 曰 汝昔有諾 今無汝夫可乎 女不輕諾 告於父母 父母曰 君王之教 何以避之 以其女入於房 留御七日 常有五色雲覆屋 香氣滿室 七日後忽然無蹤		慈藏; 7세	天台智者; 45세 波若; 22세 惠現; 13세
583	癸卯	後主 至德 1	文帝 開皇 3	(鴻濟 12년) 재위 5년	재위 25년	재위 30년	女因而有娠 月滿將産 天地振動 産得一男 名曰鼻荊 眞平大王 聞其殊異 收養宮中	幾七年 忽亡所在 慈哀懷殆甚 然飮沐慈澤 昵承淸化 能自悔改 精修爲道 晚年亦不知所終 說者曰 未與彌聲相近 尸與力形相類 乃託其近似而相謎也 大聖不獨感慈之誠款也 抑有緣于茲土 故比比示現焉 至今國人稱神仙曰彌勒仙花 凡有媒係於人者 曰未尸 皆慈氏之遺風也 路傍樹至今名見郎 又俚言似如樹〔一作印如樹〕	慈藏; 8세 神志澄睿 文思日瞻 而無染世趣 早喪二親 轉厭塵譁 捐妻息 捨田園爲元寧寺[117] 獨處幽險 不避狼虎 修枯骨觀 微或倦弊 乃作小室 周障荊棘 裸坐其中 動輒箴刺 頭懸在梁 以祛昏暝[118]	天台智者; 46세 波若; 23세 惠現; 14세

---

117 위의 사건은 대체로 자장의 나이 8세 또는 9세일 때 일어난 사건으로 보았다. 이에 관련 자료를 583년에 제시하였다. 이렇게 본 이유는 앞에 제시한 남무희의 저서(『신라 자장 연구』, 서경문화사, 2012)를 참고하기 바란다.

118 위의 사건이 일어났던 시기가 언제인지는 정확히 알 수 없다. 다만 583년 이후에 있었던 것은 분명하다. 이에 관련 내용을 583년에 제시하였다.

西紀 A.D.	干支	1. 王曆第一					31. 桃花女鼻荊郎	72. 皇龍寺丈六	98. 圓光西學	127. 惠現求靜
		中國		新羅	高句麗	百濟				
584	甲辰	陳 後主 至德 2	隋 文帝 開皇 4	第二十六眞平王 재위 6년 建福甲辰五十 建福 1년	第二十五平原王 재위 26년	第二十七威德王 재위 31년	비형랑; 2세	寺記云 眞平六年甲辰 金堂造成	圓光; 43세	天台智者; 47세 波若; 24세 惠現; 15세
585	乙巳	後主 至德 3	文帝 開皇 5	재위 7년 建福 2년	재위 27년	재위 32년	비형랑; 3세		圓光; 44세	天台智者; 48세 波若; 25세 惠現; 16세
586	丙午	後主 至德 4	文帝 開皇 6	재위 8년 建福 3년	재위 28년	재위 33년	비형랑; 4세		圓光; 45세	天台智者; 49세 波若; 26세 惠現; 17세

西紀 A.D.	干支	1. 王曆第一				76. 四佛山 掘佛山 萬佛山	98. 圓光西學	103. 慈藏定律
		中國	新羅	高句麗	百濟			
587	丁未	陳 後主 禎明 1　　隋 文帝 開皇 7	第二十六眞平王 재위 9년 建福 4년	第二十五平原王 재위 29년	第二十七威德王 재위 34년	竹嶺東百許里 有山屹然高峙 眞平王九年[119]甲申 忽有一大石 四面方丈 彫四方如來 皆以紅紗護之 自天墜其山頂 王聞之命 駕瞻敬 遂創寺嵓側 額曰大乘寺 請比丘亡名 誦蓮經者主寺 洒掃供石 香火不廢 號曰亦德山 或曰四佛山 比丘卒旣葬 塚上生蓮	圓光; 46세 初聽莊嚴旻公弟子講 素霑世典 謂理窮神 及聞釋宗 反同腐芥 虛尋名教 實懼生涯 乃上啓陳主 請歸道法 有勑許焉 旣爰初落采 卽稟具戒 遊歷講肆 具盡嘉謀 領牒微言 不謝光景 故得成實涅槃 蘊括心府 三藏釋論 徧所披尋 末又投吳之虎丘山 念定相沿 無忘覺觀 息心之衆 雲結林泉 幷以綜涉四含 功流八定 明善易擬 簡直難虧 深副夙心 遂有終焉之慮 於卽頓絶人事 盤遊聖迹 攝想靑霄 緬謝終古 時有信士 宅居山下 請光出講 固辭不許 苦事邀延 遂從其志 創通成論 末講般若 皆思解俊徹 嘉問飛移 兼綵以絢采 織綜詞義 聽者欣欣 會其心府 從此因循舊章 開化成任 每法輪一動 輒傾注江湖 雖是異域通傳 而沐道頓除嫌郤 故名望橫流 播于嶺表 披榛負橐而至者 相接如鱗[120]	
588	戊申	後主 禎明 2　　文帝 開皇 8	재위 10년 建福 5년	재위 30년	재위 35년		圓光; 47세 會隋后御宇 威加南國 曆窮其數 軍入楊都 遂被亂兵 將加刑戮 有大主將 望見寺塔火燒 走赴救之 了無火狀 但見光在塔前 被縛將殺 旣怪其異 卽解而放之 斯臨危達感如此也[121]	〔又梁陳之間(502~588) 有國統州統 國都 州都 僧都 僧正 都維乃等名 總屬昭玄曹 曹卽領僧尼官名〕[122]

---

119 진평왕 9년은 정미년으로 갑신년이 아니다. 갑신년은 진평왕 46년이다. 어느 기록이 옳은지를 판단할 수 없기 때문에, 두 곳에 모두 관련 자료를 제시하였다.

120 『속고승전』「원광전」에 있는 내용이다. 567년부터 587년 이전 시기에 있었던 일로 보인다. 정확한 연대를 알 수 없기 때문에 587년에 관련자료를 모두 제시하였다.

121 『속고승전』「원광전」에 있는 내용이다.

122 陳나라가 멸망하는 588년을 기준으로 하여 관련자료를 이곳에도 제시하였다.

西紀 A.D.	干支	1. 王曆第一				31. 桃花女鼻荊郞	98. 圓光西學	103. 慈藏定律	127. 惠現求靜
		中國	新羅	高句麗	百濟				
589	己酉	陳 後主 禎明 3 ／ 隋 文帝 開皇 9	第二十六眞平王 재위 11년 建福 6년	第二十五平原王 재위 31년	第二十七威德王 재위 36년	비형랑; 7세	圓光; 48세 光學通吳越 便欲觀化 周秦 開皇九年 來遊帝 宇 値佛法初會 攝論肇 興 奉佩文言 振績微緒 又馳慧解 宣譽京皐 勣 業旣成 道東須繼[123] 神祥誘歸中國所行之 計 法師依其言歸中國 留十一年 博通三藏 兼 學儒術[124]	慈藏; 14세	天台智者; 52세 波若; 29세 惠現; 20세
590	庚戌	文帝 開皇 10	재위 12년 建福 7년	第二十六嬰陽王 一云平 陽 名元 一云大元 庚戌立 治二十八年	재위 37년	비형랑; 8세	圓光; 49세	慈藏; 15세	天台智者; 53세 波若; 30세 惠現; 21세

---

123 『續高僧傳』「원광전」에 있는 내용이다.

124 「고본수이전」에 있는 내용이다.

西紀 A.D.	干支	1. 王曆第一				31. 桃花女鼻荊郎	38. 文武王法敏	98. 圓光西學	103. 慈藏定律	107. 眞表傳簡	127. 惠現求靜
		中國	新羅	高句麗	百濟						
591	辛亥	隋 文帝 開皇 11	第二十六眞平王 재위 13년 建福 8년	第二十六嬰陽王 재위 2년	第二十七威德王 재위 38년	비형랑; 9세	別本云 建福八年辛亥 築南山城 周二千八百五十步 則乃眞德王代始築[125]	圓光; 50세	慈藏; 16세		天台智者; 54세 波若; 31세 惠現; 22세
592	壬子	文帝 開皇 12	재위 14년 建福 9년	재위 3년	재위 39년	비형랑; 10세		圓光; 51세	慈藏; 17세		天台智者; 55세 波若; 32세 惠現; 23세
593	癸丑	文帝 開皇 13	재위 15년 建福 10년	재위 4년	재위 40년	비형랑; 11세		圓光; 52세	慈藏; 18세	按唐僧傳云 開皇十三年 廣州有僧行懺法 以皮作帖子二枚 書善惡兩字 令人擲之 得善者吉 又行自撲懺法 以爲滅罪 而男女合匝 妄承密行 靑州接響 同行官司檢察 謂是妖妄 彼云 此搭懺法依占察經 撲懺法依諸經中 五體投地 如大山崩 時以奏聞 乃勅內史侍郞李元撰 就大興寺 問諸大德 有大沙門法經彦琮等 對曰 占察經見有兩卷 首題菩提燈 在外國譯文 似近代所出 亦有寫而傳者 檢勘群錄 並無正名譯人時處 搭懺與衆經復異 不可依行 因勅禁之[126]	天台智者; 56세 波若; 33세 惠現; 24세

---

125 계속해서 "而至此乃重修爾"라고 되어 있다. 여기에서 '至此'는 663년에 해당된다.

126 일연은 이 사건에 대해서, "今試論之 靑州居士等 搭懺等事 如大儒以詩書發塚 可謂畵虎不成類狗者矣 佛所預防 正爲此爾 若曰占察經無譯人時處 爲可疑也 是亦擔麻棄金也 何則詳彼經文 乃悉壇深密 洗滌穢瑕 激昻懶夫者 莫如慈典 故亦名大乘懺 又云 出六根聚中"이라고 평가하였다.

西紀 A.D.	干支	1. 王曆第一				35. 金庾信	98. 圓光西學	123. 融天師彗星歌眞平王代	127. 惠現求靜
		中國	新羅	高句麗	百濟				
594	甲寅	隋 文帝 開皇 14	第二十六眞平王 재위 16년 建福 11년	第二十六嬰陽王 재위 5년	第二十七威德王 재위 41년		圓光; 53세	第五居烈郎 第六實處郎〔一作突處郎〕第七寶同郎等 三花之徒 欲遊楓岳 有彗星犯心大星 郎徒疑之 欲罷其行 時天師作歌歌之 星怪卽滅 日本兵還國 反成福慶 大王歡喜 遣郎遊岳焉 歌曰 (…)[127]	天台智者; 57세 波若; 34세 惠現; 25세
595	乙卯	文帝 開皇 15	재위 17년 建福 12년	재위 6년	재위 42년	武力伊干之子 舒玄角干 金氏之長子曰庾信 弟曰 欽純 姊曰寶姬 小名阿海 妹曰文姬 小名阿之 庾信 公以眞平王十七年乙卯 生 稟精七曜 故背有七星 文 又多神異	圓光; 54세		天台智者; 58세 波若; 35세 惠現; 26세

127 위의 사건이 일어난 시기를 정확하게 알 수는 없다. 여기에서는 혜성가의 제작연대를 진평왕 16년 11월로 밝힌 기존의 연구성과를 그대로 따랐다(조동일, 「혜성가의 창작연대」 『국문학연구의 방향과 과제』, 새문사, 1983, pp.170~174; 강인구외, 『역주 삼국유사 Ⅳ』, 이회문화사, 2003, pp.306~307의 각주 22에서 재인용).

西紀 A.D.	干支	1. 王曆第一				31. 桃花女鼻荊郎	82. 前後所將舍利	98. 圓光西學	127. 惠現求靜
		中國	新羅	高句麗	百濟				
596	丙辰	隋 文帝 開皇 16	第二十六眞平王 재위 18년 建福 13년	第二十六嬰陽王 재위 7년	第二十七威德王 재위 43년	비형랑; 14세	道宣律師 태어남	圓光; 55세	天台智者; 59세 波若; 36세 惠現; 27세
597	丁巳	文帝 開皇 17	재위 19년 建福 14년	재위 8년	재위 44년	年至十五 授差執事 每夜逃去遠遊 王使勇士 五十人守之 每飛過月城 西去荒川岸上〔在京 城西〕率鬼衆遊 勇士伏林中窺伺 鬼衆聞諸 寺曉鍾各散 郎亦歸矣 軍士以事來奏 王召鼻 荊曰 汝領鬼遊 信乎 郎曰然 王曰 然則汝使鬼 衆 成橋於神元寺北渠〔一作神衆寺誤 一云荒 川東深渠〕荊奉勅 使其徒鍊石 成大橋於一 夜 故名鬼橋 王又問 鬼衆之中 有出現人間 輔朝政者乎 曰有吉達者可輔國政 王曰與來 翌日荊與俱見 賜爵執事 果忠直無雙 時角干 林宗無子 王勅爲嗣子 林宗命吉達 創樓門於 興輪寺南 每夜去宿其門上 故名吉達門 一日 吉達變狐而遁去 荊使鬼捉而殺之 故其衆聞 鼻荊之名 怖畏而走 時人作詞曰 聖帝魂生子 鼻荊郎室亭 飛馳諸鬼衆 此處莫留停 鄕俗帖 此詞以辟鬼	道宣; 2세	圓光; 56세	天台智者; 60세 波若; 37세 惠現; 28세
598	戊午	文帝 開皇 18	재위 20년 建福 15년	재위 9년	第二十八惠王 名季 一云獻王 威德子 戊 午立		道宣; 3세	圓光; 57세	波若; 38세 惠現; 29세

160

西紀 A.D.	干支	1. 王曆第一				65. 法王禁殺	82. 前後所將舍利	98. 圓光西學	127. 惠現求靜
		中國	新羅	高句麗	百濟				
599	己未	隋 文帝 開皇 19	第二十六眞平王 재위 21년 建福 16년	第二十六嬰陽王 재위 10년	第二十九法王 名孝順 又宣 惠王子 己未立	百濟第二十九主法王諱宣 或云孝順 開皇十九年己未卽位 是年冬 下詔禁殺生 放民家所養鷹鸇之類 焚漁獵之具 一切禁止	道宣; 4세	圓光; 58세	波若; 39세 惠現; 30세 釋惠現 百濟人 少出家 苦心專志 誦蓮經爲業 祈禳請福 靈應良稠 兼攻三論 染指通神 初住北部修德寺[128] 有衆則講 無則持誦 四遠欽風 戶外之履滿矣

---

128 수덕사는 백제 법왕 원년(599)에 智明法師가 창건하였다고 한다(강인구외, 『역주 삼국유사 IV』, p.327의 각주 5를 참고). 그렇다면 혜현은 수덕사가 창건된 이후로부터 멀지 않은 시기에 이곳에 머물렀다고 볼 수 있다.

西紀 A.D.	干支	1. 王曆第一				57. 南扶餘 前百濟北扶餘	58. 武王[129]	65. 法王禁殺	82. 前後所將舍利	98. 圓光西學	103. 慈藏定律
		中國	新羅	高句麗	百濟						
600	庚申	隋文帝 開皇 20	第二十六 眞平王 재위 22년 建福 17년	第二十六 嬰陽王 재위 11년	第三十武王 或云武康 獻丙 或小名一耆 篩德 庚申立 治四十一年	(按 古 典 記 云…) 又泗沘 崖又有一石 可坐十餘人 百濟 王欲幸王興寺 禮佛 先於此石 望拜佛 其石自 煖 因名煖石 又泗沘河兩崖 如畫屛 百濟王 每遊宴歌舞 故 至今稱爲大王 浦	第三十武王 名璋 母寡居 築室於京師南池邊 池龍 交通而生 小名薯童 器量 難測 常掘薯蕷 賣爲活業 國人因以爲名 聞新羅眞 平王第三公主善花〔一作 善化〕美豔無雙 剃髮來京 師 以薯蕷餉閭里群童 群 童親附之 乃作謠 (…) 一日 王與夫人欲幸師子寺 至 龍華山下大池邊 彌勒三 尊出現池中 留駕致敬 夫 人謂王曰 須創大伽藍於 此地 固所願也 王許之 詣 知命所 問塡池事 以神力 一夜頹山 塡池爲平地 乃 法像彌勒三會 殿塔廊廡 各三所創之 額曰彌勒寺 〔國史云王興寺〕 眞平王 遣百工助之 至今存其寺 〔三國史云 是法王之子 而 此傳之獨女之子 未詳〕[130]	明年庚申 度僧 三十人 創王興 寺於時都泗沘 城〔今扶餘〕始 立而升遐 武 王繼統 父基子 構 歷數紀而畢 成 其寺亦名彌 勒寺 附山臨水 花木秀麗 四時 之美具焉 王每 命舟 沿河入寺 賞其形勝壯麗 〔與古記所載 小異 武王是貧 母與池龍通交 而所生 小名薯 蕷 卽位後諡號 武王 初與王妃 草創也〕	智儼 출생 道宣; 5세	圓光; 59세 本國遠聞 上啓頻請 有勅厚加勞問 放歸桑 梓 光往還累紀 老幼相欣 新羅王金氏 面申 虔敬 仰若聖人 光性在虛閑 情多汎愛 言常 含笑 慍結不形 而牋表啓書 往還國命 並出 自胸襟 一隅傾奉 皆委以治方 詢之道化 事 異錦衣 情同觀國 乘機敷訓 垂範于今[131] 眞平王二十二年庚申〔三國史云 明年辛酉 來〕師將理策東還 乃隨中國朝聘使還國 法 師欲謝神 至前住三岐山寺 夜中神亦來呼 其名曰 海陸途間 往還如何 對曰 蒙神鴻恩 平安到訖 神曰 吾亦授戒於神 仍結生生相 濟之約 又請曰 神之眞容 可得見耶 神曰 法師若欲見我形 平旦可望東天之際 法師 明日望之 有大臂貫雲 接於天際 其夜神亦 來曰 法師見我臂耶 對曰 見已甚奇絶異 因 此俗號臂長山 神曰 雖有此身 不免無常之 害 故吾無月日 捨身其嶺 法師來送 長逝之 魂 待約日往看 有一老狐黑如柒 但吸無 息 俄然而死 法師始自中國來 本朝君臣敬 重爲師 常講大乘經典[132]	慈藏; 25세 適台輔有闕 門 閥當議 累徵不 赴 王乃勅曰 不 就斬之 藏聞之 曰 吾寧一日持 戒而死 不願百 年破戒而生 事 聞 上許令出家 乃深隱岩叢 糧 粒不恤 時有異 禽 含菓來供 就 手而喰 俄夢天 人 來授五戒 方 始出谷 鄕邑士 女 爭來受戒

---

129 〔古本作武康 非也 百濟無武康〕이라는 세주가 붙어 있다.

130 위의 사건이 일어난 정확한 연대는 알 수 없다. 대체로 무왕대(재위; 600~641)를 전후한 시기에 있었던 사실들이 설화 형태로 서술되었다고 볼 수 있다.

131 『속고승전』 「원광전」에 있는 내용이다.

132 「고본수이전」에 있는 내용이다.

西紀 A.D.	干支	1. 王曆第一				35. 金庾信	36. 太宗春秋公	82. 前後所將舍利	98. 圓光西學
		中國	新羅	高句麗	百濟				
601	辛酉	隋 文帝 仁壽 1	第二十六眞平王 재위 23년 建福 18년	第二十六嬰陽王 재위 12년	第三十武王 재위 2년	김유신; 7세		智儼; 2세 道宣; 6세	圓光; 60세
602	壬戌	文帝 仁壽 2	재위 24년 建福 19년	재위 13년	재위 3년	김유신; 8세		智儼; 3세 道宣; 7세	圓光; 61세 又三國史列傳云 賢士貴山者 沙梁部人也 與同里箒項 爲友 二人相謂曰 我等期與士君子遊 而不先正心持身 則恐不免於招辱 盍問道於賢者之側乎 時聞圓光法師 入隋回 寓止嘉瑟岬〔或作加西 又嘉栖 皆方言也 岬俗 云古尸 故或云古尸寺 猶言岬寺也 今雲門寺東九千步 許 有加西峴 或云嘉瑟峴 峴之北洞有寺基 是也〕二人 詣門進告曰 俗士頑蒙 無所知識 願賜一言 以爲終身之 誠 光曰 佛教有菩薩戒 其別有十 若等爲人臣子 恐不 能堪 今有世俗五戒 一曰 事君以忠 二曰 事親以孝 三 曰 交友有信 四曰 臨戰無退 五曰 殺生有擇 若等行之 無忽 貴山等曰 他則旣受命矣 所謂殺生有擇 特未曉也 光曰 六齋日春夏月不殺 是擇時也 不殺使畜 謂馬牛雞 犬 不殺細物 謂肉不足一臠 是擇物也 此亦唯其所用 不求多殺 此是世俗之善戒也 貴山等曰 自今以後 奉以 周旋 不敢失墜 後二人從軍事 皆有奇功於國家[133]
603	癸亥	文帝 仁壽 3	재위 25년 建福 20년	재위 14년	재위 4년	김유신; 9세	김춘추 출생 第二十九太宗大王 名春秋 姓 金氏 龍樹〔一作龍春〕角干 追 封文興大王之子也 妣眞平大 王之女大明夫人 妃文明皇后 文姬 卽庾信公之季妹也	智儼; 4세 道宣; 8세	圓光; 62세

---

[133] 『삼국사기』4 「신라본기」4의 진평왕 24년 및 권45의 열전 「귀산전」에도 같은 내용이 자세하게 기록되어 있다.

西紀 A.D.	干支	1. 王曆第一				35. 金庾信	36. 太宗春秋公	82. 前後所將舍利	98. 圓光西學	103. 慈藏定律	127. 惠現求靜
		中國	新羅	高句麗	百濟						
604	甲子	隋 文帝 仁壽 4	第二十六眞平王 재위 26년 建福 21년	第二十六嬰陽王 재위 15년	第三十武王 재위 5년	김유신; 10세	김춘추; 2세	智儼; 5세 道宣; 9세	圓光; 63세	慈藏; 29세	波若; 44세 惠現; 35세
605	乙丑	煬帝 大業 1	재위 27년 建福 22년	재위 16년	재위 6년	김유신; 11세	김춘추; 3세	智儼; 6세 道宣; 10세	圓光; 64세	慈藏; 30세	波若; 45세 惠現; 36세
606	丙寅	煬帝 大業 2	재위 28년 建福 23년	재위 17년	재위 7년	김유신; 12세	김춘추; 4세	智儼; 7세 道宣; 11세	圓光; 65세	慈藏; 31세	波若; 46세 惠現; 37세
607	丁卯	煬帝 大業 3	재위 29년 建福 24년	재위 18년	재위 8년	김유신; 13세	김춘추; 5세	智儼; 8세 道宣; 12세	圓光; 66세	慈藏; 32세	波若; 47세 惠現; 38세
608	戊辰	煬帝 大業 4	재위 30년 建福 25년	재위 19년	재위 9년	김유신; 14세	김춘추; 6세	智儼; 9세 道宣; 13세	圓光; 67세 此時 高麗百濟常侵邊 鄙 王甚患之 欲請兵於 隋〔宜作唐〕[134] 請法師 作乞兵表 皇帝見以三 十萬兵親征高麗 自此 知法師旁通儒術也[135]	慈藏; 33세	波若; 48세 惠現; 39세

---

134 隋에 군사를 요청하는 글을 보낸 것이 옳다. 일연은 사료를 잘못 이해하였기 때문에, 唐나라에 보낸 것이 옳다는 세주를 달았다. 일연이 착오를 일으킨 예 가운데 하나라고 볼 수 있다.

135 「고본수이전」의 내용을 근거로, 이 부분은 서술되었다고 생각된다.

西紀 A.D.	干支	1. 王曆第一				35. 金庾信	36. 太宗春秋公	82. 前後所將舍利	98. 圓光西學	103. 慈藏定律	127. 惠現求靜
		中國	新羅	高句麗	百濟						
609	己巳	隋 煬帝 大業 5	第二十六眞平王 재위 31년 建福 26년	第二十六嬰陽王 재위 20년	第三十武王 재위 10년	김유신; 15세	김춘추; 7세	智儼; 10세 道宣; 14세	圓光; 68세	慈藏; 34세	波若; 49세 惠現; 40세
610	庚午	煬帝 大業 6	재위 32년 建福 27년	재위 21년	재위 11년	김유신; 16세	김춘추; 8세	智儼; 11세 道宣; 15세	圓光; 69세	慈藏; 35세	波若; 50세 惠現; 41세
611	辛未	煬帝 大業 7	재위 33년 建福 28년	재위 22년	재위 12년	김유신; 17세	김춘추; 9세	智儼; 12세 道宣; 16세	圓光; 70세	慈藏; 36세	波若; 51세 惠現; 42세

西紀 A.D.	干支	1. 王曆第一				35. 金庚信	40. 孝昭王代竹旨郎	66. 寶藏奉老普德移庵	98. 圓光西學	118. 憬興遇聖	127. 惠現求靜
		中國	新羅	高句麗	百濟						
612	壬申	隋 煬帝 大業 8	第二十六眞平王 재위 34년 建福 29년	第二十六嬰陽王 재위 23년	第三十武王 재위 13년	年至十八壬申 修劍得術爲國仙 時有白石者 不知其所來 屬於徒中有年 郎以伐麗齊之事 日夜深謀 白石知其謀 告於郎曰 僕請與公密先探於彼 然後圖之何如 郎喜 親率白石夜出行 方憩於峴上 有二女隨郎而行 至骨火川留宿 又有一女忽然而至 公與三娘子喜話之時 娘等以美菓餽之 郎受而啗之 心諾相許 乃說其情 娘等告云 (…) 言訖而隱 公聞之驚忾 再拜而出 宿於骨火館 謂白石曰 (…) 遂與還至家 拷縛白石而問其情 曰我本高麗人〔古本云百濟 誤矣 楸南乃高麗之士 又逆行陰陽亦是寶藏王事〕[136] (…) 其日夜大王夢 楸南入于新羅舒玄公夫人之懷 以告於群臣 皆曰 楸南誓心而死 是其果然 故遣我至此謀之爾 公乃刑白石 備百味祀三神 皆現身受奠		又按唐書云 先是隋煬帝征遼東 有神將羊皿 不利於軍 將死 有誓曰 必爲寵臣滅彼國矣 及蓋氏擅朝 以蓋爲氏 乃以羊皿 是之應也 又按高麗古記云 隋煬帝以大業八年壬申 領三十萬兵 渡海來征	圓光; 71세	神文王代 大德憬興 姓水氏 熊川州人也[137]	波若; 52세 惠現; 43세
613	癸酉	煬帝 大業 9	재위 35년 建福 30년	재위 24년	재위 14년	김유신; 19세	圓測(613~696) 출생		又建福三十年 癸酉〔即眞平王即位三十五年也〕秋 隋使王世儀至 於皇龍寺 設百座道場 請諸高德說經 光最居上首		又高麗釋波若 入中國天台山 受智者教觀 以神異聞 山中而滅 唐僧傳亦有章 頗多靈範

---

136 추남이 죽임을 당하는 사건은 고구려 보장왕대에 일어난 것이 아니라 영양왕대의 일로 보는 것이 타당하다.

137 경흥이 681년에 國老로 임명된 이유는 당시 그의 나이가 70세였기 때문이었을 것으로 보인다. 이에 본고에서는 경흥이 612년에 백제의 웅천주에서 태어났을 것으로 보았다.

西紀 A.D.	干支	1. 王曆第一				64. 原宗興法厭觸滅身	66. 寶藏奉老普德移庵	82. 前後所將舍利	98. 圓光西學	127. 惠現求靜
		中國	新羅	高句麗	百濟					
614	甲戌	隋 煬帝 大業 10	第二十六眞平王 재위 36년 建福 31년	第二十六嬰陽王 재위 25년	第三十武王 재위 15년	國史云　建福三十一年 永興寺塑像自壞 未幾眞 興王妃比丘尼卒 按眞興 乃法興之姪子· 妃思刀夫 人朴氏 牟梁里英失角干 之女 亦出家爲尼 而非 永興寺之創主也　則恐眞 字當作法　謂法興之妃 巴刁夫人爲尼者之卒也 乃創寺立像之主故也　二 興捨位出家 史不書　非 經世之訓也	(又按高麗古記云…)　十 年甲戌十月　高麗王〔時 第三十六代嬰陽王立二 十五年也〕上表乞降　時 有一人 密持小弩於懷中 隨持表使 到煬帝船中 帝 奉表讀之 弩發中帝胸 帝 將旋師 謂左右曰 朕爲天 下之主 親征小國而不利 萬代之所嗤 時右相羊皿 奏曰 臣死爲高麗大臣 必 滅國 報帝王之讎	智儼; 15세 道宣; 19세	圓光; 73세	惠現; 45세
615	乙亥	煬帝 大業 11	재위 37년 建福 32년	재위 26년	재위 16년			智儼; 16세 道宣; 20세	安啻敍光云 本國王染患 醫治 不損 請光入宮 別省安置 夜別 二時 爲說深法 受戒懺悔 王大 信奉 一時初夜 王見光首 金色 晃然 有象日輪 隨身而至 王后 宮女 同共觀之 由是重發勝心 克留疾所 不久遂差 光於辰韓 馬韓之間 盛通正法 每歲再講 匠成後學 賑施之資 幷充營寺 餘惟衣盆而已〔載達函〕[138]	惠現; 46세
616	丙子	煬帝 大業 12	재위 38년 建福 33년	재위 27년	재위 17년			智儼; 17세 道宣; 21세	圓光; 75세	惠現; 47세

[138] 『속고승전』「원광전」에 있는 내용이다. 위의 일이 언제 있었는지를 구체적으로 밝힐 수 있는 자료는 찾아지지 않는다. 다만 圓安이 회고하는 형식으로 표현되고 있는 것으로 볼 때, 원광이 신라로 귀국하는 600년부터 唐이 건국되는 618년 사이의 일로 추측된다. 그런데 『삼국사기』4 「신라본기」4의 진흥왕 37년(615)에는, "봄 2월이 큰 잔치를 3일 동안 베풀고 술과 음식을 내려주었다"라고 하였음이 주목된다. 막연한 추측이지만, 이때 왕의 병이 낫자 크게 잔치를 베푼 것이 아닐까라는 추측을 해보았다.

西紀 A.D.	干支	1. 王曆第一				66. 寶藏奉老普德移庵	98. 圓光西學	103. 慈藏定律	104. 元曉不羈
		中國	新羅	高句麗	百濟				
617	丁丑	隋 恭帝 義寧 1	第二十六眞平王 재위 39년 建福 34년	第二十六嬰陽王 재위 28년	第三十武王 재위 18년		圓光; 76세	慈藏; 42세	聖師元曉 俗姓薛氏 祖仍皮公 亦云赤大公 今赤大淵側有仍皮公廟 父談㮈乃末 初示生于押梁郡南〔今章山郡〕佛地村北 栗谷娑羅樹下 村名佛地 或作發智村〔俚云弗等乙村〕(…) 師生小名誓幢 第名新幢〔幢者 俗云毛也〕初母夢流星入懷 因而有娠 及將産 有五色雲覆地 眞平王三十九年 大業十三年丁丑歲也 生而穎異 學不從師 其遊方始末 弘通茂跡具載唐傳與行狀 不可具載 唯鄉傳所記有一二段異事
618	戊寅	唐 太祖 武德 1	재위 40년 建福 35년	第二十七榮留王 名 □…□ 又建歲 戊寅 立 治二十四年	재위 19년	高麗本記云 麗季武德貞觀間[139] 國人爭奉五斗米教 (又按高麗古記云…) 帝崩後 生於高麗 연개소문 출생	有弟子圓安 神志機穎 性希歷覽 慕仰幽求 遂北趣丸都 東觀不耐 又西燕魏後展帝京 備通方俗 尋諸經論 跨轢大綱 洞淸纖旨晩歸心學 高軌光塵 初住京寺 以道素有聞 特進蕭瑀奏請住於藍田所造津梁寺 四事供給 無替六時矣[140]	慈藏; 43세 〔唐初又有十大德之盛〕	元曉; 2세

---

139 武德이 연호로 사용된 시기는 618년부터 626년까지이며, 貞觀 연호는 627년부터 649년까지 사용되었다. 이에 위의 내용은 618년과 627년에 모두 제시하였다.

140 『속고승전』「원광전」에 있는 내용이다. 圓安의 구체적인 활동시기를 알기는 힘들다. 대체로 隋代에 중국에 있었으며, 唐代 初期에 주로 활동하였을 것으로 보인다. 일단은 唐이 건국되는 연대를 기준으로 원안과 관련된 기록을 제시하였다.

西紀 A.D.	干支	1. 王曆第一				66. 寶藏奉老普德移庵	82. 前後所將舍利	98. 圓光西學	103. 慈藏定律	104. 元曉不羈	127. 惠現求靜
		中國	新羅	高句麗	百濟						
619	己卯	唐 太祖 武德 2	第二十六眞平王 재위 41년 建福 36년	第二十七榮留王 재위 2년	第三十武王 재위 20년	연개소문; 2세	智儼; 20세 道宣; 24세	圓光; 78세	慈藏; 44세	元曉; 3세	惠現; 50세
620	庚辰	太祖 武德 3	재위 42년 建福 37년	재위 3년	재위 21년	연개소문; 3세	智儼; 21세 道宣; 25세	圓光; 79세	慈藏; 45세	元曉; 4세	惠現; 51세
621	辛巳	太祖 武德 4	재위 43년 建福 38년	재위 4년	재위 22년	연개소문; 4세	智儼; 22세 道宣; 26세	圓光; 80세	慈藏; 46세	元曉; 5세	惠現; 52세
622	壬午	太祖 武德 5	재위 44년 建福 39년	재위 5년	재위 23년	연개소문; 5세	智儼; 23세 道宣; 27세	圓光; 81세	慈藏; 47세	元曉; 6세	惠現; 53세
623	癸未	太祖 武德 6	재위 45년 建福 40년	재위 6년	재위 24년	연개소문; 6세	智儼; 24세 道宣; 28세	圓光; 82세	慈藏; 48세	元曉; 7세	惠現; 54세

西紀 A.D.	干支	1. 王曆第一				66. 寶藏奉老普德移庵	76. 四佛山 掘佛山 萬佛山	82. 前後所將舍利	98. 圓光西學	103. 慈藏定律	127. 惠現求靜
		中國	新羅	高句麗	百濟						
624	甲申	唐 太祖 武德 7	第二十六 眞平王 재위 46년 建福 41년	第二十七 榮留王 재위 7년	第三十 武王 재위 25년	연개소문; 7세 (高麗本記云…) 唐高 祖聞之 遣道士送天尊 像 來講道德經 王與國 人聽之 卽第二十七代 榮留王卽位七年 武德 七年甲申也	竹嶺東百許里 有山屹然高峙 眞平王九年甲申[141] 忽有一大 石 四面方丈 彫四方如來 皆 以紅紗護之 自天墜其山頂 王聞之命 駕瞻敬 遂創寺嵓 側 額曰大乘寺 請比丘亡名 誦蓮經者主寺 洒掃供石 香 火不廢 號曰亦德山 或曰四 佛山 比丘卒旣葬 塚上生蓮	智儼; 25세 道宣; 29세	圓光; 83세	慈藏; 49세	惠現; 55세
625	乙酉	太祖 武德 8	재위 47년 建福 42년	재위 8년	재위 26년	연개소문; 8세 (高麗本記云…) 明年 遣使往唐 求學佛老 唐 帝〔謂高祖也〕許之 〔國史云 武德八年乙酉 遣使入唐求佛老 唐帝 許之 據此 則羊皿自甲 戌年死[142] 而托生于此 則才年十餘歲矣 而云 寵宰說王遣請 其年月 必有一誤 今兩存〕		智儼; 26세 道宣; 30세 義湘 出生 然據浮石本碑 湘 武德八年生 丱歲 出家	圓光; 84세 享年八十四 入寂 葬明活 城西[143]	慈藏; 50세	惠現; 56세

141 진평왕 9년은 정미년으로 갑신년이 아니다. 갑신년은 진평왕 46년이다. 어느 기록이 옳은지를 판단할 수 없기 때문에, 두 곳에 모두 관련 자료를 제시하였다.

141 진평왕 9년은 정미년으로 갑신년이 아니다. 갑신년은 진평왕 46년이다. 어느 기록이 옳은지를 판단할 수 없기 때문에, 두 곳에 모두 관련 자료를 제시하였다.

142 일연은 羊皿이 갑술년(614)에 죽은 것으로 보면서, 연개소문의 나이를 계산하였다. 하지만 수양제가 죽임을 당한 해는 618년이다. 실제로 보장봉로보덕이암조에서도, "帝崩後
生於高麗"라고 되어 있다. 그렇다면 625년 당시 연개소문의 나이는 8세라고 봐야 할 것이다.

143 「고본수이전」에 실려 있는 내용이다.

西紀 A.D.	干支	1. 王曆第一				36. 太宗春秋公	66. 寶藏奉老普德移庵	101. 歸竺諸師	127. 惠現求靜
		中國	新羅	高句麗	百濟				
626	丙戌	唐 太祖 武德 9	第二十六眞平王 재위 48년 建福 43년	第二十七榮留王 재위 9년	第三十武王 재위 27년	김춘추; 24세	연개소문; 9세		惠現; 57세
627	丁亥	太宗 貞觀 1	재위 49년 建福 44년	재위 10년	재위 28년	김춘추; 25세	高麗本記云 麗季武德貞觀間[144] 國人爭奉五斗米教 연개소문; 10세	廣函求法高僧傳云 釋阿離那[一作耶]跋摩[一作□] 新羅人也 初希正教 早入中華 思觀聖蹤 勇銳彌增 以貞觀年中[145]離長安 到五天 住那蘭陀寺 多閱律論 抄寫具莢 痛矣歸心 所期不遂 忽於寺中無常 齡七十餘	惠現; 58세 稍厭煩擁[146] 遂往江南達拏□ 居焉 山極巖險 來往艱稀 現□ 坐求忘 終于山中 同學擧尸□ 石室中 虎啗盡遺骸 唯髏舌□ 焉 三周寒暑 舌猶紅軟 過後△ 變(630) 紫硬如石 道俗敬之△ 于石塔 俗齡五十八 卽貞觀△ 初 現不西學 靜退以終 而乃△ 流諸夏 立傳在唐 聲著矣夫
628	戊子	太宗 貞觀 2	재위 50년 建福 45년	재위 11년	재위 29년	김춘추; 26세 初文姬之姊寶姬 夢登西岳捨溺 瀰滿京城 旦與妹說夢 文姬聞之謂曰 我買此夢 姊曰 與何物乎 曰鬻錦裙可乎 姊曰諾 (…) 後旬日庾信與春秋公 正月午忌日[見上射琴匣事 乃崔致遠之說] 蹴鞠于庾信宅前[羅人謂蹴鞠爲弄珠之戲] 故踏春秋之裙 裂其襟紐 曰請入吾家縫之 公從之 庾信命阿海奉針 海曰 豈以細事輕近貴公子乎 因辭[古本云 因病不進] 乃命阿之 公知庾信之意 遂幸之 自後數數來往 庾信知其有娠 乃噴之曰 爾不告父母而有娠何也 乃宣言於國中 欲焚其妹 一日侯善德王遊幸南山[147] 積薪於庭中 焚火煙起 王望之問何烟 左右奏曰 殆庾信之焚妹也 王問其故 曰爲其妹無夫有娠 王曰 是誰所爲 時公昵侍在前 顔色大變 王曰 是汝所爲也 速往救之 公受命馳馬 傳宣沮之 自後現行婚禮	연개소문; 11세	(廣函求法高僧傳云…) 繼此有惠業 玄泰 求本 玄恪 惠輪 玄遊 復有二亡名法師等 皆忘身順法 觀化中天 而或天於中途 或生存住彼寺者 竟未有能復雞貴與唐室者 唯玄泰師克返歸唐 亦莫知所終[148]	

144 武德이 연호로 사용된 시기는 618년부터 626년까지이며, 貞觀 연호는 627년부터 649년까지 사용되었다. 이에 위의 내용은 618년과 627년에 모두 제시하였다.

145 貞觀 연호는 627년부터 649년까지 사용되었다. 이에 위의 내용은 627년에 제시하였나.

146 정확한 시기는 알 수 없다. 대체로 599년 이후의 일로 보인다.

147 여기에는 善德王이라고 되어 있다. 하지만 이 사건이 실제로 있었던 시기는 진평왕 50년 무렵으로 봐야 할 것이다.

148 위의 기사도 정관 연간의 일로 보인다. 이에 위의 내용은 628년에 제시하였다.

西紀 A.D.	干支	1. 王曆第一				98. 圓光西學	112. 密本摧邪	114. 明朗神印	118. 憬興遇聖
		中國	新羅	高句麗	百濟				
629	己丑	唐 太宗 貞觀 3	第二十六眞平王 재위 51년 建福 46년	第二十七榮留王 재위 12년	第三十武王 재위 30년	圓光; 88세			年十八出家 遊刃 三藏 望重一時
630	庚寅	太宗 貞觀 4	재위 52년 建福 47년	재위 13년	재위 31년	議曰 原宗興法已來 津梁始置 而未遑堂奧 故宜以歸戒滅懺之法 開曉愚迷 故光於所住嘉栖岬 置占察寶 以爲恒規 時有檀越尼 納田於占察寶 今東平郡之田一百結是也 古籍猶存 光性好虛靜 言常含笑 形無慍色 年臘旣邁 乘輿入內 當時群彦 德義攸屬 無敢出其右者 文藻之瞻 一隅所傾 年八十餘 卒於貞觀間[149] 浮圖在三岐山金谷寺〔今安康之西南洞也 亦明活之西也〕			
631	辛卯	太宗 貞觀 5	재위 53년 建福 48년	재위 14년	재위 32년	圓光; 90세	又承相金良圖爲阿孩時 忽口噤體硬 不言不逞 每見一大鬼率群小鬼來 家中凡有盤肴 皆啖嘗之 巫覡來祭 則群聚而爭侮之 (…) 隔數日 遣使邀本 使還言 本法師受我請將來矣 衆鬼聞之 皆失色 小鬼曰 法師至將不利 避之何幸 大鬼侮慢自若曰 何害之有 俄而有四方大力神 皆屬金甲長戟 來捉群鬼而縛去 次有無數天神 環拱而待 須臾本至 不待開經 其疾乃治 語通身解 具說件事 良圖因此篤信釋氏 一生無怠 塑成興輪寺吳堂主 彌陁尊像 左右菩薩 幷滿金畵其堂 本嘗住金谷寺[150] 又金庾信嘗與一老居士交厚 (…) 乃解 因惠不復賣之[151]	按金光寺本記云 師挺生新羅 (…) 師諱明朗 字國育 新羅沙干才良之子 母曰南澗夫人 或云法乘娘 蘇判茂林之子金氏 則慈藏之妹也 三息 長曰國敎大德 次曰義安大德 師其季也 初母夢呑靑色珠而有娠[152]	

149 위의 글에서는 정관연간(627~649)에 80여세로 원광이 입적한 것으로 보았다. 그렇다면 위의 내용은 원광이 89세가 되는 630년 이전에 있었던 일로 볼 수 있다.

150 위의 사건이 있었던 정확한 시기는 알 수 없다. 다만 선덕여왕 재위보다 앞선 632년 이전인 것만은 확실하므로, 이곳에 관련자료를 제시하였다.

151 위의 사건이 있었던 정확한 시기도 자세히 알 수 없다. 다만 632년 이전의 사실을 전하는 것으로 보면서, 관련자료를 이곳에 제시하였다.

152 정확한 시기는 알 수 없지만, 632년 이전인 것만은 확실하다.

西紀 A.D.	干支	1. 王曆第一				11. 伊西國	33. 善德王知幾三事	66. 寶藏奉老普德移庵	72. 皇龍寺丈六	75. 靈妙寺丈六	100. 良志使錫	112. 密本摧邪	114. 明朗神印
		中國	新羅	高句麗	百濟								
632	壬辰	唐 太宗 貞觀 6	第二十六眞平王 재위 54년 建福 49년	第二十七榮留王 재위 15년	第三十武王 재위 33년	按雲門寺古傳諸寺納田記云 貞觀六年壬辰 伊西郡 今郡村零味寺納田 則今郡村 今淸道地 卽淸道郡 古伊西郡	第二十七德曼〔一作萬〕諡善德女大王 姓金氏 父眞平王 以貞觀六年壬辰 卽位 御國十六年 凡知幾有三事 初唐太宗送畫牧丹三色紅紫白 以其實三升 王見畫花曰 此花定無香 仍命種於庭 待其開落 果如其言 德之創靈廟寺 具載良志師傳詳之 別云是王代 鍊石築瞻星臺	十五聰明神武[153] 時武陽王聞其賢〔國史榮留王名建武 或云建成 而此云武陽 未詳〕徵入爲臣 自稱姓蓋名金 位至蘇文 乃侍中職也〔唐書云 蓋蘇文自謂莫離支 猶中書令 又按神誌秘詞序云 蘇文大英弘序并注 則蘇文乃職名 有文證 而傳云 文人蘇英弘序 未詳孰是〕金奏曰 鼎有三足 國有三教 臣見國中 唯有儒釋 無道教 故國危矣 王然之 奏唐請之 太宗遣敍達等道士八人〔國史云 武德八年乙酉 遣使入唐求佛老 唐帝許之 據此 則羊血自甲戌年死[154] 而托生於此 則才年十餘歲矣 而云寵宰說王遺請 其年月必有一誤 今兩存〕王喜 以佛寺爲道館 尊道士 坐儒士之上 道士等行鎭國內 有名山川 古平壤城勢新月城也 道士等呪勅南河龍 加築爲滿月城 因名龍堰城 作讖曰 龍堰堵 且云千年寶藏堵 或鑿破靈石〔俗云都帝嵒 亦云朝天石 蓋昔聖帝騎此石朝上帝故也〕	(寺記云…) 善德王代 寺初主眞骨歡喜師 第二主慈藏國統 次國統惠訓 次廂律師云	善德王創寺 塑像因緣 具載良志法師傳	釋良志 未詳祖考鄕邑 唯現跡於善德王朝 錫杖頭掛一布岱 錫自飛至檀越家 振拂而鳴 戶知之納齋費 岱滿則飛還 故名其所住曰錫杖寺 (…) 旁通雜藝 神妙絶比 又善筆札 靈廟丈六三尊 天王像 幷殿塔之瓦 天王寺塔下八部神將 法林寺主佛三尊 左右金剛神等 皆所塑也 書靈廟法林二寺額 又嘗彫磚造一小塔 幷造三千佛 安其塔置於寺中 致敬焉 其塑靈廟之丈六也 自入定以正受所對爲揉式 故傾城士女爭運泥土 風謠云 (…) 至今土人春相役作皆用之 蓋始于此 像初成之費 入穀二萬三千七百碩〔或云改金時租〕	善德王 德曼 遘疾彌留[155] 有興輪寺僧法惕 應詔侍疾 久而無效 時有密本法師 以德行聞於國 左右請代之 王詔迎入內 本在宸仗外讀藥師經 卷軸纔周 所持六環 飛入寢內 刺一老狐與法惕 倒擲庭下 王疾乃瘳 時本頂上發五色神光 睹者皆驚	(按金光寺本記云…) 入唐學道 將還因海龍之請 入龍宮傳祕法 施黃金千兩〔一云千斤〕潛行地下 湧出本宅井底 乃捨爲寺 以龍王所施黃金飾塔像 光曜殊特 因名金光焉〔僧傳作金羽寺誤〕善德王元年 入唐 貞觀九年乙未(635) 來歸
633	癸巳	太宗 貞觀 7	建福 50년	재위 16년	재위 34년			연개소문; 16세					

---

153 이하의 내용은 又按高麗古記云 (…)에 실려 있는 내용이다.

154 일연은 羊皿이 갑술년(614)에 죽은 것으로 보면서, 연개소문의 나이를 계산하였다. 하지만 수양제가 죽임을 당한 해는 618년이다. 실제로 보장봉로보덕이암조에서도, "帝崩後 生於高麗"라고 되어 있다. 그렇다면 632년 당시 연개소문의 나이는 15세로 볼 수 있다.

155 선덕여왕이 병들었을 때가 언제인지는 알 수 없다. 다만 『삼국사기』 「신라본기」5 선덕여왕 5년(636) 3월조에 여왕이 병들었다는 기록이 보인다. 그렇다면 636년 무렵의 일이었을 가능성도 있다.

西紀 A.D.	干支	1. 王曆第一				4. 馬韓	63. 阿道基羅	73. 皇龍寺九層塔	102. 二惠同塵	114. 明朗神印
		中國	新羅	高句麗	百濟					
634	甲午	唐 太宗 貞觀 8	第二十七善德女王 名德曼 父眞平王 母麻耶夫人金氏 聖骨男盡 故女王立 王之匹 飲葛文王 仁平甲午立 治十四年 仁平 1년	第二十七榮留王 재위 17년	第三十武王 재위 35년	海東安弘記云 九韓者 一日本 二中華 三吳越 四乇羅 五鷹遊 六靺鞨 七丹國 八女眞 九穢貊	(按我道本碑云…) 四日 龍宮北〔今芬皇寺 善德甲午始開〕	又海東名賢安弘撰 東都成立記云 新羅 第二十七代 女王爲主 雖有道無威 九韓侵勞 若龍宮南皇龍寺建九層塔 則鄰國之災可鎭 第一層日本 第二層中華 第三層吳越 第四層托羅 第五層鷹遊 第六層靺鞨 第七層丹國 第八層女狄 第九層濊貊		
635	乙未	太宗 貞觀 9	재위 2년 仁平 2년	재위 18년	재위 36년		(按我道本碑云…) 五日 沙川尾〔今靈妙寺 善德王乙未始開〕		釋惠空 天眞公之家傭嫗之子 小名憂助〔蓋方言也〕(…) 又一日將草索綯 入靈廟寺 圍結於金堂 與左右經樓及南門廊廡 告剛司 此索須三日後取之 剛司異焉而從之 果三日善德王駕幸入寺[156] 志鬼心火出燒其塔 唯結索處獲免	(按金光寺本記云…) 貞觀九年乙未來歸

[156] 선덕여왕대에 일어난 사건임은 분명하다. 그렇다면 635년 이후에 일어난 일로 보인다. 이에 635년에 관련 자료를 제시하였다.

西紀 A.D.	干支	1. 王曆第一				33. 善德王知幾三事	72. 皇龍寺丈六	73. 皇龍寺九層塔	88. 臺山五萬眞身	103. 慈藏定律
		中國	新羅	高句麗	百濟					
636	丙申	唐 太宗 貞觀 10	第二十七 善德女王 재위 3년 仁平 3년	第二十七 榮留王 재위 19년	第三十 武王 재위 37년	二於靈廟寺玉門池 冬月衆蛙集鳴三四日 國人怪之 問於王 王急命角干閼川弼呑等 鍊精兵二千人 速去西郊 問女根谷 必有賊兵 掩取殺之 二角干旣受命 各率千人問西郊 富山下果有女根谷 百濟兵五百人 來藏於彼 並取殺之 百濟將軍于召者 藏於南山嶺石上 又圍而射之殪 又有後兵一千三百人來 亦擊而殺之一無子遺[157]	後大德慈藏西學 到五臺山 感文殊現身授訣 仍囑云 汝國皇龍寺 乃釋迦與迦葉佛講演之地 宴坐石猶在 故天竺無憂王 聚黃鐵若干斤泛海 歷一千三百餘年 然後乃到而國 成安其寺 蓋爲緣使然也〔與別記所載符同〕 像成後 東竺寺三尊亦移安寺中	新羅第二十七善德王卽位五年 貞觀十年丙申 慈藏法師西學 乃於五臺感文殊授法〔詳見本傳〕文殊又云 汝國王是天竺刹利種王 預受佛記 故別有因緣 不同東夷共工之族 然以山川崎嶮故 人性麤悖 多信邪見 而時或天神降禍 然有多聞比丘 在於國中 是以君臣安泰 萬庶和平矣 言已不現 藏知是大聖變化 泣血而退 經由中國太和池邊 忽有神人出問 胡爲至此 藏答曰 求菩提故 神人禮拜 又問 汝國有何留難 藏曰我國北連靺鞨 南接倭人 麗濟二國 迭犯封陲 鄰寇縱橫 是爲民梗 神人云 今汝國以女爲王 有德而無威 故鄰國謀之 宜速歸本國 藏問歸鄕將何爲利益乎 神曰 皇龍寺護法龍 是吾長子 受梵王之命 來護是寺 歸本國 成九層塔於寺中 鄰國降伏 九韓來貢 王祚永安矣 建塔之後 設八關會 赦罪人 則外賊不能爲害 更爲我於京畿南岸 置一精廬 共資予福 予亦報之德矣 言已遂奉玉而獻之 忽隱不現〔寺中記云 於終南山圓香禪師處 受建塔因由〕	按山中古傳 此山之署名 眞聖住處者 始自慈藏法師 初法師欲見中國五臺山文殊眞身 以善德王代貞觀十年丙申〔唐僧傳云十二年 今從三國本史〕入唐 初至中國太和池邊石文殊處 虔祈七日 忽夢大聖授四句偈 覺而記憶 然皆梵語 罔然不解 明旦忽有一僧 將緋羅金點袈裟一領 佛缽一具 佛頭骨一片 到于師邊 問何以無聊 師答以夢所受四句偈 梵音不解爲辭 僧譯之云〔…〕仍以所將袈裟等 付而囑云 此是本師釋迦尊之道具也 汝善護持 又曰汝本國艮方溟州界有五臺山 一萬文殊常住在彼 汝往見之 言已不現	慈藏；61세 藏自嘆邊生 西希大化 以仁平三年丙申歲〔卽貞觀十年也〕受勅 與門人僧實等 十餘輩 西入唐 謁淸涼山 山有曼殊大聖塑相 彼國相傳云 帝釋天將工來彫也 藏於像前禱祈冥感 夢像摩頂授梵偈 覺而未解 及旦有異僧來釋云〔已出皇龍塔篇〕又曰 雖學萬敎 未有過此 又以袈裟舍利等付之而滅〔藏公初匿之 故唐僧傳不載〕藏知已蒙聖莂 乃下北臺 抵太和池 入京師 太宗勅使慰撫 安置勝光別院 寵賜頗厚 藏嫌其繁〔鄕傳云 藏入唐 太宗迎至武乾殿 請講華嚴 天降甘露 開爲國師云者妄矣 唐傳與國史皆無文〕
637	丁酉	太宗 貞觀 11	재위 4년 仁平 4년	재위 20년	재위 38년					慈藏；62세
638	戊戌	太宗 貞觀 12	재위 5년 仁平 5년	재위 21년	재위 39년					慈藏；63세

---

157 33. 선덕왕지기삼사조에서는, "當時群臣啓於王曰 何知花蛙二事之然乎 王曰 畫花而無蝶 知其無香 斯乃唐帝欺寡人之無稱也 蛙有怒形 兵士之像 玉門者女根也 女爲陰也 其色白 白西方也 故知兵在西方 男根入於女根 則必死矣 以是知其易捉 於是群臣皆服其聖智 送花三色者 蓋知新羅有三女王而然耶 謂善德眞德眞聖是也 唐帝以有懸解之明"이라고 하는 내용도 함께 서술되어 있다.

175

西紀 A.D.	干支	1. 王曆第一				82. 前後所將舍利	98. 圓光西學	103. 慈藏定律
		中國	新羅	高句麗	百濟			
639	己亥	唐 太宗 貞觀 13	第二十七善德女王 재위 6년 仁平 6년	第二十七榮留王 재위 22년	第三十武王 재위 40년	智儼; 40세 道宣; 44세 義湘; 15세	圓光; 98세 年齒旣高 乘輿入內 衣服藥食 幷王手自營 不許佐助 用希專福 其感敬爲此類也 將終之前 王親執慰 囑累遺法 兼濟民斯 爲說徵祥 被于海曲[158]	慈藏; 64세
640	庚子	太宗 貞觀 14	재위 7년 仁平 7년	재위 23년	재위 41년	智儼; 41세 道宣; 45세 義湘; 16세	圓光; 99세 以彼建福五十八年 少覺不悆 經于七日 遺誡淸切 端坐終于所住皇隆寺中 春秋九十有九 卽唐貞觀四年也〔宜云十四年〕[159] 當終之時 寺東北虛中 音樂滿空 異香充院 道俗悲慶 知其靈感 遂葬于郊外 國給羽儀葬具 同於王禮 後有俗人兒胎死者 彼土諺云 當於有福人墓埋之 種胤不絶 乃私瘞於墳側 當日震此胎屍 擲于塋外 由此不懷敬者 率崇仰焉[160] 唐傳云 告寂皇隆寺 未詳其地 疑皇龍之訛也 如芬皇作王芬寺之例也 據如上唐鄕二傳之文 但姓氏之朴薛 出家之東西 如二人焉 不敢詳定 故兩存之 然彼諸傳記 皆無鵲岬璃目與雲門之事 而鄕人金陟明 謬以街巷之說 潤文作光師傳 濫記雲門開山祖寶壤師之事迹 合爲一傳 後撰海東僧傳者 承誤而錄之 故時人多惑之 因辨於此 不加減一字 載二傳之文詳矣 陳隋之世 海東人鮮有航海問道者 設有猶未大振 及光之後 繼踵西學者憧憧焉 光乃啓途矣[161]	慈藏; 65세 藏嫌其繁 擁啓表入 終南雲際寺之東嵒 架嵓爲室 居三年(640~642) 人神受戒 靈應日錯 辭煩不載

158 정확한 연대를 알 수 없다. 대체로 639년 이전임은 확실하기 때문에 이곳에 넣었다.

159 『속고승전』「원광전」에 있는 내용이다. "14년이 옳다"는 일연의 입장을 존중하여 640년에 있었던 일로 추정하였다.

160 640년 이후의 일이지만, 정확한 연대를 밝힐 수가 없다. 일단은 여기에 관련자료를 제시하였다.

161 「원광서학」조를 작성하는 일연의 고민과 함께, 일연의 원광에 대한 평가가 서술되어 있다.

西紀 A.D.	干支	1. 王曆第一				36. 太宗春秋公	66. 寶藏奉老普德移庵	71. 高麗靈塔寺
		中國	新羅	高句麗	百濟			
641	辛丑	唐 太宗 貞觀 15	第二十七善德女王 재위 8년 仁平 8년	第二十七榮留王 재위 24년	第三十一義慈王 武王子 辛丑立 治二十年	김춘추; 39세 時百濟末王義慈乃武 王之元子也 雄猛有膽 氣 事親以孝 友于兄弟 時號海東曾子 以貞觀 十五年辛丑卽位 耽嬖 酒色 政荒國危	연개소문; 24세	僧傳云 釋普德 字智法 前高麗 龍岡縣人也 詳見下本傳 常居 平壤城 有山方老僧 來請講經 師固辭不免 赴講涅槃經四十 餘卷 罷席 至城西大寶山嵒穴 下禪觀 有神人來請 宜住此地 乃置錫杖於前 指其地曰 此下 有八面七級石塔 掘之果然 因 立精舍 曰靈塔寺 以居之[162]
642	壬寅	太宗 貞觀 16	재위 9년 仁平 9년	第二十八寶藏王 壬寅 立 治二十七年	재위 2년	김춘추; 40세	연개소문; 25세 (高麗本記云…) 及寶藏王卽 位〔貞觀十六年壬寅也〕 亦欲 倂興三敎 時寵相蓋蘇文 說王 以儒釋並熾 而黃冠未盛 特使 於唐求道敎 時普德和尙住盤 龍寺 憫左道匹正 國祚危矣 屢 諫不聽	

162 보덕이 평양성을 떠나 반룡사로 옮겨간 시기는 보장왕대로 추측된다. 그렇다면 보덕이 영탑사를 창건한 시기는 영류왕대로 보여진다. 또한 영류왕대에 보덕은 평양성에 머물렀음을 알 수 있다.

西紀 A.D.	干支	1. 王曆第一				66. 藏奉老普德移庵	73. 皇龍寺九層塔	82. 前後所將舍利	88. 臺山五萬眞身	90. 臺山月精寺五類聖衆	103. 慈藏定律
		中國	新羅	高句麗	百濟						
643	癸卯	太宗 貞觀 17	第二十七 善德女王 재위 10년 仁平 10년	第二十八 寶藏王 재위 2년	第三十一 義慈王 재위 3년	연개소문; 26세 (又按高麗古記云…) 金奏曰 鼎有三足 國有三教 臣見國中 唯有儒釋 無道教 故國危矣 王然之 奏唐請之 太宗遣敘達等道士八人〔國史云 武德八年乙酉 遣使入唐求佛老 唐帝許之 據此則羊血自甲戌年死[163] 而托生于此 則才年十餘歲矣 而云寵宰 說王遣請 其年月必有一誤 今兩存〕王喜以佛寺爲道館 尊道士坐儒士之上 道士等行鎭國內 有名山川 古平壤城勢新月城也 道士等呪勅南河龍 加築爲滿月城 因名龍堰城 作讖曰 龍堰堵 且云千年寶藏堵 或鑿破靈石〔俗云都帝岊 亦云朝天石 蓋昔聖帝騎此石朝上帝故也〕	觀十七年癸卯十六日 將唐帝所賜經像袈裟幣帛而還國 以建塔之事聞於上 善德王議於群臣 群臣曰 請工匠於百濟 然後方可 乃以寶帛請於百濟 匠名阿非知 受命而來 經營木石 伊干龍春〔一云龍樹〕幹蠱 率小匠二百人 初立刹柱之日 匠夢本國百濟滅亡之狀 匠乃心疑停手 忽大地震動 晦冥之中 有一老僧一壯士 自金殿門出 乃立其柱 僧與壯士皆隱不現 匠於是改悔 畢成其塔 刹柱記云 鐵盤已上 高四十二尺 已下一百八十三尺 慈藏以五臺所授舍利百粒 分安於柱中 幷通度寺戒壇 及太和寺塔 以副池龍之請〔太和寺在河曲縣南 今蔚州 亦藏師所創也〕樹塔之後 天地開泰 三韓爲一 豈非塔之靈蔭乎	智儼; 44세 道宣; 48세 義湘; 19세 (國史云…) 善德王代貞觀十七年癸卯 慈藏法師所將佛頭骨佛牙佛舍利百粒 佛所著緋羅金點袈裟一領 其舍利分爲三 一分在皇龍塔 一分在太和塔 一分幷袈裟在通度寺戒壇 其餘未詳所在 壇有二級 上級之中 安石蓋如覆鑊 貞觀十七年 慈藏法師載三藏四百餘函來 安于通度寺	遍尋靈跡 將欲東還 太和池龍 現身請齋 供養七日 乃告云 昔之傳偈老僧 是眞文殊也 亦有叮囑創寺立塔之事 具載別傳 師以貞觀十七年來到此山 欲睹眞身 三日晦陰 不果而還 復住元寧寺 乃見文殊云 至葛蟠處 今淨岧寺是〔亦載別傳〕	按寺中所傳古記云 慈藏法師初至五臺 欲覩眞身 於山麓結茅而住 七日不見 而到妙梵山 創淨岩寺	慈藏; 68세 既而再入京 又蒙勅慰 賜絹二百匹 用資衣費 貞觀十七年癸卯 本國善德王 上表乞還 詔許引入宮 賜絹一領 雜綵五百端 東宮亦賜二百端 又多禮貺 藏以本朝經像未充 乞齎藏經一部 泊諸幡幢花蓋 堪爲福利者皆載之 既至 泊擧國欣迎 命住芬皇寺〔唐傳作王芬〕給侍稠渥 一夏請至宮中 講大乘論 又於皇龍寺 演菩薩戒本 七日七夜 天降甘澍 雲霧暗靄 覆所講堂 四衆咸服其異 又有釋圓勝者 先藏西學 而同還桑梓 助弘律部云[164]

---

163 일연은 羊皿이 갑술년(614)에 죽은 것으로 보면서, 연개소문의 나이를 계산하였다. 하지만 수양제가 죽임을 당한 해는 618년이다. 실제로 보장봉로보덕이암조에서도, "帝崩後生於高麗"라고 되어 있다. 그렇다면 643년 무렵 연개소문의 나이는 26세로 볼 수 있다.

164 圓勝은 貞觀初인 627년에 입당구법의 길을 떠난 것으로 보인다. 그렇다면 원승은 자장보다 먼저 중국으로 유학하였음을 알 수 있다. 한편 원승이 627년 무렵에 중국으로 유학의 길을 떠났다면, 圓測과 같은 시기에 입당하였다고 볼 수 있다. 이러한 원승은 자장이 귀국할 때 함께 귀국하였을 뿐만 아니라, 자장을 도와 신라의 계율 확립에 노력하였음을 알 수 있다. 하지만 구체적인 활동상은 전해지지 않는다.

西紀 A.D.	干支	1. 王曆第一				33. 善德王知幾三事	66. 寶藏奉老普德移庵	73. 皇龍寺九層塔	77. 生義寺石彌勒	103. 慈藏定律
		中國	新羅	高句麗	百濟					
644	甲辰	唐 太宗 貞觀 18	第二十七 善德女王 재위 11년 仁平 11년	第二十八 寶藏王 재위 3년	第三十一 義慈王 재위 4년		연개소문; 27세 (又按高麗古記云…) 及 寶藏王之世 唐太宗親統 以六軍來征 又不利而還		善德王時 釋生義常 住道中寺 夢有僧引 上南山而行 令結草 爲標 至山之南洞 謂 曰 我埋此處 請師出 安嶺上 旣覺 與友人 尋所標 至其洞掘地 有石彌勒出 置於三 花嶺上 善德王十二 年甲辰歲 創寺而居 後名生義寺〔今訛言 性義寺 忠談師每歲 重三重九 烹茶獻供 者 是此尊也〕	慈藏; 69세
645	乙巳	太宗 貞觀 19	재위 12년 仁平 12년	재위 4년	재위 5년	三王無恙時　謂群臣 曰[165] 朕死於某年某月 日 葬我於忉利天中 群 臣罔知其處 奏云何所 王曰 狼山南也 至其月 日 王果崩 群臣葬於狼 山之陽	연개소문; 28세	(又按國史及寺中古 記…) 後善德王代 貞觀十九年乙巳 塔 初成		祝髮請度 歲月增至 乃 創通度寺 築戒壇 以度 四來〔戒壇事已出上〕 又改營生緣里第元寧 寺 設落成會 講雜花萬 偈 感五十二女 現身證 聽 使門人植樹如其數 以旌厥異 因號知識樹
646	丙午	太宗 貞觀 20	재위 13년 仁平 13년	재위 5년	재위 6년		연개소문; 29세			慈藏; 71세

---

165 정확한 시기를 확정지을 수는 없지만, 647년 이전이라는 사실은 알 수 있다.

西紀 A.D.	干支	1. 王曆第一				36. 太宗春秋公	66. 寶藏奉老普德移庵	88. 臺山五萬眞身	89. 溟州五臺山寶叱徒太子傳記
		中國	新羅	高句麗	百濟				
647	丁未	唐 太宗 貞觀 21	第二十七善德女王 재위 14년 仁平 14년 第二十八眞德女王 名勝 曼 金氏 父眞平王之弟國 其安葛文王 母阿尼夫人 朴氏 奴追□□□葛文王 之女也 或云月明非也 丁 未立 治七年	第二十 八寶藏王 재위 6년	第三十 一 義慈王 재위 7년	김춘추; 45세	연개소문; 30세 (又按高麗古記云…) 蓋 金又奏 築長城東北西南 時男役女耕 役至十六年 乃畢[166]		
648	戊申	太宗 貞觀 22	재위 2년 太和 1년	재위 7년	재위 8년	김춘추; 46세 在東宮時 欲征高 麗 因請兵入唐 唐 帝賞其風彩 謂爲 神聖之人 固留侍 衛 力請乃還	연개소문; 31세	〔古記云 太和元年 戊申八月初 王隱山 中 恐此文大誤〕[167] 〔若曰太和元年戊 申 則先於孝照即位 甲辰已過四十五歲 乃太宗文武王之世 也 以此知此文爲誤 故不取之〕[168]	新羅淨神太子寶叱徒 與弟孝明太子 到河西府世獻角干家一 宿 翌日踰大嶺 各領一千人到省烏坪 累日遊翫 太和元年八月 五日 兄弟同隱入五臺山 徒中侍衛等 推覓不得 並皆還國 兄 太子見中臺南下 眞如院基下山末靑蓮開 其地結草菴而居 弟 孝明見北臺南山末靑蓮開 亦結草菴而居 兄弟二人禮念修行 五臺進敬禮拜 靑在東臺滿月形山 觀音眞身 一萬常住 赤任南 臺麒麟山 八大菩薩爲首 一萬地藏菩薩常住 白方西臺長嶺山 無量壽如來爲首 一萬大勢至菩薩常住 黑掌北臺相王山 釋迦 如來爲首 五百大阿羅漢常住 黃處中臺風爐山 亦名地爐山 毗盧遮那爲首 一萬文殊常住 眞如院地 文殊大聖每日寅朝化 現三十六形〔三十六形見臺山五萬眞身傳〕兩太子並禮拜 每 日早朝汲于洞水 煎茶供養一萬眞身文殊[169]

---

166 천리장성 공사는 16년이 걸렸다. 그렇다면 이 공사가 시작된 것은 631년으로 연개소문이 아직 중앙정계로 진출하기 이전이었다. 또한 천리장성 공사를 시작한 것은 영류왕이라고
　　　볼 수 있다.

167 일연은 세주의 설명을 통해, 648년설이 잘못되었음을 밝히고 있다.

168 일연은 세주의 설명을 통해, 648년설이 잘못되었음을 거듭해서 밝히고 있다.

169 옆에 보이는 88. 대산오만진신에서는 두 번에 걸쳐 648년설이 잘못되었음을 일연은 지적하였다. 하지만 69. 대산오만진신에서는 648년설을 수용하면서 관련 자료를 제시하고
　　　있다. 이렇게 두 곳에서 서로 다르게 서술한 이유는 자세히 알 수 없다.

西紀 A.D.	干支	1. 王曆第一				34. 眞德王	66. 寶藏奉老普德移庵	82. 前後所將舍利	103. 慈藏定律	105. 義湘傳敎
		中國	新羅	高句麗	百濟					
649	己酉	唐 太宗 貞觀 23 太和 2년	第二十八 眞德女王 재위 3년	第二十八 寶藏王 재위 8년	第三十一 義慈王 재위 9년		연개소문; 32세	智儼; 50세 道宣; 54세 義湘; 25세	慈藏; 74세 朝廷議曰 佛敎東漸 雖百千齡 其於住持修奉 軌儀闕如也 非夫綱理 無以肅淸 啓勅藏爲大國統 凡僧尼一切規猷 總委僧統主之〔…〕藏値斯嘉會 勇激弘通 令僧尼五部 各增舊學 半月說戒 冬春總試 令知持犯 置員管維持之 又遣巡使 歷檢外寺 誡礪僧失 嚴飾經像爲恒式 一代護法 於斯盛矣 (…) 當此之際 國中之人 受戒奉佛 十室八九 (…) 嘗以邦國 服章不同諸夏 擧議於朝 僉允曰 藏 乃以眞德王三年己酉 始服中朝衣冠	
650	庚戌	高宗 永徽 1	재위 4년	재위 9년	재위 10년	第二十八眞德女王卽位 自製太平歌 織錦爲紋 命使往唐獻之[170] 唐帝嘉賞之 改封爲雞林國王 其詞曰 (…)	연개소문; 33세 (高麗本記云…) 乃以神力飛方丈 南移于完山州〔今全州也〕孤大山而居焉 卽永徽元年庚戌六月也〔又本傳云 乾封二年丁卯 (667)三月三日也〕	智儼; 51세 道宣; 55세 義湘; 26세 按此錄義湘傳云 永徽初 入唐謁智儼 然據浮石本碑 (…[171]) 永徽元年庚戌 與元曉同伴欲西入 至高麗有難而廻	慈藏; 75세 明年庚戌 又奉正朔 始行永徽號 自後每有朝覲 列在上蕃 藏之功也	未幾西圖觀化 遂與元曉 道出遼東 邊戍邏之爲諜者 囚閉者累旬 僅免而還〔事在崔侯本傳 及曉師行狀等〕永徽初 會唐使船有西還者 寓載入中國 初止楊州 州將劉至仁請 留衙內 供養豊贍

170 본문의 세주에는, "一本命春秋公爲使 往仍請兵 太宗嘉之 許蘇定方云云者 皆謬矣 現慶前春秋已登位 現慶庚申非太宗 乃高宗之世 定方之來 在現慶庚申 故知織錦爲紋 非請兵時也 在眞德之世 當矣 蓋請放金欽純之時也"라고 되어 있다. 또한 34. 眞德王에서는 즉위한 해에 있었던 것으로 서술하고 있다. 그러나 삼국사기의 기록이 보다 사실에 가깝다고 여겨진다. 이러한 이유로 삼국사기의 기록을 따르면서, 관련사료를 650년에 두었다.

171 (…)는 "然據浮石本碑 湘武德八年生 卅歲出家"이다. 이 부분은 625년조에 제시하였다.

西紀 A.D.	干支	1. 王曆第一				34. 眞德王	66. 寶藏奉老普德移庵	91. 南月山	105. 義湘傳敎
		中國	新羅	高句麗	百濟				
651	辛亥	唐 高宗 永徽 2	第二十八眞德女王 재위 5년	第二十八寶藏王 재위 10년	第三十一義慈王 재위 11년	王之代有閼川公 林宗公 述宗公 虎林公〔慈藏之父〕 廉長公 庾信公 會于南山于知巖 議國事 時有大虎走入座間 諸公驚起 而閼川公略不移動 談笑自若 捉虎尾撲於地而殺之 閼川公膂力如此 處於席首 然諸公皆服庾信之威 新羅有四靈地 將議大事 則大臣必會其地謀之 則其事必成 一東曰青松山 二曰南于知山 三曰西皮田 四曰北金剛山[172] 是王代 始行正旦禮 始行侍郎號	연개소문; 34세 師有高弟十一人[173] 無上和尙與弟子金趣等 創金洞寺 寂滅義融二師 創珍丘寺 智藪創大乘寺 一乘與心正大原等 創大原寺 水淨創維摩寺 四大與契育等 創中臺寺 開原和尙創開原寺 明德創燕口寺 開心與普明亦有傳 皆如本傳		의상; 27세
652	壬子	高宗 永徽 3	재위 6년	재위 11년	재위 12년		연개소문; 35세		의상; 28세
653	癸丑	高宗 永徽 4	재위 7년 已上中古聖骨 已下下古眞骨	재위 12년	재위 13년		연개소문; 36세	金志誠; 1세	의상; 29세 法師義湘 考曰韓信 金氏 年二十九 依京師皇福寺落髮

172 위의 기록이 모두 진덕왕대의 사실이라고 보기는 어렵다. 하지만 일단 이곳에 관련자료를 모두 제시하였다.

173 보덕화상의 뛰어난 제자 11명은 보덕화상이 지금의 전라북도 일대로 이동한 이후 주로 활동하였을 것으로 보인다. 이에 관련 사료를 이곳에 제시하였다.

西紀 A.D.	干支	1. 王曆第一				36. 太宗春秋公	103. 慈藏定律	104. 元曉不羈	125. 朗智乘雲 普賢樹
		中國	新羅	高句麗	百濟				
654	甲寅	唐 高宗 永徽 5	第二十九太宗武烈 王 名春秋 金氏 眞 智王子龍春 卓文興 葛文王之子也 龍春 一作龍樹 母天明夫 人 諡文貞太后 眞平 王之女也 妃訓帝夫 人 諡文明王后 庾信 之妹 小名文熙也 甲 寅立 治七年	第二十八 寶藏王 재위 13년	第三十一 義慈王 재위 14년	김춘추; 52세 眞德王薨 以永徽 五年甲寅卽位 太宗初卽位 有獻 豬一頭 二身八足 者 議者曰 是必幷 吞六合瑞也 是王 代始服中國衣冠 牙笏 乃法師慈藏 請唐帝而來傳也	慈藏; 79세	元曉; 38세 師嘗一日 風顚唱街云 誰許沒柯斧 我斫支天柱 人皆未喩 時太宗聞之 日 此師殆欲得貴婦 産賢子之謂爾 國有大賢 利莫大焉 時瑤石宮〔今 學院是〕有寡公主 勅宮吏覓曉引 入 宮吏奉勅將求之 已自南山來過 蚊川橋〔沙川 俗云年川 又蚊川 又 橋名楡橋也〕遇之 佯墮水中濕衣 袴 吏引師於宮 褫衣曬眼 因留宿焉 公主果有娠 生薛聰[174]	
655	乙卯	高宗 永徽 6	재위 2년	재위 14년	재위 15년	김춘추; 53세 재위 2년	暮年謝辭京輦 於江陵郡〔今溟州也〕創水多寺居焉 復夢 異僧 狀北臺所見 來告曰 明日見汝於大松汀 驚悸而起 早行至松汀 果感文殊來格 諮詢法要 乃曰 重期於太伯葛 蟠地 遂隱不現〔松汀至今不生荊刺 亦不棲鷹鸇之類云〕 藏往太伯山尋之 見巨蟒蟠結樹下 謂侍者曰 此所謂葛蟠 地 乃創石南院〔今淨岩寺〕以候聖降 粤有老居士 方袍襤 縷 荷葛簣 盛死狗兒 來謂侍者曰 欲見慈藏來爾 門者曰 自奉巾箒 未見忤犯吾師諱者 汝何人斯 爾狂言乎 居士曰 但告汝師 遂入告 藏不之覺曰 殆狂者耶 門人出詬逐之 居士曰 歸歟歸歟 有我相者 焉得見我 乃倒簣拂之 狗變爲 師子寶座 陞坐放光而去 藏聞之 方具威儀 尋光而趍 登南 嶺 已杳然不及 遂殞身而卒 茶毘安骨 於石穴中[175]	元曉; 39세	智通; 1세[176]

---

174 정확한 시기는 알 수 없지만, 654년 이후의 일임을 알 수 있다.

175 계속해서, "凡藏之締 搆寺塔 十有餘所 每一興造 必有異祥 故蒲塞供墳市 不日而成 藏之道具布襪 幷太和龍所獻木鴨枕 與釋尊由衣等 合在通度寺 又巘陽縣〔今彦陽〕有鴨遊寺 枕鴨嘗遊此現異 故名之"라는 내용이 서술되고 있다.

176 661년에 7세의 나이로 智通은 출가하였다. 이를 근거로 그가 655년에 출생한 것으로 보았다.

西紀 A.D.	干支	1. 王曆第一				36. 太宗春秋公	57. 南扶餘 前百濟 北扶餘〔已見上〕	91. 南月山	125. 朗智乘雲 普賢樹
		中國	新羅	高句麗	百濟				
656	丙辰	唐 高宗 現慶 1	第二十九太宗武烈 王 재위 3년	第二十八寶藏王 재위 15년	第三十一義慈王 재위 16년	김춘추; 54세 재위 3년 佐平〔百濟爵名〕成忠極諫 不聽 囚於獄中 瘦困濱死 書 曰 忠臣死不忘君 願一言而 死 臣嘗觀時變 必有兵革之 事 凡用兵 審擇其地 處上流 而迎敵 可以保全 若異國兵 來 陸路不使過炭峴〔一云沈 峴 百濟要害之地〕水軍不使 入伎伐浦〔卽長嵒 又孫梁 一 作只火浦 又白江〕據其險隘 以禦之 然後可也 王不省		金志誠; 4세	智通; 2세
657	丁巳	高宗 現慶 2	재위 4년	재위 16년	재위 17년	김춘추; 55세 재위 4년		金志誠; 5세	智通; 3세
658	戊午	高宗 現慶 3	재위 5년	재위 17년	재위 18년	김춘추; 56세 재위 5년	(按古典記云…) 至二十六世聖王 移 都所夫里 國號南扶餘 至三十一世義 慈王 歷一百二十年[177]	金志誠; 6세	智通; 4세

---

177 538년부터 658년에 이르는 기간이다.

西紀 A.D.	干支	1. 王曆第一				36. 太宗春秋公	37. 長春郎 罷郎〔一作羂〕	82. 前後所將舍利
		中國	新羅	高句麗	百濟			
659	己未	唐 高宗 現慶 4	第二十九太宗武烈王 재위 6년	第二十八寶藏王 재위 18년	第三十一義慈王 재위 19년	김춘추; 57세 재위 6년 現慶四年己未 百濟烏會寺〔亦云 烏合寺〕有大赤馬 晝夜六時遶 寺行道 二月衆狐入義慈宮中 一 白狐坐佐平書案上 四月 太子宮 雌雞 與小雀交婚 五月 泗沘〔扶 餘江名〕岸大魚出死 長三丈 人 食之者皆死 九月 宮中槐樹鳴如 人哭 夜鬼哭宮南路上	初與百濟兵戰於黃山之役 長春郎 罷郎 死於陣中 後討百濟時 見夢於 太宗曰 臣等昔者爲國亡身 至於白 骨 庶欲完護邦國 故隨從軍行無怠 而已 然迫於唐帥定方之威 逐於人 後爾 願王加我以小勢 大王驚怪之 爲二魂說經 一日於牟山亭 又爲創 壯義寺 於漢山州 以資冥援	智儼; 60세 道宣; 64세 義湘; 35세

西紀 A.D.	干支	1. 王曆第一				10. 靺鞨渤海	36. 太宗春秋公	38. 文武王法敏	57. 南扶餘前百濟北扶餘
		中國	新羅	高句麗	百濟				
660	庚申	唐 高宗 現慶 5	第二十九太宗武 烈王 재위 7년	第二十八寶 藏王 재위 19년	第三十一義慈 王 재위 20년 庚申國除 自溫 祚癸卯 至庚申 六百七十八年	又三國史云 百濟末 年 渤海靺鞨新羅分 百濟地〔據此 則靺鞨 海又分爲二國也〕 羅人云 北有靺鞨 南 有倭人 西有百濟 是 國之害也 又靺鞨地 接阿瑟羅州	김춘추; 58세 재위 7년 王膳一日飯米三斗 雄雉九首 自庚 申年(660) 減百濟後 除晝膳 但朝 暮而已 然計一日米六斗 酒六斗 雄 十首 城中市價布一疋租三十碩 或 五十碩 民謂之聖代 (現慶)五年庚申春二月 王都井水 血色 西海邊小魚出死 百姓食之不 盡 泗沘水血色 四月 蝦蟆數萬集於 樹上 王都市人無故驚走 如有捕捉 驚仆死者百餘 亡失財物者無數 六 月 王興寺僧 皆見如船楫隨大水入 寺門 有大犬如野鹿 自西至泗沘岸 向王宮吠之 俄不知所之 城中群犬 集於路上 或吠或哭 移時而散 有一 鬼入宮中 大呼曰 百濟亡百濟亡 卽 入地 王怪之 使人掘地 (…) 太宗聞 百濟國中多怪變 五年庚申 (이하 생략) 百済古記云 扶餘城北角有大岩 下 臨江水 相傳云 義慈王與諸後宮知 其未免 相謂曰 寧自盡 不死於他人 手 相率至此 投江而死 故俗云墮死 岩 斯乃俚諺之訛也 但宮人之墮死 義慈卒於唐 唐史有明文	〔按唐書高記 現慶五 年庚申 蘇定方等 征 百濟 後十二月 大將 軍契如何 爲浿道行 軍大總管 蘇定方爲 遼東道大總管 劉伯 英爲 平壤道大總管 以伐高麗〕	(按古典記云…) 至唐顯慶五年 是義慈王在位二十年 新羅金庚 信與蘇定方討平之 百済國舊有五部 分統三十七郡 二百餘城 七十六萬戶 唐以其地 分置熊津 馬韓 東明 金漣 德安 等 五都督府 仍以其酋長爲都督 府刺史 未幾 新羅盡幷其地 置熊 全武三州及諸郡縣 又虎嵒寺有政事嵒 國家將議宰 相 則書當選者名 或三四 函封置 嵒上 須臾取看 名上有印跡者爲 相故名之 又泗沘河邊有一嵒 蘇定方嘗坐 此上 釣魚龍而出 故嵒上有龍跪 之跡 因名龍嵒 又郡中有三山 曰日山 吳山浮山 國家全盛之時 各有神人居其上 飛相往來 朝夕不絶

西紀 A.D.	干支	1. 王曆第一			36. 太宗春秋公	38. 文武王法敏	60. 駕洛國記	69. 遼東城 育王塔	82. 前後所 將舍利	117. 廣德嚴莊	125. 朗智乘雲 普賢樹
		中國	新羅	高句麗							
661	辛酉	唐 高宗 龍朔 1	第三十 文武王 名法敏 太 宗之子也 母訓帝夫 人 妃慈義 〔一作訥〕 王后 善品 海干之女 辛酉立 治 二十年 陵 在感恩寺 東海中	第二十八 寶藏王 재위 20년	김춘추; 59세(재위 8년) 御國八年 龍朔元年辛酉崩 壽五十九歳 葬於哀公寺東 有碑 王與庾信 神謀戮力 一統三韓 有大功於社稷 故廟號太宗 太 子法敏 角干仁問 角干文王 角干老旦 角 干智鏡 角干愷元等 皆文姬之所出也 當 時買夢之徴 現於此矣 庶子曰皆知文級干 車得令公 馬得阿干 幷女五人 王師定百濟 旣還之後 羅王命諸將追捕百 濟殘賤 屯次于漢山城 高麗靺鞨二國兵來 圍之 相擊未解 自五月十一日至六月二十 二日 我兵危甚 王聞之 議群臣曰 計將何 出 猶豫未決 庚申馳奏曰 事急矣 人力不 可及 唯神術可救 乃於星浮山 設壇修神 術 忽有光耀如大瓮 從壇上而出 乃星飛 而北去〔因此名星浮山 山名或有別說云 山在都林之南 秀出一峰是也 京城有一人 謀求官 命其子作高炬 夜登此山擧之 其 夜京師人望火 皆謂怪星現於其地 王聞之 憂懼 募人禳之 其父將應之 日官奏曰 此 非大怪也 但一家子死父泣之兆耳 遂不行 禳法 是夜其子下山 虎傷而死〕漢山城中 士卒 怨救兵不至 相視哭泣而已 賊欲攻 急 忽有光耀 從南天際來 成霹靂擊碎砲 石三十餘所 賊軍弓箭矛戟籌碎皆仆地 良 久乃蘇 奔潰而歸 我軍乃還	王初卽位 龍朔辛 酉 泗沘南海中有 死女尸 身長七十 三尺 足長六尺陰 長三尺[178] 〔又明年辛酉正月 蕭嗣業爲扶餘道 總管 任雅相爲浿 江道總管 率三十 五萬軍 以伐高麗 八月甲戌 蘇定方 等 及高麗 戰于浿 江敗亡〕	泊新羅第三十王法 敏龍朔元年辛酉三 月日 有制曰 朕是伽 耶國元君九代孫仇 衡王之降于當國也 所率來子世宗之子 率友公之子 庶云匝 干之女 文明皇后寔 生我者 玆故元君於 幼沖人 爲十五代 始祖也 所御國者已 曾敗 所葬廟者今尚 存 合于宗祧 續乃祀 事 仍遣使於黍離之 趾 以近廟上上田三 十頃 爲供營之資 號 稱王位田 付屬本土 王之十七代孫賡世 級干祗稟朝旨 主掌 厥田 每歳時釀醪醴 設以餅飯茶菓庶羞 等奠 年年不墜 其祭 日不失居登王之所 定年內五日也 芬芴 孝祀 於是乎在於 我[179]	〔三寶感通錄 載…〕又唐龍朔 中 有事遼 行 軍薛仁貴 行至 隋主討遼古地 乃見山像 空曠 蕭條 絶於行往 問古老云 是先 代所現 便圖寫 來京師 〔具在右 函〕	智儼; 62세 道宣; 66세 義湘; 37세 （然據浮石本 碑…〕至龍朔 元年辛酉入唐 就學於智儼 （…〕則疑與儼 公齋於宣律師 處 請天宮佛牙 在辛酉至戊辰 七八年間也[180]	文武王代 有沙門名 廣德嚴莊 二人友善 日夕約曰 先歸安養 者須告之 德隱居芬 皇西里〔或云 皇龍 寺有西去房 未知孰 是〕蒲鞋爲業 挾妻 子而居 莊庵栖南岳 大種刀耕 一日 日影 施紅 松陰靜暮 窓外 有聲 報云 某已西往 矣 惟君好住 速從我 來 莊排闥而出顧之 雲外有天樂聲 光明 屬地 （…〕莊愧赧而 退 便詣元曉法師處 懇求津要 曉作鍤觀 法誘之 藏於是潔己 悔責 一意修觀 亦得 西昇 鍤觀在曉師本 傳 與海東僧傳中 其 婦乃芬皇寺之婢 蓋 十九應身之一 德嘗 有歌云 （…〕	智通; 7세 歃良州阿曲縣之靈鷲山 〔歃良今梁州 阿曲一作 西 又屈求佛 又屈弗 今蔚 州置屈弗驛 今存其名〕 有異僧 庵居累紀 而鄉邑 皆不識 師亦不言名氏 常 講法華 仍有通力 龍朔初 有沙彌智通 伊亮公之家 奴也 出家年七歳時 有鳥 來鳴云 靈鷲去投朗智爲 弟子 通聞之 尋訪此山 來 憩於洞中樹上 忽見異人 出 曰我是普大士 欲授汝 戒品 故來爾 因宣戒訖乃 隱 通神心豁爾 智證頓圓 遂前行路 逢一僧 乃問朗 智師何所住 僧曰 奚問朗 智乎 通具陳神烏之事 僧 莞爾而笑曰 我是朗智 （…〕投禮於師 旣而將與 授戒 通曰 予於洞口樹下 已蒙 普賢大士乃授正戒 智嘆曰 （…〕反禮智通 因 名其樹曰普賢

178 계속해서 "或云 身長十八尺 在封乾二年丁卯"라고도 하였다. 뒤의 기록을 따른다면 667년에 일어난 일로 볼 수도 있다.

179 계속해서 "自居登王卽位己卯年(199)置便房 降及仇衡朝(527) 來三百三十載之中 享廟禮曲 永無違者 其乃仇衡失位去國 逮龍朔元年辛酉 六十年之間 享是廟禮 或闕如也 美矣哉 文武王〔法敏王謚也〕先奉尊祖 孝乎惟孝 繼泯絶之祀 復行之也"라고 되어 있다.

西紀 A.D.	干支	1. 王曆第一			36. 太宗春秋公	38. 文武王法敏	82. 前後所將舍利	105. 義湘傳敎
		中國	新羅	高句麗				
662	壬戌	唐 高宗 龍朔 2	第三十文武王 재위 2년	第二十八寶藏王 재위 21년	(現慶)七年壬戌 命定方爲遼東道 行軍大總管 俄改 平壤道 破高麗之 衆於浿江 奪馬邑 山爲營 遂圍平壤 城 會大雪解圍還 拜凉州安集大使 以定吐蕃	王一日召庶弟車得公曰 汝爲冢宰 均理百官 平 章四海 公曰 陛下若以小臣爲宰 則臣願潛行國 內 示民間徭役之勞逸 祖賦之輕重 官吏之淸濁 然後就職 王聽之 公著緇衣 把琵琶 爲居士形 出京師 經由阿瑟羅州〔今溟州〕 牛首州〔今春 州〕北原京〔今忠州〕至於武珍州〔今海陽〕 巡 行里閈 州吏安吉見是異人 邀致其家 盡情供億 至夜安吉喚妻妾三人曰 今玆侍宿客居士者 終 身偕老 二妻曰 (…) 其一妻曰 公若許終身幷居 則承命矣 從之 詰旦居士欲辭行時曰 僕京師人 也 吾家在皇龍皇聖二寺之間 吾名端午也〔俗爲 端午爲車衣〕 主人若到京師 尋訪吾家幸矣 遂行 到京師 居冢宰 國之制 每以外州之吏一人 上守京中諸曹〔注 今 之其人也〕安吉當次上守至京師 問兩寺之間端 午居士之家 人莫知者 安吉久立道左 有一老翁 經過 聞其言 良久佇思曰 二寺間一家 殆大內也 端午者 乃車得令公也 潛行外郡時 殆汝有緣契 乎 安吉陳其實 老人曰 汝去宮城之西歸正門 待 宮女出入者告之 安吉從之 告武珍州安吉進於 門矣 公聞而走出 攜手入宮 喚出公之妃 與安吉 共宴 具饌至五十味 聞於上 以星浮山〔一作星損 乎山〕[181] 下爲武珍州上守繞木田 禁人樵採 人不 敢近 內外欽羨之 山下有田三十畝 下種三石 此 田稔歲 武珍州亦稔 否則亦否云	智儼; 63세 道宣; 67세 義湘; 38세 相傳云 昔義湘法師入唐 到終南山 至相寺智儼尊者處 鄰有宣律師 常 受天供 每齋時天廚送食 一日律師 請湘公齋 湘至坐定旣久 天供過時 不至 湘乃空鉢而歸 天使乃至 律師 問今日何故遲 天使曰 滿洞有神兵 遮擁 不能得入 於是律師 知湘公有 神衛 乃服其道勝 仍留其供具 翌日 又邀儼湘二師齋 具陳其由 湘公從 容謂宣曰 師旣被天帝所敬 嘗聞帝 釋宮有佛四十齒之一牙 爲我等輩 請下人間 爲福如何 律師後與天使 傳其意於上帝 帝限七日送與 湘公 致敬訖 邀安大內	尋往終南山至相寺 謁智 儼 儼前夕夢一大樹生海 東 枝葉溥布 來蔭神州 上 有鳳巢 登視之有 一摩尼 寶珠 光明屬遠 覺而驚異 洒掃而待 湘乃至 殊禮迎 際 從容謂曰 吾昨者之夢 子來投我之兆 許爲入室 雜花妙旨 剖析幽微 儼喜 逢郢質 克發新致 可謂鉤 深索隱 藍茜沮本色

180 "長安二年壬寅(702)示滅 年七十八"이라고 하면서, 702년에 의상의 입적 사실을 적고 있다. 그런 다음에 본문에 보이는 내용을 일연이 추가로 서술한 것으로 보인다.

西紀 A.D.	干支	1. 王曆第一			38. 文武王法敏	82. 前後所將舍利	91. 南月山	113. 惠通降龍	125. 朗智乘雲 普賢樹
		中國	新羅	高句麗					
663	癸亥	唐 高宗 龍朔 3	第三十文武王 재위 3년	第二十八寶藏王 재위 22년	王初卽位 置南山 長倉 長五十步 廣 十五步 貯米穀兵 器 是爲右倉 天恩 寺西北山上 是爲 左倉 又始築富山城 (三 年乃畢)	智儼; 64세 道宣; 68세 義湘; 39세	金志誠; 11세	釋惠通 氏族未詳 白衣之時 家在南山西麓 銀 川洞之口〔今南澗寺東里〕 一日遊舍東溪上 捕一獺屠之 棄骨園中 詰旦亡其骨 跡血尋之 骨還舊穴 抱五兒而蹲 郎望見 驚異久之 感嘆 躕躇 便棄俗出家 易名惠通[182] 往唐謁無畏三藏請業 藏曰 嵎夷之人 豈堪法 器 遂不開授 通不堪輕謝去 服勤三載[183] 猶不 許 通乃憤悱立於庭 頭戴火盆 須臾頂裂聲如 雷 藏聞來視之 撤火盆 以指按裂處 誦神呪 瘡合如平日 有瑕如王字文 因號王和尚 深器 之 傳印訣 或云 通俗名尊勝角干 角干乃新羅之宰相峻 級 未聞通歷仕之迹 或云 射得豺狼 皆未詳[184]	智通; 9세

---

181 위의 661년조의 36. 태종춘추공조에 星浮山의 유래가 보인다. 그렇디면 위의 일은 662년 이후의 사실을 기록한 것으로 볼 수 있다.

182 위의 사건이 있었던 정확한 시기는 알 수 없다. 다만 662년 이전 시기인 것만은 확실한 것으로 보인다.

183 662년부터 664년까지의 일로 보인다.

184 위의 이야기가 말하는 정확한 시기가 언제인지도 자세히 알 수 없다. 다만 662년 이전의 사실을 전하는 것으로 보인다.

西紀 A.D.	干支	1. 王曆第一			36. 太宗春秋公	38. 文武王法敏	104. 元曉不羈	113. 惠通降龍
		中國	新羅	高句麗				
664	甲子	唐 高宗 麟德 1	第三十文武王 재위 4년	第二十八寶藏王 재위 23년			元曉; 48세	時[185]唐室有公主疾病 高宗請救於三藏 舉通自代 通受教別處 以白豆一斗 呪銀器中 變白甲神兵 逐 祟不克 又以黑豆一斗 呪 金器中 變黑甲神兵 令二 色合逐之 忽有蛟龍走出 疾遂瘳
665	乙丑	高宗 麟德 2	재위 5년	재위 24년	新羅別記云 文武王即位五年乙丑秋八月庚子 王親統大兵 幸熊津 城 會假王扶餘隆作壇 刑白馬而盟 先祀天神及山川之靈 然後歃血 爲文而盟曰 往者百濟先王迷於逆順 不敦鄰好 不睦親姻 結托句麗 文通倭國 共爲殘暴 侵削新羅 破邑屠城 略無寧歲 天子憫一物之失 所 憐百姓之被毒 頻命行人 諭其和好 負險恃遠 侮慢天經 皇赫斯怒 恭行弔伐 旌旗所指 一戎大定 固可瀦宮汚宅 作誡來裔 塞源拔本 垂訓後昆 懷柔伐叛 先王之令典 興亡繼絶 往哲之通規 事必師古 傳諸囊冊 故立前百濟王 司稼正卿扶餘隆爲熊津都督 守其祭祀 保 其桑梓 依倚新羅 長爲與國 各除宿憾 結好和親 恭承詔命 永爲藩服 仍遣使人右威衛將軍魯城縣公劉仁願 親臨勸諭 具宣成旨 約之以 婚姻 申之以盟誓 刑牲歃血 共敦終始 分災恤患 恩若兄弟 祇奉綸言 不敢墜失 旣盟之後 共保歲寒 若有乖背 二三其德 興兵動衆 侵犯邊 陲 神明鑒之 百殃是降 子孫不育 社稷無宗 禋祀磨滅 罔有遺餘 故作金書鐵契 藏之宗廟 子孫萬代 無或敢犯 神之聽之 是享是福 歃訖埋弊帛於壇之壬地 藏盟文於大廟 盟文乃帶方都督劉仁軌作 〔按上唐史之文 定方以義慈王及太子隆等送京師 今云會扶餘王隆 則知唐帝宥隆而遣之 立爲熊津都督也 故盟文明言 以此爲驗〕	(又始築富山城) 三年乃畢	元曉; 49세 按麟德二年間 文 武王割上州下州 之地 置歃良州 則下州乃今之昌 寧郡也 押梁郡本 下州之屬縣 上州 則今尙州 亦作湘 州也 佛地村今屬 慈仁縣 則乃押梁 之所分開也	龍怨通之逐己也 來本國 文仍林 害命尤毒 是時鄭 恭奉使於唐 見通而謂曰 師所逐毒龍 歸本國害甚 速去除之 乃與恭 以麟德 二年乙丑(665) 還國而 黜之 龍又怨恭 乃托之柳 生鄭氏門外 恭不之覺 但 賞其蔥密 酷愛之

---

185 위의 사건이 있었던 정확한 시기는 자세히 알 수 없다. 추측컨대 664년 무렵의 일로 보인다.

西紀 A.D.	干支	1. 王曆第一			36. 太宗春秋公	38. 文武王法敏	66. 寶藏奉老普德移庵	82. 前後所將舍利
		中國	新羅	高句麗				
666	丙寅	唐 高宗 乾封 1	第三十文武王 재위 6년	第二十八寶藏王 재위 25년		〔乾封元年丙寅六月 以龐同善 高臨 薛仁貴 李謹行等 爲後援 九月 龐同善及高麗 戰敗之 十二月己酉 以李勣爲遼東道行軍大總管 率六總管兵 以伐高麗〕 麟德三年丙寅三月十日 有人家婢 名吉伊 一乳生三子	연개소문; 49세[186]	智儼; 67세 道宣; 71세 義湘; 42세
667	丁卯	高宗 乾封 2	재위 7년	재위 26년	(蘇定方…) 乾封二年卒 唐帝悼之 贈左驍騎大將軍幽州都督 諡曰莊〔已上唐史文〕	或云 身長十八尺 在封乾二年丁卯[187]	〔又本傳云 乾封二年丁卯三月三日也〕[188] 師有高弟十一人[189] 無上和尙與弟子金趣等 創金洞寺 寂滅義融二師 創珍丘寺 智藪創大乘寺 一乘與心正大原等 創大原寺 水淨創維摩寺 四大與契育等 創中臺寺 開原和尙 創開原寺 明德創燕口寺 開心與普明亦有傳 皆如本傳	智儼; 68세 義湘; 43세

---

186 연개소문이 언제 죽었는지는 정확하지 않다. 만약 666년에 연개소문이 죽었다면 당시 그의 나이는 49세였을 것으로 보인나.

187 "王初卽位 龍朔辛酉 泗沘南海中有死女尸 身長七十三尺 足長六尺 陰長三尺"을 먼저 이야기하고 있다. 앞의 기록을 존중한다면 661년에 일어난 일이라고 보아야 할 것이다.

188 "(高麗本記云…) 乃以神力飛方丈 南移于完山州[今全州也] 孤大山而居焉 卽永徽元年庚戌六月也"의 세주에 있는 내용이다.

189 보덕화상의 뛰어난 제자 11명은 보덕화상이 지금의 전라북도 일대로 이동한 이후 주로 활동하였을 것으로 보인다. 이에 관련 사료를 이곳에 제시하였다.

西紀 A.D.	干支	1. 王曆第一			36. 太宗春秋公	38. 文武王法敏	66. 寶藏奉老普德移庵	82. 前後所將舍利	105. 義湘傳教	114. 明朗神印
		中國	新羅	高句麗						
668	戊辰	唐 高宗 總章 1	第三十 文武王 재위 8년	第二十八寶藏王 재위 27년 戊辰國除 自東明 甲申 至戊辰 合七 百五年	又古記云 總章元年戊辰〔若總章戊辰則李勣 之事 而下文蘇定方 誤矣 若定方則年號當龍 朔二年壬戌來圍平壤之時也[190]〕 國人之所請 唐兵 屯于平壤郊而通書曰 急輸軍資 王會群 臣問曰 入於敵國至唐兵屯所 其勢危矣 所請 王師糧匱 而不輸其料 亦不宜也 如何 庚信奏 曰 臣等能輸其軍資 請大王無慮 於是庚信仁 問等率數萬人 入句麗境 輸料二萬斛乃還 王 大喜 又欲興師會唐兵 庚信先遣然起兵川等二人 問 其會期 唐帥蘇定方 紙畫鷺犢二物廻之 國人 未解其意 使問於元曉法師 解之曰 速還其兵 謂書犢畫鷺二切也[191] 於是庚信廻軍 欲渡浿江 令曰後渡者斬之 軍士爭先半渡 句麗兵來掠 殺其未渡者 翌日信返追句麗兵 捕殺數萬級 又新羅古傳云[192] 定方既討麗濟二國 又謀伐新 羅而留連 於是庚信知其謀 饗唐兵鴆之 皆死 坑之 今尙州界有唐橋 是其坑地〔按唐史不言 其所以死 但書云卒何耶 爲復諱之耶 鄕諺之 無據耶 若壬戌年高麗之役 羅人殺定方之師 則後總章戊辰何有請兵滅高麗之事 以此知鄕 傳無據 但戊辰滅麗之後 有不臣之事 擅有其 地而已 非至殺蘇李二公也〕	總章戊辰 王統 兵 與仁問欽純 等 至平壤 會唐 兵滅麗 唐帥李 勣獲高臧王還 國〔王之性高 故云高臧〕 〔總章元年戊辰 九月癸巳 李勣 獲高臧王 十二 月丁巳 獻俘于 帝〕 時唐之游兵 諸 將兵 有留鎮而 將謀襲我者 王 覺之 發兵之	(高麗本記云…) 未 幾國滅〔以總章元 年戊辰國滅 則計距 庚戌 十九年矣 (650)〕今景福寺有 飛來方丈是也云云 〔已上國史〕 (又按 高麗 古記 云…) 高宗總章元 年戊辰 右相劉仁軌 大將軍李勣 新羅金 仁問等 攻破國滅 擒王歸唐 寶藏王庶 子率四千餘家 投于 新羅〔與國史少殊 故幷錄〕	智儼; 69세로 천화(遷化) 義湘; 44세 (然據浮石本 碑…) 總章元 年 儼遷化	又著法界圖書 印幷略疏 括盡 一乘樞要 千載 龜鏡 競所珍佩 餘無撰述 嘗鼎 味一臠足矣 圖 成 總章元年戊 辰 是年儼亦歸 寂 如孔氏之絶 筆於獲麟矣 世 傳湘乃金山寶 蓋之幻有也	總章元年戊辰 唐將李勣統大 兵 合新羅 滅高 麗 後餘軍留百 濟 將襲滅新羅 羅人覺之 發兵 拒之 高宗聞之 赫怒 命薛邦興 師將討之 文武 王聞之懼 請師 開祕法禳之 〔事在文武王 傳中〕 因玆爲 神印宗祖

---

190 662년의 일로 보는 것이 옳다고 생각되지만, 여기에서는 일단 668년에 관련 자료를 제시하였다.

191 662년의 일로 보면 원효 나이 46세 때의 일이다.

192 662년의 일로 보는 것이 옳다고 생각되지만, 여기에서는 일단 668년에 관련 자료를 제시하였다.

西紀 A.D.	干支	1. 王曆第一		38. 文武王法敏	86. 洛山二大聖觀音正趣調信	102. 二惠同塵	105. 義湘傳敎	113. 惠通降龍
		中國	新羅					
669	己巳	唐 高宗 總章 2	第三十文武王 재위 9년	時唐之游兵 諸將兵 有留鎭而將謀襲我者 王覺之 發兵之[193] 明年 高宗使召仁問等 讓之曰 爾請我兵以滅麗 害之何耶 乃下圓扉 鍊兵五十萬 以薛邦爲帥 欲伐新羅 時義相師西學入唐 來見仁問 仁問以事諭之		又神印祖師明朗 新創金剛寺 設落成會 龍象畢集 唯師不赴 朗卽焚香虔禱 小選公至 時方大雨 衣袴不濕 足不沾泥 謂明朗曰 辱召懃懃 故玆來矣 靈跡頗多	의상; 45세 旣而本國丞相金欽純〔一作仁問〕良圖等 往囚於唐 高宗將大擧東征 欽純等密遣湘誘而先之	
670	庚午	高宗 咸亨 1	재위 10년	(義)相乃東還上聞 王甚憚之 會群臣問防禦策 角干金天尊奏曰 近有明朗法師入龍宮 傳祕法而來 請詔問之 朗奏曰 狼山之南有神遊林 創四天王寺於其地 開設道場則可矣 時有貞州使走報曰 唐兵無數至我境 迴槧海上 王召明朗曰 事已逼至如何 朗曰 以彩帛假搆宜矣 乃以彩帛營寺 草搆五方神像 以瑜伽明僧十二員 明朗爲上首 作文豆婁祕密之法 時唐羅兵未交接 風濤怒起 唐船皆沒於水 後[194]改刱寺 名四天王寺 至今不墜壇席〔國史云改刱在調露元年己卯〕 總章三年庚午正月七日 漢岐部一山級干〔一作成山何于〕婢 一乳生四子一女三子 國給穀二百石以賞之 又伐高麗 以其國王孫還國 置之眞骨位	昔義湘法師始自唐來還 聞大悲眞身住此海邊崛內 故因名洛山 蓋西域寶陀洛伽山 此云小白華 乃白衣大士眞身住處 故借此名之 齋戒七日 浮座具晨水上 龍天八部侍從 引入崛內 參禮空中出水精念珠一貫獻之 湘領受而退 東海龍亦獻如意寶珠一顆 師捧出 更齋七日 乃見眞容 謂曰 於座上山頂 雙竹湧生 當其地作殿宜矣 師聞之出崛 果有竹從地湧出 乃作金堂 塑像而安之 圓容麗質 儼若天生 其竹還沒 方知正是眞身住也 因名其寺曰洛山 師以所受二珠 鎭安于聖殿而去	及終 浮空告寂 舍利莫知其數 嘗見肇論曰 是吾昔所撰也[195] 乃知僧肇之後有也[195]	의상; 46세 以咸亨元年庚午還國 聞事於朝 命神印大德明朗 假設密壇法禳之 國乃免[196]	先是密本之後 有高僧明朗 入龍宮得神印〔梵云文豆婁 此云神印〕祖 創神遊林〔今天王寺〕屢禳鄰國之寇

---

193 668년의 일이지만, 669년에 일어난 일의 원인이 되기 때문에 이곳에도 넣있다.

194 679년에도 아래 내용을 제시하였다.

195 정확한 시기는 알 수 없지만, 대체로 670년 이후의 일로 볼 수 있다.

196 114. 명랑신인조에서는 668년에 일어난 일로 보았다. 이로 볼 때 두 자료의 주요 내용에는 약간의 연대차이가 보인다.

西紀 A.D.	干支	1. 王曆第一		38. 文武王法敏	82. 前後所將舍利	86. 洛山二大聖觀音正趣調信	92. 天龍寺	125. 朗智乘雲 普賢樹
		中國	新羅					
671	辛未	唐 高宗 咸亨 2	第三十文武王 재위 11년	後年辛未 唐更遣趙憲爲帥 亦以五萬兵來征 又作其法 船沒如前 是時翰林郞朴文俊 隨仁問在獄中 高宗召文俊曰 汝國有何密法 再發大兵無生還者 文俊奏曰 陪臣等來於上國一十餘年 不知本國之事 但遙聞一事爾 厚荷上國之恩 一統三國 欲報之德 新刱天王寺 於狼山之南 祝皇壽萬年 長開法席而已 高宗聞之大悅 乃遣禮部侍郞樂鵬龜使於羅 審其寺 王先聞唐使將至 不宜見茲寺 乃別刱新寺於其南 待之 使至曰 必先行香於皇帝祝壽之所天王寺 乃引見新寺 其使立於門前曰 不是四天王寺 乃望德遙山之寺 終不入 國人以金一千兩贈之 其使乃還奏曰 新羅刱天王寺 祝皇壽於新寺而已 因唐使之言 因名望德寺〔或系孝昭王代 誤矣〕 王聞文俊善奏 帝有寬赦之意 乃命强首先生 作請放仁問表 以舍人遠禹奏於唐 帝見表流涕 赦仁問慰送之 仁問在獄時 國人爲刱寺 名仁容寺 開設觀音道場 及仁問來還 死於海上 改爲彌陀道場 至今猶存	義湘; 47세 (然據浮石本碑…) 咸亨二年 湘來還新羅	後有元曉法師 繼踵而來 欲求瞻禮 初至於南郊 水田中 有一白衣女人刈稻 師戲請其禾 女以稻荒戲答之 又行至橋下 一女洗月水帛 師乞水 女酌其穢水獻之 師覆棄之 更酌川水而飮之 時野中松上有一靑鳥 呼曰 休醍醐和尙 忽隱不現 其松下有一隻脫鞋 師旣到寺 觀音座下 又有前所見脫鞋一隻 方知前所遇聖女乃眞身也 故時人謂之觀音松 師欲入聖崛 更覩眞容 風浪大作 不得入而去[197]	東都南山之南 有一峰屹起 俗云高位山 山之陽有寺 俚云高寺 或云天龍寺 討論三韓集云 雞林土內 有客水二條逆水一條 其逆水客水二源 不鎭天災 則致天龍覆沒之災 俗傳云 逆水者 州之南 馬等烏村南流川是 又是水之源致天龍寺 中國來使 樂鵬龜來見云 破此寺 則國亡無日矣 又相傳云 昔有檀越有二女 曰天女龍女 二親爲二女 創寺因名之 境地異常 助道之場[198]	智通; 17세
672	壬申	高宗 咸亨 3	재위 12년		義湘; 48세			智通; 18세
673	癸酉	高宗 咸亨 4	재위 13년		義湘; 49세			智通; 19세

197 정확한 연대는 알 수 없지만, 671년 이후인 것만은 확실하다.

198 671년을 전후한 시기의 사실을 기록한 것으로 보았다. 그러한 근거로는 "38. 문무왕법민"에 樂鵬龜가 사신으로 온 사실을 참고하였다. 뒤의 926년조 기사도 참고하기 바란다.

西紀 A.D.	干支	1. 王曆第一 中國	1. 王曆第一 新羅	38. 文武王法敏	91. 南月山	105. 義湘傳敎	125. 朗智乘雲 普賢樹	135. 眞定師孝善雙美
674	甲戌	唐 高宗 上元 1	第三十文武王 재위 14년	〔上元元年甲戌二月 劉仁軌爲雞林道總管 以伐新羅 而鄕古記云 唐遣陸路將軍孔恭 水路將軍有相 與新羅金 庾信等滅之 而此云仁 問欽純等 無庾信 未詳〕	金志誠; 22세	의상; 50세	智通; 20세	
675	乙亥	高宗 上元 2	재위 15년	安北河邊 築鐵城	金志誠; 23세	의상; 51세	智通; 21세	
676	丙子	高宗 儀鳳 1	재위 16년		金志誠; 24세	의상; 52세 儀鳳元年 湘歸太伯山 奉朝旨創浮石寺 敷敞大乘 靈感頗著	智通; 22세 通後詣義湘之室 升堂覩奧 頗資玄化 寔爲錐洞記主也[199]	法師眞定羅人也 白衣時隸名卒伍 而家貧不娶 部役之餘 傭作受粟 以養孀母 (…) 一日有僧到門 求化營寺鐵物 母以鐺施之 旣而定從外歸 (…) 乃以瓦盆爲釜 熟食而養之 嘗在行伍間 聞人說義湘法師在太伯山說法利人 卽有嚮慕之志 告於母曰 (…) 三日達于太伯山 投湘公剃染爲弟子 名曰眞定 居三年 母之訃音至 定跏趺入定 七日乃起 (…) 旣出定以後 事告於湘 湘率門徒歸于小伯山之錐洞 結草爲廬 會徒三千 約九十日 講華嚴大典 門人智通隨講 撮其樞要成兩卷 名錐洞記 流通於世 講畢 其母現於夢曰 我已生天矣

---

[199] 정확한 시기는 알 수 없지만, 676년 이후로 볼 수 있다.

西紀 A.D.	干支	1. 王曆第一		10. 靺鞨渤海	82. 前後所將舍利	88. 臺山五萬眞身	125. 朗智乘雲 普賢樹
		中國	新羅				
677	丁丑	唐 高宗 儀鳳 2	第三十文武王 재위 17년		義湘; 53세	孝昭王; 1세	智通; 23세
678	戊寅	高宗 儀鳳 3	재위 18년	〔三國史云 儀鳳三年 高宗戊寅 高麗 殘孽類聚 北依太伯山下 國號渤海 (…) 又新羅古記云 高麗舊將祚榮 姓 大氏 聚殘兵 立國於太伯山南 國號渤 海 按上諸文 渤海乃靺鞨之別種 但開 合不同而已 按指掌圖 渤海在長城東 北角外〕	義湘; 54세	孝昭王; 2세	元曉住磻高寺時 常往謁智 令著初章觀文及安 身事心論 曉撰訖 使隱士文善奉書馳達 其篇尾 述偈云 西谷沙彌稽首禮 東岳上德高巖前〔磻高 在靈鷲之西北故 西谷沙彌乃自謂也〕吹以細塵 補鷲岳 飛以微滴投龍淵〔云云〕山之東有太和 江 乃爲中國太和池龍 植福所創 故云龍淵 通與 曉皆大聖也 二聖而樞衣師之 道邁可知 師甞乘雲往中國之淸涼山 隨衆聽講 俄頃卽還 彼中僧謂是鄰居者 然罔知攸止 一日令於衆曰 除常住外 別院來僧 各持所居名花異植 來獻道 場 智明日折山中異木一枝歸呈之 彼僧見之 乃 曰 此木梵號怛提伽 此云赫 唯西竺海東二靈鷲 山有之 彼二山皆第十法雲地菩薩所居 斯必聖 者也 遂察其行色 乃知住海東靈鷲也 因此改觀 名著中外 鄕人乃號其庵曰赫木 今赫木寺之北 崗有古基 乃其遺趾 靈鷲寺記云 朗智甞云 此庵 址乃迦葉佛時寺基也 堀地得燈缸二 (…) 按華 嚴經 第十名法雲地 今師之馭雲 蓋佛陁屈三指 元曉分百身之類也歟[200]

---

200 정확한 시기는 알 수 없지만, 대체로 678년 이후의 일로 보여진다.

西紀 A.D.	干支	1. 王曆第一		22. 第四脫解王	33. 善德王知幾三事	38. 文武王法敏	63. 阿道基羅	104. 元曉不羈
		中國	新羅					
679	己卯	唐 高宗 調露 1	第三十文武王 재위 19년		後十餘年文武大王創四天王 寺於王墳之下 佛經云 四天王 天之上有忉利天 乃知大王之 靈聖也	後[201]改刱寺 名四天王寺 至 今不墜壇席〔國史云 改刱 在調露元年己卯〕	(按我道本碑云…) 六日神遊 林〔今天王寺 文武王己卯 開〕	元曉; 63세
680	庚辰	高宗 永隆 1	재위 20년	〔一云 崩後二十七世 文武王代 調露二年庚 辰三月十五日辛酉 夜 見夢於太宗 有老人貌 甚威猛 曰我是脫解也 拔我骨於疏川丘 塑像 安於土含山 王從其言 故至今國祀不絶 卽東 岳神也云〕		王平時常謂智義法師曰[202] 朕身後願爲護國大龍 崇奉 佛法 守護邦家 法師曰 龍爲 畜報何 王曰 我厭世間榮華 久矣 若麤報爲畜 則雅合朕 懷矣		元曉; 64세

---

201 〔國史云 改刱在調露元年己卯〕를 근거로 이곳에 관련 자료를 제시하였다.

202 681년 이전 어느 시기에 늘 하던 이야기로 볼 수 있다.

西紀 A.D.	干支	1. 王曆第一		36. 太宗春秋公	38. 文武王法敏	39. 萬波息笛	60. 駕洛國記	118. 憬興遇聖	136. 大城孝二世父母 神文代
		中國	新羅						
681	辛巳	唐 高宗 開耀 1	第三十一神文王 金氏 名政明 字日炤 父文武王 母慈訥王后 妃神穆王后 金運公之女 辛巳立 理十一年	神文王時 唐高宗遣使新羅曰 朕之聖考 得賢臣魏徵 李淳風等 恊心同德 一統天下 故爲太宗皇帝 汝新羅海外小國 有太宗之號 以僭天子之名 義在不忠 速改其號 新羅王上表曰 新羅雖小國 得聖臣金庾信 一統三國 故封爲太宗 帝見表乃思儲貳時 有天唱空云 三十三天之一人降於新羅爲庾信 紀在於書 出檢視之 驚懼不已 更遣使許無改太宗之號	又欲築京師城郭 旣令具吏 時義相法師聞之 致書報云 王之政敎明 則雖草丘畫地而爲城 民不敢踰 可以潔災進福 政敎苟不明 則雖有長城 災害未消 王於是正罷其役 大王御國二十一年 以永隆二年辛巳崩 遺詔葬於東海中大巖上	第三十一神文大王 諱政明 金氏 開耀元年辛巳(681) 七月七日卽位 爲聖考文武大王 創感恩寺 於東海邊〔寺中記云 文武王欲鎭倭兵 故始創此寺 未畢而崩 爲海龍 其子神文立 開耀二年(682)畢 排金堂砌下 東向開一穴 乃龍之入寺 旋繞之備 蓋遺詔之藏骨處 名大王岩 寺名感恩寺 後見龍現形處 名利見臺〕	國亡之後 代代稱號不一 新羅第三十一政明王卽位 開耀元年辛巳 號爲金官京 置太守	경흥; 70세 開耀元年 文武王將昇遐 顧命於神文曰 憬興法師可爲國師 不忘朕命 神文卽位 曲爲國老[203] 住三郎寺 忽寢疾彌月 有一尼來謁候之 以華嚴經中善友原病之說 爲言曰 今師之疾 憂勞所致 喜笑可治 乃作十一樣面貌 各作俳諧之舞 巉巖成削 變態不可勝言 皆可脫頤 師之病不覺洒然 尼遂出門 (…) 興之德馨遺味 備載釋玄本所撰三郎寺碑	牟梁里〔一作浮雲村〕之貧女慶祖有兒 頭大頂平如城 因名大城 家窘不能生育 因役傭於貨殖福安家 其家俵田數畝 以備衣食之資 時有開士漸開 欲設六輪會於興輪寺 勸化至福安家 安施布五十疋 開呪願曰 檀越好布施 天神常護持 施一得萬倍 安樂壽命長 大城聞之 跳踉而入 謂其母曰 予聽門僧誦倡 云施一得萬倍 念我定無宿善 今玆困匱矣 今又不施 來世益艱 施我傭田於法會 以圖後報何如 母曰善 乃施田於開 未幾城物故 是日夜 國宰金文亮家 有天唱云 牟梁里大城兒 今托汝家 家人震驚 使檢牟梁里 城果亡 其日與唱同時 有娠生兒 左手握不發 七日乃開 有金簡子彫大城二字 又以名之 迎其母於第中兼養之 (…) 自後禁原野 爲熊創長壽寺於其捕地 因而情有所感 悲願增篤 乃爲現生二親 創佛國寺 爲前世爺孃 創石佛寺 請神琳表訓二聖師各住焉 茂張像設 且酬鞠養之勞 以一身孝二世父母 古亦罕聞 善施之驗可不信乎 (…) 古鄕傳所載如上

---

203 신문왕이 즉위하자마자 경흥을 국로로 임명한 이유는, 당시 경흥의 나이가 70세였기 때문이었을 것으로 보인다.

西紀 A.D.	干支	1. 王曆第一		39. 萬波息笛	88. 臺山五萬眞身	95. 靈鷲寺
		中國	新羅			
682	壬午	唐 高宗 永淳 1	第三十一神文王 재위 2년	明年壬午五月朔〔一本云天授元年(690) 誤矣〕海官波珍飡朴夙淸 奏曰 東海中有小山 浮來向感恩寺 隨波往來 王異之 命日官金春質 〔一作春日〕占之曰 聖考今爲海龍 鎭護三韓 抑又金公庾信乃三十 三天之一子 今降爲大臣 二聖同德 欲出守城之寶 若陛下行幸海邊 必得無價大寶 王喜 以其月七日 駕幸利見臺 望其山 遣使審之 山勢 如龜頭 上有一竿竹 晝爲二 夜合一〔一云 山亦晝夜開合如竹〕使來 奏之 王御感恩寺宿 明日午時 竹合爲一 天地振動 風雨晦暗七日 至其月十六日風霽波 平 王泛海入其山 有龍奉黑玉帶來獻 迎接共坐 問曰 此山與竹 或判 或合如何 龍曰 比如一手拍之無聲 二手拍則有聲 此竹之爲物 合之 然後有聲 聖王以聲理天下之瑞也 王取此竹 作笛吹之 天下和平 今 王考爲海中大龍 庾信復爲天神 二聖同心 出此無價大寶 令我獻之 王驚喜 以五色錦彩金玉酬賽之 勅使斫竹出海時 山與龍忽隱不現 王宿感恩寺 十七日 到祇林寺西溪邊 留駕晝膳 太子理恭〔卽孝昭大 王〕守闕 聞此事 走馬來賀 徐察奏曰 此玉帶諸窠皆眞龍也 王曰 汝 何知之 太子曰 摘一窠沈水示之 乃摘左邊第二窠沈溪 卽成龍上天 其地成淵 因號龍淵 駕還 以其竹作笛 藏於月城天尊庫 吹此笛 則兵退病愈 旱雨雨晴 風定波平 號萬波息笛 稱爲國寶	孝昭王；6세 聖德王；2세	
683	癸未	武后 洪道 1	재위 3년		孝昭王；7세 聖德王；3세	寺中古記云 新羅眞骨第二十一主神文王代 永淳二年癸 未〔本文云元年誤〕宰相忠元公 萇山國〔卽東萊縣 亦名 萊山國〕溫井沐浴 還城次 到屈井驛桐旨野駐歇 忽見一 人放鷹而逐雉 雉飛過金岳 杳無蹤跡 聞鈴尋之 到屈井縣 官北井邊 鷹坐樹上 雉在井中 水渾血色 雉開兩翅 抱二雛 焉 鷹亦如相 惻隱而不敢攫也 公見之惻然有感 卜問此地 云可立寺 歸京啓於王 移其縣於他所 創寺於其地 名靈鷲 寺焉

西紀 A.D.	干支	1. 王曆第一		104. 元曉不羈	106. 蛇福不言	113. 惠通降龍	121. 善律還生
		中國	新羅				
684	甲申	武后 文明 1	第三十一神文王 재위 4년	元曉; 68세			
685	乙酉	垂拱 1	재위 5년	元曉; 69세	京師萬善北里 有寡女 不夫而孕 旣産 年至十二歲 不語亦不起 因號蛇童〔下 或作蛇卜 又巴 又伏等 皆言童也〕 一日其母死 時元曉 住高仙寺204 曉見 之迎禮 福不答拜而曰 君我昔日駄經 牸牛 今已亡矣 偕葬何如 曉曰 諾 遂與 到家 令曉布薩授戒 臨尸祝曰 莫生兮 其死也苦 莫死兮其生也苦 福曰 詞煩 更之曰 死生苦兮 二公舁歸活里山 麓 曉曰 葬智惠虎於智惠林中 不亦宜 乎 福乃作偈曰 往昔釋迦牟尼佛 娑羅 樹間入涅槃 于今亦有如彼者 欲入蓮 花藏界寬 言訖拔茅莖 下有世界 晃朗 淸虛 七寶欄楯 樓閣莊嚴 殆非人間世 福負尸共入 其地奄然而合 曉乃還	初神文王發疽背 請候於通 通至 呪之立活 乃曰 陛下 曩昔爲宰官身 誤決藏人信 忠爲隷 信忠有怨 生生作報 今玆惡疽 亦信忠所祟 宜爲 忠創伽藍 奉冥祐以解之 王 深然之 創寺號信忠奉聖寺 (685) 寺成 空中唱云 因王 創寺 脫苦生天 怨已解矣 〔或本載此事於眞表傳中 誤〕因其唱地 置折怨堂 堂 與寺今存	望德寺僧善律 施錢欲成六百般若 功未周 忽被陰府 所追 至冥司問曰 汝在人間作何業 律曰 貧道暮年 欲成大品經 功未就而來 司曰 汝之壽祿雖盡 勝願 未終 宜復人間 畢成寶典 乃放還 途中有一女子 哭 泣拜前曰 我亦南閻州新羅人 坐父母陰取金剛寺水 田一畝 被冥府追檢 久受重苦 今師若還古里 告我 父母 速還厥田 妾之在世 胡麻油埋於床下 幷藏緻 密布於寢褥間 願師取吾油點佛燈 貨其布爲經幅 則 黃川亦恩 庶幾脫我苦惱矣 律曰 汝家何在 曰沙梁 部久遠寺西南里也 律聞之 方行乃蘇 時律死已十日 葬於南山東麓 在塚中呼三日 牧童聞之 來告於本寺 寺僧歸發塚出之 具說前事 又訪女家 女死隔十五年 油布宛然 律依其諭作冥福 女來魂報云 賴師之恩 妾已離苦得脫矣 時人聞之 莫不驚感 助成寶典 其 經秩今 在東都僧司藏中 每年春秋 披轉禳災焉
686	丙戌	垂拱 2	재위 6년	旣入寂 聰碎遺骸塑眞容 安芬 皇寺 以表敬慕終天之志 聰時 旁禮 像忽廻顧 至今猶顧矣 曉 嘗所居穴寺旁有聰家之墟云	後人爲創寺於金剛山東南 額曰道場 寺205 每年三月十四日 行占察會爲恒 規 福之應世 唯示此爾 俚諺多以荒唐 之說托焉 可笑		

---

204 원효는 말년에 고선사(高仙寺)에 머물렀다. 그렇다면 사복과 원효에 얽힌 위의 이야기는 원효가 입적하기 몇 년 전에 있었던 일화로 볼 수 있다. 이에 685년에 관련 자료를 제시하였다.

205 도량사(道場寺)는 사복과 원효가 입적한 이후 상당한 세월이 지난 후에 창건되었을 것으로 보이지만, 언제쯤 창건되었는지는 알 수 없다. 이에 관련 자료를 686년에 일단 제시하였다.

西紀 A.D.	干支	1. 王曆第一		40. 孝昭王代竹旨郎	82. 前後所將舍利	84. 南白月二聖努肹夫得怛怛朴朴	88. 臺山五萬眞身	91. 南月山
		中國	新羅					
687	丁亥	武后 垂拱 3	第三十一神文王 재위 7년	圓測; 75세	義湘; 63세		孝昭王; 11세 聖德王; 7세	金志誠; 35세
688	戊子	垂拱 4	재위 8년	圓測; 76세	義湘; 64세	부득과 박박; 1세	孝昭王; 12세 聖德王; 8세	金志誠; 36세
689	己丑	永昌 1	재위 9년	圓測; 77세	義湘; 65세	부득과 박박; 2세	孝昭王; 13세 聖德王; 9세	金志誠; 37세
690	庚寅	周 天授 1	재위 10년	圓測; 78세	義湘; 66세	부득과 박박; 3세 어떤 낭자; 태어남	孝昭王; 14세 聖德王; 10세	金志誠; 38세
691	辛卯	天授 2	재위 11년	圓測; 79세 初述宗公爲朔州都督使 將歸理所 時三韓兵亂 以騎兵三千護送之 行至竹旨嶺 有一居士平理 其嶺路 公見之歎美 居士亦善公之威勢赫甚 相 感於心 公赴州理 隔一朔 夢見居士入于房中 室 家同夢 驚怪尤甚 翌日使人 問其居士安否 人曰 居士死有日矣 使來還告 其死與夢同日矣 公曰 殆居士誕於吾家爾 更發卒修葬於嶺上北峰 造 石彌勒一軀 安於塚前 妻氏自夢之日有娠 旣誕 因名竹旨[206] 壯而出仕 與庚信公爲副帥 統三韓 眞德 太宗 文武 神文 四代爲冢宰 安定厥邦[207]	義湘; 67세	부득과 박박; 4세 어떤 낭자; 2세 가량	孝昭王; 15세 聖德王; 11세	金志誠; 39세

---

[206] 김유신은 595년에 태어났다. 죽지랑이 김유신보다 나이가 어리다고 볼 수 있다면, 595년 이후의 어느 시기에 죽지랑이 태어났다고 볼 수 있다.

[207] 정확한 시기는 알 수 없다. 하지만 효소왕이 아직 즉위하지 않은 시기인 691년 이전에 일어난 것은 확실하다.

西紀 A.D.	干支	1. 王曆第一		40. 孝昭王代竹旨郎	80. 栢栗寺	88. 臺山五萬眞身	105. 義湘傳教	109. 勝詮觸髏	113. 惠通降龍	119. 眞身受供
		中國	新羅							
692	壬辰	周 長壽 1	第三十二 孝昭王 名 悝 恭〔一 作洪〕金 氏 父神文 王 母神穆 王后 壬辰 立 理十年 陵在望德 寺東	第三十二孝昭王代 竹曼郎 之徒 有得烏〔一云谷〕級干 隷名於風流黃卷 追日仕進 隔旬日不見 郎喚其母 問爾 子何在 母曰 幢典车梁益宣 阿干 以我子差富山城倉直 馳去行急 未暇告辭於郎 郎 曰 汝子若私事適彼 則不須 尋訪 今以公事進去 須歸享 矣 乃以舌餅一合 酒一缸 率 左人〔鄉云皆叱知 言奴僕 也〕而行 郎徒百三十七人 亦具儀侍從 到富山城 問閽 人 得烏失奚在 人曰 今在益 宣田 隨例赴役 郎歸田 以所 將酒餅饗之 請暇於益宣 將 欲偕還 益宣固禁不許 時有 使吏侃珍 管收推火郡 能節 租三十石 輸送城中 美郎之 重士風味 鄙宣暗塞不通 乃 以所領三十石 贈益宣助請 猶不許 又以珍節舍知 騎馬 鞍具貽之 乃許 圓測; 80세	天授三年壬 辰九月七日 孝昭 王奉大玄薩 湌之子 夫禮 郎爲國仙 珠 履千徒 親安 常尤甚	孝昭王; 16세[208] 聖德王; 12세 〔按孝照一作昭 以 天授三年壬辰卽立 時年十六〕	終南門人賢首撰搜玄疏 送副本於湘處 并奉書懃懇曰 西京崇福寺僧法藏 致書 於海東新羅華嚴法師侍者 一從分別二 十餘年 傾望之誠 豈離心首 加以烟雲萬 里 海陸千重 恨此一身 不復再面 抱懷戀 戀 夫何可言 故由夙世同因 今生同業 得 於此報 俱沐大經 特蒙先師 授茲奧典 仰 承上人 歸鄉之後 開演華嚴 宣揚法界 無 盡緣起 重重帝網 新新佛國 利益弘廣 喜 躍增深 是知如來滅後 光輝佛日 再轉法 輪 令法久住者 其唯法師矣 藏進趣無成 周旋寡況 仰念茲典 愧荷先師 隨分受持 不能捨離 希憑此業 用結來因 但以和尚 章疏 義豐文簡 致令後人 多難趣入 是以 錄和尚 微言妙旨 勒成義記 近因勝詮法 師 抄寫還鄉 傳之彼土 請上人詳檢臧否 幸示箴誨 伏願當當來世 捨身受身 相與 同於盧舍那 聽受如此 無盡妙法 修行如 此 無量普賢願行 儻餘惡業 一朝顚墜 伏 希上人 不遺宿昔 在諸趣中 示以正道 人 信之次 時訪存沒 不具〔文載大文類〕 湘乃令十刹傳敎 太伯山浮石寺 原州毘 摩羅 伽耶之海印 毘瑟之玉泉 金井之梵 魚 南嶽華嚴寺等是也	釋勝詮 未詳其所自也 常 附舶指中國 詣賢首國師 講下 領受玄言 硏微積慮 惠鑒超穎 探頤索隱 妙盡 隅奧 思欲赴感有緣 當還 國里 始賢首與義湘同學 俱稟 儼和尙慈訓 首就於師說 演述義科 因詮法師還鄉 寄示 湘仍寓書〔云云〕別 幅云 探玄記二十卷 兩卷 未成 敎分記三卷 玄義章 等雜義一卷 華嚴梵語一 卷 起信疏兩卷 十二門疏 一卷 法界無差別論疏一 卷 幷因勝詮法師抄寫還 鄉 頌新羅僧孝忠遺金九 分云 是上人所寄 雖不得 書 頂荷無盡 今附西國軍 持澡灌一口 用表微誠 幸 願撿領 謹宣 師旣還 寄信 于義湘湘乃目閱藏文 如 耳聆儼訓 探討數旬 而授 門弟子 廣演斯文 語在湘 傳 按此圓融之敎誨 遍洽 于靑丘者 詮師之功也	及神文王崩 孝昭卽 位 修山陵 除鵝路 鄭 氏之柳當道 有司欲 伐之 恭恚曰 寧斬我 頭 莫伐此樹 有司奏 聞 王大怒 命司寇曰 鄭恭恃王和尙神術 將謀不遜 侮逆王命 言斬我頭 宜從所好 乃誅之 坑其家 朝議 王和尙與恭甚 厚 應有忌嫌 宜先圖 之 乃徵甲尋捕 通在 王望寺 見甲徒至 登 屋 携砂瓶 硏朱筆而 呼曰 見我所爲 乃於 瓶項 抹一畫曰 爾輩 宜各見項 視之皆朱 畫 相視愕然 又呼曰 若斷瓶項 應斷爾項 如何 其徒奔走 以朱 項赴王 王曰 和尙神 通 豈人力所能圖 乃 捨之	長壽元年壬辰 孝 昭卽位 始創望德 寺 將以奉福唐室

西紀 A.D.	干支	1. 王曆第一		10. 靺鞨渤海	39. 萬波息笛	40. 孝昭王代竹旨郎	80. 栢栗寺	109. 勝詮觸髏
		中國	新羅					
693	癸巳	周 長壽 2	第三十二 孝昭王 재위 2년		至孝昭大王代 天授四年癸巳 因失禮郎生還之異 更封號曰 萬萬波波息笛 詳見彼傳 圓測; 81세	朝廷花主聞之 遣使取益宣 將洗浴其垢醜 宣逃隱 掠其長子而去 時仲冬極寒之日 浴洗於城內池中 仍合凍死 大王聞之 勅牟梁里人從官者 并合黜遣 更不接公署 不著黑衣 若爲僧者 不合入鍾鼓寺中 勅史上侃珍子孫 爲枰定戶孫 標異之 時圓測法師 是海東高德 以牟梁里人故 不授僧職	或云救夫禮郎還來時之所視跡也 天授四年〔卽長壽二年〕 癸巳暮春之月 領徒遊金蘭 到北溟之境 被狄賊所掠而去 門客皆失措而還 獨安常追跡之 是三月十一日也 大王聞之 驚駭不勝日 先君得神笛 傳于朕躬 今與玄琴 藏在內庫 因何國仙 忽爲賊俘 爲之奈何〔琴笛事具載別傳〕 時有瑞雲 覆天尊庫 王又震懼使檢之 庫內失琴笛二寶 乃日 朕何不弔 昨失國仙 又亡琴笛 乃囚司庫吏金貞高等五人 四月 募於國日 得琴笛者 賞之一歲租 五月十五日 郎二親就栢栗寺大悲像前 禋祈累夕 忽香卓上得琴笛二寶 而郎常二人來到於像後 二親顚喜 問其所由來 郎日 予自被掠 爲彼國大都仇羅家之牧子 放牧於大烏羅尼野〔一本作都仇家奴 牧於大磨之野〕 忽有一僧 容儀端正 手携琴笛來慰日 憶桑梓乎 予不覺跪丁前日 眷戀君親 何論其極 僧日 然則宜從我來 遂率至海壖 又與安常會 乃批笛爲兩分 與二人 各乘一隻 自乘其琴 泛泛歸來 俄然至此矣 於是具事馳聞 王大驚使迎郎 隨琴笛入內 施鑄金銀五器二副各重五十兩 摩衲袈裟五領 大綃三千疋 田一萬頃納於寺 用答慈麻焉 大赦國內 賜人爵三級 復民租三年 主寺僧移住奉聖 封郎爲大角干〔羅之冢宰爵名〕 父大玄阿湌 爲太大角干 母龍寶夫人爲沙梁部鏡井宮主 安常師爲大統 司庫五人皆免 賜爵各五級 六月十二日 有彗星孛于東方 十七日 又孛于西方 日官奏日 不封爵於琴笛之瑞 於是冊號神笛 爲萬萬波波息 彗乃滅 後多靈異 文煩不載 世謂安常爲俊永郎徒 不之審也 永郎之徒 唯眞才 繁完等知名 皆亦不測人也〔詳見別傳〕	詮乃於尙州領內開寧郡境 開創精廬 以石髑髏爲官屬 開講華嚴 新羅沙門 可歸 頗聰明識道理 有傳燈之續 乃撰心源章 其略云 勝詮法師 領石徒衆 論議講演 今葛頂寺也 其髑髏八十餘枚 至今爲綱司所傳 頗有靈異 其他事迹 具載碑文 如大覺國師實錄中
694	甲午	延載 1	재위 3년			初得烏谷慕郎而作歌日 (…)[209]		
695	乙未	天冊 1	재위 4년			圓測; 83세		
696	丙申	通天 1	재위 5년	通典云 渤海本栗末靺鞨 至其酋祚榮立國 自號震旦		圓測; 84세로 입적		

---

[209] 득오가 죽지랑을 추모하는 향가를 언제 지었는지는 확실하지 않다. 대체로 694년 이후의 일로 보인다.

西紀 A.D.	干支	1. 王曆第一		73. 皇龍寺九層塔	84. 南白月二聖努肹夫得怛怛朴朴	113. 惠通降龍	119. 眞身受供
		中國	新羅				
697	丁酉	周 神功 1	第三十二孝昭王 재위 6년		부득과 박박; 10세 어떤 낭자; 7세 가량	王女[210]忽有疾 詔通治之 疾愈 王大悅 通因言 恭被毒龍之污 濫膺國刑 王聞之心悔 乃免恭妻拏 拜通爲國師 龍旣報冤於恭 往機張山爲熊神 慘毒滋甚 民多梗之 通到山中 諭龍授不殺戒 神害乃息	六年丁酉 設落成會 王親駕辦供 有一比丘 儀彩疏陋 局束立於庭 請曰 貧道亦望齋 王許赴床抄 將罷 王戲調之曰 住錫何所 僧曰琵琶嵓 王曰 此去莫向人言 赴國王親供之齋 僧笑答曰 陛下亦莫與人言 供養眞身釋迦 言訖 湧身凌空 向南而行 王驚愧 馳上東岡 向方遙禮 使往尋之 到南山參星谷 或云 大磧川源石上 置錫鉢而隱 使來復命 遂創釋迦寺於琵琶嵓下 創佛無寺於滅影處 分置錫鉢焉 二寺至今存 錫鉢亡矣
698	戊戌	聖曆 1	재위 7년	(又按國史及寺中古記…) 三十二孝昭王卽位七年 聖曆元年戊戌六月 霹靂 〔寺中古記云 聖德王代 誤也 聖德王代無戊戌〕	부득과 박박; 11세 어떤 낭자; 8세 가량	今和尙傳無畏之髓 遍歷塵寰 救人化物 兼以宿命之明 創寺雪怨 密敎之風 於是乎大振	

---

210 여기의 왕녀는 효소왕의 공주를 가리키는 것으로 보인다.

西紀 A.D.	干支	1. 王曆第一		10. 靺鞨渤海	42. 水路夫人	82. 前後所將舍利	88. 臺山五萬眞身	91. 南月山	128. 信忠掛冠	130. 永才遇賊
		中國	新羅							
699	己亥	周 聖曆 2	第三十二孝昭王 재위 8년	高王 天統 1년[211]		義湘; 75세	孝昭王; 23세 聖德王; 19세	金志誠; 47세	李俊; 1세	永才; 1세
700	庚子	久視 1	재위 9년	天統 2년		義湘; 76세	孝昭王; 24세 聖德王; 20세	金志誠; 48세	李俊; 2세	永才; 2세
701	辛丑	長安 1	재위 10년	天統 3년		義湘; 77세	孝昭王; 25세 聖德王; 21세	金志誠; 49세	李俊; 3세	永才; 3세
702	壬寅	長安 2	第三十三聖德王 名興光 本名隆基 孝昭之母弟也 先妃 陪昭王后 謚嚴貞 元大阿干之女也 後妃 占勿王后 謚炤德 順元角干之女 壬寅立 理三十五年 陵在東村南 一云楊長谷	天統 4년	聖德王代[212] 純貞公赴江陵太守〔今溟州〕行次海汀 畫膳 傍有石嶂 如屛臨海 高千丈 上有躑躅花盛開 公之夫人 水路見之 謂左右曰 折花獻者其誰 從者曰 非人跡所到 皆辭不能 傍有老翁 牽牸牛而過者 聞夫人言折其花 亦作歌詞獻之 其翁不知何許人也 便行二日程 又有臨海亭 晝膳次 海龍忽攬夫人入海 公顚倒躄地 計無所出 又有一老人告曰 故人有言 衆口鑠金 今海中傍生 何不畏衆口乎 宜進界內民 作歌 唱之 以杖打岸 則可見夫人矣 公從之 龍奉夫人出海 獻之 公問夫人海中事 曰七寶宮殿 所饍甘滑香潔 非人間煙火 此夫人衣襲異香 非世所聞 水路姿容絶代 每經過深山大澤 屢被神物掠攬 衆人唱海歌 詞曰 (…) 老人獻花歌曰 (…)	(然據浮石本碑…) 長安二年壬寅示滅 年七十八[213]	聖德王; 22세[214] 孝昭王; 26세 〔長安二年壬寅崩 壽二十六 聖德以是年 卽位 年二十二 (…)[215]〕	金志誠; 50세	李俊; 4세	永才; 4세
703	癸卯	長安 3	재위 2년	天統 5년			聖德王; 23세	金志誠; 51세	李俊; 5세	永才; 5세

---

211 발해가 건국되는 699년부터 멸망하는 926년까지의 연표는 아래 자료를 참고하여 넣었다.
　　이현종, 『동양연표』, 탐구당, 1971, pp.50∼62.
　　한국역사연구회 편, 『역사문화수첩』, 역민사, 2000, pp.253∼263.

212 위의 사건이 정확하게 언제 일어났는지는 알 수 없지만, 702년 이후인 것만은 분명하다.

213 일연은 의상과 지엄공이 도선율사를 만난 시기를, "則疑與儼公齋 於宣律師處 請天宮佛牙 在辛酉(661)至戊辰(668)七八年間也"라고 보았다.

214 아래 세주의 기록을 근거로, 이 당시 성덕왕의 나이를 22세로 보았다.

215 (…)는 "若曰太和元年戊申 則先於孝照卽位甲辰已過四十五歲 乃太宗文武王之世也 以此知此文爲誤 故不取之"이다. 이를 통해 일연은 648년설이 잘못되었음을 지적하고 있다.

西紀 A.D.	干支	1. 王曆第一		10. 靺鞨渤海	20. 第二南解王	41. 聖德王	84. 南白月二聖努肹夫得怛怛朴朴	88. 臺山五萬眞身	89. 溟州五臺山 寶叱徒太子傳記
		中國	新羅						
704	甲辰	周 長安 4	第三十三 聖德王 재위 3년	高王 天統 6년	(按三國史云…) 金大問云 次次雄 方言謂巫也 世人以巫事鬼神尙祭祀 故畏敬之 遂稱尊長者爲慈充 或云尼師今 言謂齒理也 (按三國史云…) 金大問云 麻立者 方言謂橛也 橛標准位而置 則王橛爲主 臣橛列於下 因以名之216		부득과 박박; 17세 어떤 낭자; 14세 가량	聖德王; 24세	
705	乙巳	唐 中宗 神龍 1	재위 4년	天統 7년			白月山兩聖成道記云 白月山在新羅仇史郡之北[古之屈自郡 今義安郡] 峰巒奇秀 延袤數百里 眞巨鎭也 古老相傳云 昔唐皇帝 嘗鑿一池 每月望前 月色溰朗 中有一山 嵓石如師子 隱映花間之影 現於池中 上命畵工圖其狀 遣使搜訪天下 至海東 見此山有大師子嵓 山之西南二步許 有三山 其名花山[其山一體三首 故云三山] 與圖相近 然未知眞僞 以隻履懸於師子嵓之頂 使還奏聞 履影亦現池 帝乃異之 賜名曰白月山[望前白影現 故以名之] 然後池中無影217 부득과 박박; 18세 어떤 낭자; 15세 가량	[按國史 新羅無淨神寶川孝明三父子明文 然此記下文云 神龍元年開土立寺 則神龍乃聖德王卽位四年乙巳也 王名興光 本名隆基 神文之第二子也 聖德之兄孝照 名理恭 一作洪 亦神文之子 神政明字日照 則淨神恐政明神文之訛也 孝明乃孝照 一作昭之訛也 記云孝明卽位 而神龍年 開土立寺云者 亦不細詳言之爾 神龍年立寺者 乃聖德王也]218	淨神太子弟副君 在新羅 爭位誅滅 國人遣將軍四人 到五臺山 孝明太子前 呼萬歲 卽是有五色雲 自五臺至新羅 七日七夜浮光 國人尋光到五臺 欲陪兩太子還國 寶叱徒太子涕泣不歸 陪孝明太子 歸國卽位 在位二十餘年 神龍元年三月八日 始開眞如院[云云] 寶叱徒太子常服于洞靈水 肉身登空 到流沙江 入蔚珍大國 掌天窟修道 還至五臺神聖窟 五十年修道[云云] 五臺山是白頭山大根脈 各臺眞身常住[云云]
706	丙午	中宗 神龍 2	재위 5년	天統 8년		第三十三聖德王 神龍二年丙午 歲禾不登 人民飢甚	부득과 박박; 19세 어떤 낭자; 16세 가량	聖德王; 26세	

216 聖德王 3년(704)에 金大問은 한산주 도독으로 있었다는 『삼국사기』의 기록을 근거로, 김대문과 관련된 자료는 이곳에 소개하였다.

217 정확한 시기를 확정할 수는 없지만, 705년 이전의 일인 것만은 분명해 보인다.

218 "藏師之返新羅 淨神大王太子寶川孝明二昆弟"에 대한 세주에 실려 있는 내용이다.

西紀 A.D.	干支	1. 王曆第一		10. 靺鞨渤海	41. 聖德王	84. 南白月二聖努肹夫得怛怛朴朴	91. 南月山	128. 信忠掛冠	130. 永才遇賊
		中國	新羅						
707	丁未	唐 中宗 景龍 1	第三十三 聖德王 재위 6년	高王 天統 9년	丁未正月初一日至七月三十日 救民給租一口一日三升爲式終事而計 三十萬五百碩也	山之東南三千步許 有仙川村 村有二人 其一曰努肹夫得〔一作等〕父名月藏 母味勝 其一曰怛怛朴朴 父名修梵 母名梵摩〔鄕傳云雉山村 誤矣 二士之名方言 二家各以二士心行騰騰苦節二義名之爾〕皆風骨不凡 有域外遐想 而相與友善 年皆弱冠 往依村之東北嶺外法積房 剃髮爲僧 未幾 聞西南雉山村法宗谷僧道村有古寺 可以栖眞 同往大佛田小佛田二洞 各居焉 夫得寓懷眞庵 一云壞寺〔今懷眞洞有古寺基 是也〕朴朴居琉璃光寺〔今梨山上有寺基 是也〕皆挈妻子而居 經營産業 交相來往 棲神安養 方外之志 未常暫廢 觀身世無常 因相謂曰 腴田美歲良利也 不如衣食之應念而至 自然得飽煖也 婦女屋宅情好也 不如蓮池花藏千聖共遊 鸚鵡孔雀 以相娛也 況學佛當成佛 修眞必得眞 今我等旣落彩爲僧 當脫略纏結 成無上道 豈宜汨沒風塵 與俗輩無異也 遂唾謝人間世 將隱於深谷 夜夢白毫光 自西而至 光中垂金色臂摩二人頂 及覺說夢 與之符同 皆感歎久之 遂入白月山無等谷〔今南藪洞也〕朴朴師占北嶺師子嵓 作板屋八尺房而居 故云板房 夫得師占東嶺磊石下有水處 亦成方丈而居焉 故云磊房〔鄕傳云 夫得處山北琉璃洞 今板房 朴朴居山南法精洞磊房 與此相反 以今驗之 鄕傳誤矣〕各庵而居 夫得勤求彌勒 朴朴禮念彌陀 부득과 박박; 20세 어떤 낭자; 17세 가량	金志誠; 55세	李俊; 9세	永才; 9세
708	戊申	中宗 景龍 2	재위 7년	天統 10년	王爲太宗大王刱奉德寺 說仁王道場七日大赦 始有侍中職[219]〔一本糸孝成王〕	부득과 박박; 21세 어떤 낭자; 18세 가량	金志誠; 56세	李俊; 10세	永才; 10세

---

[219] 정확한 연대는 알 수 없지만 708년 이후인 것만은 확실하다.

西紀 A.D.	干支	1. 王曆第一		10. 靺鞨渤海	84. 南白月二聖努肹夫得怛怛朴朴	91. 南月山	128. 信忠掛冠	130. 永才遇賊
		中國	新羅					
709	己酉	唐 中宗 景龍 3	第三十三 聖德王 재위 8년	高王 天統 11	未盈三載 景龍三年己酉四月八日 聖德王卽位八年也 日將夕 有一娘子年幾二十 姿儀殊 妙 氣襲蘭麝 俄然到北庵〔鄕傳云南庵〕請寄宿焉 因投詞曰 行逢日落千山暮 路隔城遙 絶四鄰 今日欲投庵下宿 慈悲和尙莫生嗔 朴朴曰 蘭若護淨爲務 非爾所取近 行矣 無滯 此處 閉門而入〔記云 我百念灰冷 無以血囊見試〕娘歸南庵〔傳曰北庵〕又請如前 夫得 曰 汝從何處 犯夜而來 娘答曰 湛然與大虛同體 何有往來 但聞賢士志願深重 德行高堅 將欲助成菩提 因投一偈曰 日暮千山路 行行絶四鄰 竹松陰轉邃 溪洞響猶新 乞宿非迷路 尊師欲指津 願惟從我請 且莫問何人 師聞之驚駭謂曰 此地非婦女相汚 然隨順衆生 亦菩 薩行之一也 況窮谷夜暗 其可忽視歟 乃迎揖庵中而置之 至夜淸心礪操 微燈半壁 謂念厭 厭 及夜將艾 娘呼曰 予不幸適有産憂 乞和尙排備苫草 夫得悲矜莫逆 燭火殷勤 娘旣産 又請浴 努肹慙懼交心 然哀憫之情 有加無已 又備盆槽 坐娘於中 薪湯以浴之 旣而槽中 之水 香氣郁烈 變成金液 努肹大駭 娘曰 吾師亦宜浴此 肹勉强從之 忽覺精神爽涼 肌膚 金色 視其傍忽生一蓮臺 娘勸之坐 因謂曰 我是觀音菩薩 來助大師 成大菩提矣 言訖不 現 朴朴謂肹 今夜必染戒 將歸听之 旣至 見肹坐蓮臺 作彌勒尊像放光明 身彩檀金 不覺 扣頭而禮曰 何得至於此乎 肹具敍其由 朴朴嘆曰 我乃障重 幸逢大聖而反不遇 大德至仁 先吾著鞭 願無忘昔日之契 事須同攝 肹曰 槽有餘液 但可浴之 朴朴又浴 亦如前成無量 壽 二尊相對儼然 山下村民聞之 競來瞻仰 嘆曰 希有希有 二聖爲說法要 全身躡雲而逝 부득과 박박; 22세 어떤 낭자; 20세 가량	金志誠; 57세	李俊; 11세	永才; 11세
710	庚戌	睿宗 景雲 1	재위 9년	天統 12		金志誠; 58세	李俊; 12세	永才; 12세
711	辛亥	睿宗 景雲 2	재위 10년	天統 13		金志誠; 59세	李俊; 13세	永才; 13세
712	壬子	玄宗 先天 1	재위 11년	天統 14 (通典云…) 先天中 〔玄宗壬子〕 始去 靺鞨號 專稱渤海		金志誠; 60세	李俊; 14세	永才; 14세
713	癸丑	玄宗 開元 1	재위 12년	天統 15		金志誠; 61세	李俊; 15세	永才; 15세

西紀 A.D.	干支	1. 王曆第一		10. 靺鞨渤海	91. 南月山	107. 眞表傳簡	108. 關東楓岳鉢淵藪石記	128. 信忠掛冠	130. 永才遇賊
		中國	新羅						
714	甲寅	唐 玄宗 開元 2	第三十三聖德王 재위 13년	高王 天統 16년	金志誠; 62세			李俊; 16세	永才; 16세
715	乙卯	玄宗 開元 3	재위 14년	天統 17년	金志誠; 63세			李俊; 17세	永才; 17세
716	丙辰	玄宗 開元 4	재위 15년	天統 18년	金志誠; 64세			李俊; 18세	永才; 18세
717	丁巳	玄宗 開元 5	재위 16년	天統 19년	金志誠; 65세			李俊; 19세	永才; 19세
718	戊午	玄宗 開元 6	재위 17년	天統 20년	金志誠; 66세	釋眞表 完山州〔今全州牧〕萬頃縣人〔或作豆乃山縣 或作都那山縣 今萬頃 古名豆乃山縣也 貫寧傳釋表之鄉里 云金山縣人 以寺名及縣名混之也〕 父曰眞乃末 母吉寶娘 姓井氏 眞表; 1세	眞表律師 全州碧骨郡 都那山村 大井里人也	李俊; 20세	永才; 20세

西紀 A.D.	干支	1. 王曆第一		10. 靺鞨渤海	43. 孝成王	73. 皇龍寺九層塔	91. 南月山〔亦名甘山寺〕
		中國	新羅				
719	己未	唐 玄宗 開元 7	第三十三聖德王 재위 18년	武王 仁安 1년 (通典云…) 開元七年〔己未〕祚榮死 諡爲高王 世子襲位 明皇賜典冊襲王 私改年號 遂爲海東盛國 地有五京十五府 六十二州			寺在京城東南二十許里 金堂主彌勒尊像火光後記云 開元七年己未二月十五日 重阿飡金志誠 爲亡考仁章一吉干 亡妣觀肖里夫人 敬造甘山寺一所石彌勒一軀 兼及愷元伊飡 弟良誠小舍 玄度師 姊古巴里 前妻古老里 後妻阿好里 兼庶兄及漢一吉飡 一幢薩飡 聰敬大舍 妹首盼買里 同營其善 亡妣官肖里夫人 古人成之東海欣支邊散也〔古人成之以下文未詳其意 但存古文而已 下同〕 彌陁佛火光後記云 重阿飡金志全 曾以尙衣奉御 又執事侍郞 年六十七 致仕閑居 奉爲國主大王 伊飡愷元 亡考仁章一吉干 亡妣 亡弟小舍梁誠 沙門玄度 亡妻古路里 亡妹古巴里 又爲妻阿好里等 捨甘山莊田建伽藍 仍造石彌陁一軀 奉爲亡考仁章一吉干
720	庚申	玄宗 開元 8	재위 19년	仁安 2년		(又按國史及寺中古記) 第三十三聖德王代庚申歲 重成	(彌陁佛火光後記云…) 古人成之 東海欣支邊散也〔按帝系金愷元乃太宗春秋之弟六子愷元角干也 乃文姬之所生也 金志全乃仁章一吉干之子 東海欣支 恐法敏葬東海也〕 金志誠; 68세[220]
721	辛酉	玄宗 開元 9	재위 20년	仁安 3년			
722	壬戌	玄宗 開元 10	재위 21년	仁安 4년	開元十年壬戌十月 始築關門於毛火郡 今毛火村 屬慶州東南境 乃防日本塞垣也 周廻六千七百九十二步五尺 役徒三萬九千二百六十二人 掌員元眞角干[221]		
723	癸亥	玄宗 開元 11	재위 22년	仁安 5년			

220 김지성은 신라 진덕여왕 7년(653)에 태어나 성덕왕 19년 4월 22일에 68세의 나이로 사망하였을 것으로 추측된다. 현재 전하고 있는 「아미타불화상후기」에도, "歲在十九(720) 庚申年 四月卄二日 長逝爲△之"라고 되어 있다(김남윤, 「감산사 미륵·아미타상 조상기」『역주 한국고대금석문』제3권, 1992, pp.293~302를 참고).

221 효성왕대의 사실이 아니고, 성덕왕 21년에 있었던 일이다.

西紀 A.D.	干支	1. 王曆第一		10. 靺鞨渤海	107. 眞表傳簡	128. 信忠掛冠	130. 永才遇賊
		中國	新羅				
724	甲子	唐 玄宗 開元 12	第三十三聖德王 재위 23년	武王 仁安 6년	眞表; 7세	李俊; 26세	永才; 26세
725	乙丑	玄宗 開元 13	재위 24년	仁安 7년	眞表; 8세	李俊; 27세	永才; 27세
726	丙寅	玄宗 開元 14	재위 25년	仁安 8년	眞表; 9세	李俊; 28세	永才; 28세
727	丁卯	玄宗 開元 15	재위 26년	仁安 9년	眞表; 10세	李俊; 29세	永才; 29세
728	戊辰	玄宗 開元 16	재위 27년	仁安 10년	眞表; 11세	李俊; 30세	永才; 30세

西紀 A.D.	干支	1. 王曆第一		10. 鞨鞨渤海	43. 孝成王	107. 眞表傳簡	108. 關東楓岳鉢淵藪石記	128. 信忠掛冠
		中國	新羅					
729	己巳	唐 玄宗 開元 17	第三十三聖德王 재위 28년	武王 仁安 11년		年至十二歲 投金山寺崇濟法師 講下 落彩請業 其師嘗謂曰 吾曾 入唐 受業於善導三藏 然後入五 臺 感文殊菩薩 現受五戒 表啓曰 勤修幾何得戒耶 濟曰 精至則不 過一年	年至十二 志求出家 父許之 師往金山 藪 順濟法師處零染 濟授沙彌戒法傳 教供養次第祕法一卷 占察善惡業報 經二卷曰 汝持此戒法 於彌勒地藏兩 聖前 懇求懺悔 親受戒法 流傳於世	李俊; 31세
730	庚午	玄宗 開元 18	재위 29년	仁安 12년		表聞師之言 遍遊名岳 開元貞元二釋教錄中 編入正藏 雖外乎性宗 其相教大乘 殆亦優 矣 豈與搭撲二懺 同日而語哉[222] 眞表; 13세		李俊; 32세
731	辛未	玄宗 開元 19	재위 30년	仁安 13년		眞表; 14세		孝成王潛邸時 與賢士信忠 圍碁於宮庭栢樹 下 嘗謂曰 他日若忘卿 有如栢樹 信忠興拜 隔數月 王卽位賞功臣 忘忠而不第之 忠怨而 作歌 帖於栢樹 樹忽黃悴 王怪使審之 得歌 獻之 大驚曰 萬機鞅掌 幾忘乎角弓 乃召之 賜爵祿 栢樹乃蘇 歌曰 (…) 後句亡 由是寵現 於兩朝
732	壬申	玄宗 開元 20	재위 31년	〔(三國史云…) 開元二 十年間 明皇遣將討之〕		眞表; 15세		李俊; 34세
733	癸酉	玄宗 開元 21	재위 32년	〔(三國史云…) 又聖德 王三十二年 玄宗甲戌 渤 海鞨鞨 越海侵唐之登州 玄宗討之〕[223]	開元二十一年癸酉 唐人 欲征北狄 請兵新羅 客使 六百四人來還國[224]	眞表; 16세		李俊; 35세

---

222 『개원석교록』은 개원 18년(730)에 智昇이 20권으로 편찬하였다. 한편 『정원석교록』은 정원 15년(799)에 圓照가 30권으로 편찬하였다. 이에 730년과 799년에 관련자료를 모두
   제시하였다.

223 성덕왕 32년은 733년이고 현종 갑술은 734년이다. 이런 이유로 여기에서는 733년과 734년에 모두 관련기사를 넣었다.

224 효성왕대의 사실이 아니고, 성덕왕 32년에 있었던 일이다.

西紀 A.D.	干支	1. 王曆第一		10. 靺鞨渤海	44. 景德王忠談師表訓大德	74. 皇龍寺鍾芬皇寺藥師奉德寺鍾	128. 信忠掛冠
		中國	新羅				
734	甲戌	唐 玄宗 開元 22	第三十三聖德王 재위 33년	〔(三國史云…) 又聖德王三十二年 玄宗甲戌 渤海靺鞨 越海侵唐之登州 玄宗討之〕[225]			李俊; 36세
735	乙亥	玄宗 開元 23	재위 34년	武王 仁安 17년			李俊; 37세
736	丙子	玄宗 開元 24	재위 35년	仁安 18년			李俊; 38세
737	丁丑	玄宗 開元 25	第三十四孝成王 金氏 名承慶 父聖德王 母炤德太后 妃惠明王后 眞宗角干之女 丁丑立 理五年 法流寺火葬 骨散東海	文王 大興 1년			李俊; 39세
738	戊寅	玄宗 開元 26	재위 2년	大興 2년	德經等大王備禮受之[226]	寺乃孝成王 開元二十六年戊寅 爲先考聖德大王奉福所創也 故鍾銘曰 聖德大王神鍾之銘〔聖德乃景德之考 興光大王也 鍾本景德爲先考所施之金 故稱云聖德鍾爾〕	李俊; 40세

---

225 성덕왕 32년은 733년이고 현종 갑술은 734년이다. 이런 이유로 여기에서는 733년과 734년에 모두 관련기사를 넣었다.

226 『삼국사기』9 「신라본기」9의 효성왕 2년조에는, "(…) 夏四月 唐使臣邢璹 以老子道德經等文書 獻于王"이라고 되어 있다. 그렇다면 이 기사는 경덕왕대가 아닌 효성왕대의 사실로 봐야 할 것이다.

西紀 A.D.	干支	1. 王曆第一		10. 靺鞨渤海	107. 眞表傳簡	128. 信忠掛冠	130. 永才遇賊
		中國	新羅				
739	己卯	唐 玄宗 開元 27	第三十四孝成王 재위 3년	文王 大興 3년	眞表; 22세	李俊; 41세	永才; 41세
740	庚辰	玄宗 開元 28	재위 4년	大興 4년	止錫仙溪山不思議庵 該鍊三業 以亡身懺悔得戒 初以七 宵爲期 五輪撲石 膝腕俱碎 雨血崑崖 若無聖應 決志捐 捨 更期七日 二七日終 見地藏菩薩 現受淨戒 卽開元二 十八年庚辰三月十五日辰時也 時齡二十餘三矣[227] 眞表; 23세	李俊; 42세	永才; 42세
741	辛巳	玄宗 開元 29	재위 5년	大興 5년	眞表; 24세	李俊; 43세	永才; 43세

[227] 108. 關東楓岳鉢淵藪石記에는, "於上元元年庚子(760) 蒸二十斗米 乃乾爲粮 詣保安縣 入邊山不思議房 以五合米 爲一日費 除一合米養鼠 師勤求戒法於彌勒像前"이라고 되어 있다.
이 기록을 따른다면 760년에 일어난 일로 볼 수도 있다.

西紀 A.D.	干支	1. 王曆第一		10. 靺鞨渤海	76. 四佛山 掘佛山 萬佛山	85. 芬皇寺千手大悲盲兒得眼	116. 郁面婢念佛西昇	132. 迎如師	133. 布川山五比丘景德王代
		中國	新羅						
742	壬午	唐 玄宗 天寶 1	第三十五景德王 金氏 名憲英 父聖德 母炤德太后 先妃三毛夫人 出宮無後 後妃滿月夫人 諡景垂王后〔垂一作穆〕依忠角干之女 壬午立 理二十三年 初葬頃只寺西岑 鍊石爲陵 後移葬楊長谷中	文王 大興 6년	又景德王 遊幸栢栗寺 至山下聞地中有唱佛聲 命掘之 得大石 四面刻四方佛 因創寺 以掘佛爲號 今訛云掘石	景德王代 漢岐里女 希明之兒 生五稔而忽盲 一日其母抱兒 詣芬皇寺 左殿北壁畫千手大悲前 令兒作歌禱之 遂得明 其詞曰 (…)	景德王代 康州〔今晉州 一作剛州 則今順安〕善士數十人 志求西方 於州境創彌陁寺 約萬日爲契 時有阿干貴珍家一婢名郁面 隨其主歸寺 立中庭 隨僧念佛 主憎其不職 每給穀二碩 一夕舂之 婢一更舂畢 歸寺念佛〔俚言己事之忙 大家之舂促 蓋出乎此〕日夕微怠 庭之左右 竪立長橛 以繩穿貫兩掌 繫於橛上合掌 左右遊之激勵焉 時有天唱於空 郁面娘入堂念佛 寺衆聞之 勸婢入堂 隨例精進 未幾天樂從西來 婢湧透屋樑而出 西行至郊外 捐骸變現眞身 坐蓮臺 放大光明 緩緩而逝 樂聲不撤空中 其堂至今有透穴處云〔已上鄉傳〕	實際寺釋迎如 未詳族氏 德行雙高 景德王將邀致供養 遣使徵之 如詣內齋罷將還 王遣使陪送至寺 入門卽隱 不知所在 使來奏 王異之 追封國師 後亦不復現世 至今稱曰國師房	歃良州東北二十許里 有布山川 石窟奇秀 宛如人斲 有五比丘 未詳名氏 來寓而念彌陁 求西方幾十年 忽有聖衆 自西來迎 於是五比丘各坐蓮臺 乘空而逝 至通度寺 門外留連 而天樂間奏 寺僧出觀 五比丘 爲說無常苦空之理 蛻棄遺骸 放大光明 向西而去 其捐舍處 寺僧起亭榭 名置樓 至今存焉
743	癸未	玄宗 天寶 2	재위 2년	大興 7년					

西紀 A.D.	干支	1. 王曆第一		10. 靺鞨渤海	81. 敏藏寺	108. 關東楓岳鉢淵藪石記	116. 郁面婢念佛西昇	128. 信忠掛冠
		中國	新羅					
744	甲申	唐 玄宗 天寶 3	第三十五景德王 재위 3년	文王 大興 8년		師奉敎辭退 遍歷名山 年已二 十七歲 眞表; 27세		李俊; 46세
745	乙酉	玄宗 天寶 4	재위 4년	大興 9년	禺金里貧女寶開 有子名長春 從海 賈而征 久無音耗 其母就敏藏寺 〔寺乃敏藏角干捨家爲寺〕觀音前 克祈七日 而長春忽至 問其由緒 曰 海中風飄舶壞 同侶皆不免 予 乘隻板歸泊吳涯 吳人收之 俾耕于 野 有異僧如鄉里來 弔慰勤勤 率 我同行 前有深渠 僧掖我跳之 昏 昏間如聞鄉音與哭泣之聲 見之乃 已届此矣 日晡時離吳 至此纔戌初 卽天寶四年乙酉四月八日也 景德 王聞之 施田於寺 又納財幣焉	眞表; 28세		李俊; 47세
746	丙戌	玄宗 天寶 5	재위 5년	大興 10년		眞表; 29세		李俊; 48세
747	丁亥	玄宗 天寶 6	재위 6년	大興 11년		眞表; 30세	기도한 기간 1년[228]	李俊; 49세
748	戊子	玄宗 天寶 7	재위 7년	大興 12년		眞表; 31세	기도한 기간 2년	李俊; 50세 又別記云 景德王代 有直長李俊〔高僧 傳作李純〕早曾發願 年至知命 須出家 創佛寺 天寶七年戊子 年登五十矣 改 創槽淵小寺爲大刹 名斷俗寺 身亦削 髮 法名孔宏長老

---

228 755년 기사에 9년 동안 기도하였다고 되어 있다. 이를 근거로 747년부터 기도를 시작한 것으로 보았다.

西紀 A.D.	干支	1. 王曆第一		10. 靺鞨渤海	107. 眞表傳簡	111. 賢瑜珈 海華嚴	136. 大城孝二世父母 神文代
		中國	新羅				
749	己丑	唐 玄宗 天寶 8	第三十五景德王 재위 8년	文王 大興 13년	眞表; 32세		
750	庚寅	玄宗 天寶 9	재우 9년	大興 14년	眞表; 33세		
751	辛卯	玄宗 天寶 10	재위 10년	大興 15년	眞表; 34세		而寺中有記云 景德王代 大相大城以天寶 十年辛卯 始創佛國寺
752	壬辰	玄宗 天寶 11	재위 11년	大興 16년	眞表; 35세 風化旣周 遊涉到阿瑟羅州 島嶼間 魚鼈成橋 迎入水中 講法受戒 卽天 寶十一載壬辰二月望日也 或本云 元和六年(811) 誤矣[229] 元和在憲德 王代〔去聖德幾七十年矣〕	瑜珈祖大德大賢 住南山茸長寺 寺有慈 氏石丈六 賢常旋繞 像亦隨賢轉面 賢惠 辯精敏 決擇了然 大抵相宗詮量 旨理幽 深 難爲剖析[230] 中國名士白居易 嘗窮之 未能 乃曰唯識幽難破 因明擘不開 是以 學者 難承稟者尙矣 賢獨刊定邪謬 劈開 幽奧 恢恢游刃 東國後進 咸遵其訓 中華 學士 往往得此爲眼目	
753	癸巳	玄宗 天寶 12	재위 12년	大興 17년	眞表; 36세 景德王聞之 迎入宮闥 受菩薩戒 嚫 租七萬七千石 椒庭列岳 皆受戒品 施絹五百端 黃金五十兩 皆容受之 分施諸山 廣興佛事	景德王天寶十二年癸巳 夏大旱 詔入內 殿 講金光經 以祈甘霍 一日齋次 展鉢良 久 而淨水獻遲 監吏詰之 供者曰 宮井枯 涸 汲遠故遲爾 賢聞之曰 何不早云 及畫 講時 捧爐默然 斯須井水湧出 高七丈許 與刹幢齊 闔宮驚駭 因名其井曰金光井 賢嘗自號靑丘沙門	

---

229 "或本云 元和六年(811)"이라고 하면서도, 잘못되었다고 하였다. 하지만 元和 6년을 중시하여 811년에도 관련 자료를 제시하였다.

230 위의 내용이 어느 시기에 있었는지는 자세히 알 수 없다. 다만 아래 기록이 753년의 사실을 알려주고 있다. 그런 이유로 관련자료를 752년에 제시하였다.

西紀 A.D.	干支	1. 王曆第一		10. 靺鞨渤海	74. 皇龍寺鍾芬皇寺藥師奉德寺鍾	111. 賢瑜珈 海華嚴	128. 信忠掛冠	130. 永才遇賊
		中國	新羅					
754	甲午	唐 玄宗 天寶 13	第三十五景德王 재위 13년	文王 大興 18년	新羅第三十五景德大王 以天寶十三甲午 鑄皇龍寺鍾 長一丈三寸 厚九寸 入重四十九萬七千五百八十一斤 施主孝貞伊王三毛夫人 匠人里上宅下典〔肅宗朝重成新鍾 長六尺八寸〕	明年甲午夏 王又請大德法海於皇龍寺講華嚴經 駕幸行香 從容謂曰 前夏大賢法師 講金光經 井水湧七丈 此公法道如何 海曰 特爲細事 何足稱乎 直使傾滄海襄東岳 流京師 亦非所難 王未之信 謂戱言爾 至午講 引爐沈寂 須臾內禁 忽有哭泣聲 宮吏走報曰 東池已溢 漂流內殿五十餘間 王惘然自失 海笑謂之曰 東海欲傾 水脈先漲爾 王不覺興拜 翌日感恩寺奏 昨日午時 海水漲溢 至佛殿階前 晡時而還 王益信敬之	李俊; 56세	永才; 56세

218

西紀 A.D.	干支	1. 王曆第一		10. 靺鞨渤海	74. 皇龍寺鍾芬皇寺藥師奉德寺鍾	84. 南白月二聖努肹夫得怛怛朴朴	116. 郁面婢念佛西昇	119. 眞身受供	137. 向得舍知割股供親景德王代
		中國	新羅						
755	乙未	唐 玄宗 天寶 14	第三十五景德王 재위 14년	文王 大興 19년	又明年乙未 鑄芬皇 藥師銅像 重三十萬 六千七百斤 匠人本 彼部强古乃未	天寶十四年乙未 新羅 景德王卽位〔古記云 天鑑二十四年乙未法 興卽位 何先後倒錯之 甚如此〕聞斯事	按僧傳 棟梁八珍者 觀音應現也 結徒有 一千 分朋爲二 一勞力 一精修 彼勞力中 知事者不獲戒 墮畜生道 爲浮石寺牛 嘗 駄經而行 賴經力 轉爲阿干貴珍家婢 名 郁面 因事至下柯山 感夢遂發道心 阿于 家距惠宿法師所創彌陁寺不遠 阿干每 至其寺念佛 婢隨往 在庭念佛云云 如是九年[231] 歲在乙未 正月二十一日 禮 佛撥屋梁而去 至小伯山 墮一隻履 就其 地爲菩提寺 至山下棄其身 卽其地爲二 菩提寺 榜其殿曰勖面登天之殿 屋脊穴 成十許圍 雖暴雨密雪不霑濕 後有好事 者 範金塔一座 直其穴 安承塵上 以誌其 異 今榜塔尚存 勖面去後 貴珍亦以其家 異人托生之地 捨爲寺曰法王 納田民 久 後廢爲丘墟 有大師懷鏡 與承宣劉碩小 卿李元長 同願重營之 鏡躬事土木 始輸 材 夢老父遺麻葛履各一 又就古神社 諭 以佛理 斫出祠側材木 凡五載告畢 又加 臧獲 蔚爲東南名藍 人以鏡爲貴珍後身 議曰 按鄕中古傳 郁面乃景德王代事也	後景德王十四 年 望德寺塔戰 動 是年有安史 之亂 羅人云 爲 唐室立玆寺 宜 其應也	熊川州 有向得舍知者 年凶 其父幾於餓死 向得割股以 給養 州人具事奏聞 景德王 賞賜租五百碩

---

231 9년은 747년부터 755년까지이다.

西紀 A.D.	干支	1. 王曆第一		10. 靺鞨渤海	44. 景德王忠談師表訓大德	84. 南白月二聖努肹夫得怛怛朴朴	128. 信忠掛冠	130. 永才遇賊
		中國	新羅					
756	丙申	唐 肅宗 至德 1	第三十五景德王 재위 15년	文王 大興 20년			李俊; 58세	永才; 58세
757	丁酉	肅宗 至德 2	재위 16년	大興 21년		以丁酉歲 遣使創大伽藍 號白月山南寺	李俊; 59세	永才; 59세
758	戊戌	肅宗 乾元 1	재위 17년	大興 22년	王玉莖長八寸 無子廢之 封沙梁夫人 後妃滿 月夫人 謚景垂太后 依忠角干之女也 王一日 詔表訓大德曰 朕無祐不獲其嗣 願大德請於 上帝而有之 訓上告於天帝 還來奏云 帝有言 求女卽可 男卽不宜 王曰 願轉女成男 訓再上 天請之 帝曰 可則可矣 然爲男則國殆矣 訓欲 下時 帝又召曰 天與人不可亂 今師往來如鄰 里 漏洩天機 今後宜更不通 訓來以天語諭之 王曰 國雖殆 得男而爲嗣足矣 於是滿月王后 生太子 王喜甚 태자 태어남		李俊; 60세	永才; 60세
759	己亥	肅宗 乾元 2	재위 18년	大興 23년	태자; 2세		李俊; 61세	永才; 61세

西紀 A.D.	干支	1. 王曆第一		10. 靺鞨渤海	108. 關東楓岳鉢淵藪石記	120. 月明師兜率歌	128. 信忠掛冠	130. 永才遇賊
		中國	新羅					
760	庚子	唐 肅宗 上元 1	第三十五景德王 재위 19년	文王 大興 24년	진표; 43세 於上元元年庚子 蒸二十斗米 乃乾爲粮 詣保安縣 入邊山不思議房 以五合米 爲一日費 除一合米養鼠 師勤求戒法於彌勒像前[232]	景德王十九年庚子四月朔 二日幷現 挾旬不滅 日官奏 請緣僧作散花功德 則可禳 於是潔壇於朝元殿 駕幸靑陽樓 望緣僧 時有月明師行于阡陌 時之南路 王使召之 命開壇作啓 明奏云 臣僧但屬於國仙之徒 只解鄕歌 不閑聲梵 王曰 旣卜緣僧 雖用鄕歌可也 明乃作兜率歌賦之 其詞曰 (…) 旣而日怪卽滅 王嘉之 賜品茶一襲 水精念珠百八箇 忽有一童子 儀形鮮潔 跪奉茶珠 從殿西小門而出 明謂是內宮之使 王謂師之從者 及互徵而俱非 王甚異之 使人追之 童入內院塔中而隱 茶珠在南壁畫慈氏像前 知明之至德與至誠 能昭假于至聖也如此 朝野莫不聞知 王益敬之 更贐絹一百疋 以表鴻誠 明又嘗爲亡妹營齋 作鄕歌祭之 忽有驚颷吹紙錢 飛擧向西而沒 歌曰 (…) 明常居四天王寺 善吹笛 嘗月夜吹過門前大路 月馭爲之停輪 因名其路曰月明里 師亦以是著名 師卽能俊大師之門人也 羅人尙鄕歌者尙矣 蓋詩頌之類歟 故往往能感動天地鬼神者非一	李俊; 62세	永才; 62세
761	辛丑	肅宗 上元 2	재위 20년	大興 25년	진표; 44세		李俊; 63세	永才; 63세

232 107의 진표전간에서는, "止錫仙溪山不思議庵 該鍊三業 以亡身懺悔得戒 初以七宵爲期 五輪撲石 膝腕俱碎 雨血嵓崖 若無聖應 決志捐捨 更期七日 二七日終 見地藏菩薩 現受淨戒 卽開元二十八年庚辰三月十五日辰時也 時齡二十餘三矣"라고 되어 있다. 진표전간에서는 진표가 23세되던 무렵(740)에 일어난 사건으로 기록하고 있다.

西紀 A.D.	干支	1. 王曆第一		10. 靺鞨渤海	107. 眞表傳簡	108. 關東楓岳鉢淵藪石記	128. 信忠掛冠	130. 永才遇賊
		中國	新羅					
762	壬寅	唐 肅宗 寶應 1	第三十五景德王 재위 21년	文王 大興 26년	眞表; 45세 然志存慈氏 故不敢中止 乃移靈山寺〔一名邊山 又楞伽山〕又懃勇如初 果感彌勒現授占察經兩卷〔此經乃陳隋間外國所譯 非今始出也 慈氏以經授之耳〕并證果簡子一百八十九介 謂曰 於中第八簡子喻新得妙戒 第九簡子喻證得具戒 斯二簡子 是我手指骨 餘皆沈檀木造 喻諸煩惱 汝以此傳法於世 作濟人津伐	三年而未得授記 發憤捨身嵓下忽有青衣童 手捧而置石上 師更發志願 約三七日 日夜勤修 扣石懺悔 至三日手臂折落 至七日夜地藏菩薩手搖金錫 來爲加持 手臂如舊 菩薩遂與袈裟及鉢 師感其靈應 倍加精進 滿三七日 卽得天眼 見兜率天衆 來儀之相 於是地藏慈氏現前 慈氏摩師頂日 善哉大丈夫 求戒如是 不惜身命 懇求懺悔 地藏授與戒本 慈氏復與二栍 一題曰九者 一題八者 告師曰 此二簡子者 是吾手指骨 此喻始本二覺 又九者法爾 八者新熏成佛種子 以此當知果報 汝捨此身 受大國王身 後生於兜率 如是語已 兩聖卽隱 時壬寅四月二十七日也	李俊; 63세	永才; 63세

西紀 A.D.	干支	1. 王曆第一		10. 靺鞨渤海	76. 四佛山 掘佛山 萬佛山	128. 信忠掛冠	130. 永才遇賊
		中國	新羅				
763	癸卯	唐 代宗 廣德 1	第三十五景德王 재위 22년	文王 大興 27년	王又聞唐代宗皇帝優崇釋氏 命工作五色氍毹 又彫沈檀木 與明珠美玉 爲假山 高丈餘 置氍毹之上 山有巉嵒怪石澗穴 區隔每一區內 有歌舞伎樂列國山川之狀 微風入戶 蜂蝶翔 翔 燕雀飛舞 隱約視之 莫辨眞假 中安萬佛 大者逾方寸 小者 八九分 其頭或巨黍者 或半菽者 螺髻白毛 眉目的皪 相好悉 備 只可髣髴 莫得而詳 因號萬佛山 更鏤金玉 爲流蘇幡蓋 菴羅薝葍花果 莊嚴百玩樓閣 臺殿堂 榭 都大雖微 勢皆活動 前有旋遶比丘像千餘軀 下列紫金鍾 三簴 皆有閣有蒲牢 鯨魚爲撞 有風而鍾鳴 則旋遶僧 皆仆拜 頭至地 隱隱有梵音 蓋關棙在乎鍾也 雖號萬佛 其實不可勝 記 旣成 遣使獻之 代宗見之 嘆曰 新羅之巧 天造非巧也 乃以九光扇 加置嵓岫間 因謂之佛光 四月八日 詔兩街僧徒 於內道場 禮萬佛山 命三藏不空 念讚密部眞詮千遍 以慶之 觀者皆嘆伏其巧	景德王〔王卽孝成之弟也〕 二十二年癸卯 忠與二友相約 掛冠入南岳 再徵不就 落髮 爲沙門 爲王創斷俗寺居焉 願終身丘壑 以 奉福大王 王許之 留眞在金堂後壁是也 南 有村名俗休 今訛云小花里〔按三和尙傳 有 信忠奉聖寺 與此相混 然計其神文之世 距 景德已百餘年 況神文與信忠乃宿世之事 則非此信忠明矣 宜詳之〕 李俊; 65세[233]	永才; 65세

[233] 『삼국사기』의 기록과는 차이를 보인다.

西紀 A.D.	干支	1. 王曆第一		10. 鞈鞨渤海	44. 景德王忠談師表訓大德	75. 靈妙寺丈六	84. 南白月二聖努肹夫得怛怛朴朴	107. 眞表傳簡	108. 關東楓岳鉢淵藪石記
		中國	新羅						
764	甲辰	唐 代宗 廣德 2	第三十五景德王 재위 23년	文王 大興 28년	태자; 7세	景德王卽位二十三年 丈六改金 租二萬三千七百碩〔良志傳作像之初成之費 今兩存之〕	廣德二年〔古記云 大曆元年 亦誤〕甲辰七月十五日寺成 更塑彌勒尊像 安於金堂 額曰 現身成道彌勒之殿 又塑彌陁像 安於講堂 餘液不足 塗浴未周 故彌陁像 亦有斑駁之痕 額曰 現身成道無量壽殿	진표; 47세 表旣受聖莂 來住金山 每歲開壇 恢張法施 壇席精嚴 末季未之有也	師受敎法已 欲創金山寺 下山而來 至大淵津 忽有龍王 出獻玉袈裟 將八萬眷屬 侍往金山藪 四方子來 不日成之 復感慈氏 從兜率駕雲而下 與師受戒法 師勸檀緣 鑄成彌勒丈六像 復畵下降受戒威儀之相於金堂南壁 像於甲辰六月九日鑄成
765	乙巳	代宗 永泰 1	第三十六惠恭王 金氏 名乾運 父景德 母滿月王后 先妃神巴夫人 魏正角干之女 妃昌昌夫人 金將角干之女 乙巳立 理十五年	文王 大興 29년	王御國二十四年 五岳三山神等 時或現侍於殿庭 三月三日 王御歸正門樓上 謂左右曰 誰能途中得一員榮服僧來 於是適有一大德 威儀鮮潔 徜徉而行 左右望而引見之 王曰 非吾所謂榮僧也 退之 更有一僧 被衲衣負櫻筒〔一作荷簣〕從南而來 王喜見之 邀致樓上 視其筒中 盛茶具已 曰汝爲誰耶 僧曰忠談 曰何所歸來 僧曰 僧每重三重九之日 烹茶饗南山三花嶺彌勒世尊 今玆旣獻而還矣 王曰 寡人亦一甌茶有分乎 僧乃煎茶獻之 茶之氣味異常 甌中異香郁烈 王曰 朕嘗聞師讚耆婆郎詞腦歌 其意甚高 是其果乎 對曰然 王曰 然則爲朕作理安民歌 僧應時 奉勅歌呈之 王佳之 封王師焉 僧再拜固辭不受 安民歌曰 (…) 讚耆婆郎歌曰 (…) 至八歲王崩 太子卽位 是爲惠恭大王 幼冲故太后臨朝 政條不理 盜賊蜂起 不遑備禦 訓師之說驗矣 小帝旣女爲男故 自期晬至於登位 常爲婦女之戲 好佩錦囊 與道流爲戲 태자; 8세			진표; 48세	

西紀 A.D.	干支	1. 王曆第一 中國	1. 王曆第一 新羅	10. 靺鞨渤海	45. 惠恭王	107. 眞表傳簡	108. 關東楓岳鉢淵藪石記	128. 信忠掛冠
766	丙午	唐 代宗 大曆 1	第三十六惠恭王 재위 2년	文王 大興 30년	大曆之初 康州官署大堂之東 地漸陷成池 〔一本大寺東小池〕 從十三尺 橫七尺 忽有鯉魚五六 相繼而漸大 淵亦隨大	眞表; 49세	丙午五月一日 安置金堂 是歲 大曆元年也[234]	李俊; 68세
767	丁未	代宗 大曆 2	재위 3년	文王 大興 31년	至二年丁未 又天狗墜於東樓南 頭如瓮 尾三尺許 色如烈火 天地亦振 又是年 今浦縣稻田五頃中 皆米顆成穗 是年七月 北宮庭中 先有二星墜地 又一 星墜 三星皆沒入地 先時宮北厠圂中二莖 蓮生 又奉聖寺田中生蓮 虎入禁城中 追 覓失之 角干大恭家 梨木上雀集無數 據 安國兵法下卷云 天下兵大亂 於是大赦修 省 七月三日 大恭角干賊起 王都及五道 州郡 幷九十六角干相戰大亂 大恭角干家 亡 輸其家資寶帛于王宮 新城長倉火燒 逆黨之寶穀在沙梁牟梁等里中者 亦輸入 王宮 亂彌三朔乃息 被賞者頗多 誅死者 無算也 表訓之言國殆 是也	眞表; 50세[235]		李俊; 69세
768	戊申	代宗 大曆 3	재위 4년	文王 大興 32년				李俊; 70세 住寺二十年乃卒 與前三國史所 載不同 兩存之闕疑

---

234 107. 진표전간에서는 이보다 앞서는 시기의 일로 기록하고 있다.

235 진표가 언제 입적하였는지는 알 수 없다.

西紀 A.D.	干支	1. 王曆第一		10. 靺鞨渤海	74. 皇龍寺鍾芬皇寺藥師奉德寺鍾	130. 永才遇賊
		中國	新羅			
769	己酉	唐 代宗 大曆 4	第三十六惠恭王 재위 5년	文王 大興 33년		永才; 71세
770	庚戌	代宗 大曆 5	재위 6년	文王 大興 34년	又捨黃銅一十二萬斤 爲先考聖德王 欲鑄巨鍾一 口 未就而崩 其子惠恭大王乾運 以大曆庚戌十二 月 命有司鳩工徒 乃克成之 安於奉德寺	永才; 72세
771	辛亥	代宗 大曆 6	재위 7년	文王 大興 35년	朝散大夫兼太子朝議郎翰林郎金弼粤奉敎撰鍾銘 文煩不錄	永才; 73세
772	壬子	代宗 大曆 7	재위 8년	文王 大興 36년		永才; 74세
773	癸丑	代宗 大曆 8	재위 9년	文王 大興 37년		永才; 75세

西紀 A.D.	干支	1. 王曆第一		10. 靺鞨渤海	130. 永才遇賊	136. 大城孝二世父母 神文代
		中國	新羅			
774	甲寅	唐 代宗 大曆 9	第三十六惠恭王 재위 10년	文王 大興 38년	永才; 76세	歷惠恭世 以大曆九年甲寅 十二月二日 大城卒 國家乃畢成之 初請 瑜伽大德降魔住此寺 繼之至于今 與古傳不同 未詳孰是
775	乙卯	代宗 大曆 10	재위 11년	文王 大興 39년	永才; 77세	
776	丙辰	代宗 大曆 11	재위 12년	文王 大興 40년	永才; 78세	
777	丁巳	代宗 大曆 12	재위 13년	文王 大興 41년	永才; 79세	
778	戊午	代宗 大曆 13	재위 14년	文王 大興 42년	永才; 80세	

西紀 A.D.	干支	1. 王曆第一		10. 靺鞨渤海	25. 未鄒王 竹葉軍	44. 景德王忠談 師表訓大德	67. 東京興輪寺金堂十聖	122. 金現感虎
		中國	新羅					
779	己未	唐 代宗 大曆 14	第三十六惠恭王 재위 15년	文王 大興 43년	越三十七世惠恭王代 大曆十四年己未四月 忽有旋風 從庾信公塚起 中有一人乘駿馬如將軍儀狀 亦有衣甲器 仗者 四十許人 隨從而來 入於竹現陵 俄而陵中 似有振 動哭泣聲 或如告訴之音 其言曰 臣平生有輔時 救難匡 合之功 今爲魂魄 鎭護邦國 攘災救患之心 暫無渝改 往 者庚戌年[236] 臣之子孫 無罪被誅 君臣不念我之功烈 臣 欲遠移他所 不復勞勤 願王允之 王答曰 惟我與公不護 此邦 其如民庶何 公復努力如前 三請三不許 旋風乃還 王聞之懼 乃遣工臣金敬信 就金公陵謝過焉 爲公立功 德寶田三十結于鷲仙寺 以資冥福 寺乃金公討平壤後 植福所置故也 非未鄒之靈 無以遏金公之怒 王之護國 不爲不大矣 是以邦人懷德 與三山同祀而不墜 躋秩于 五陵之上 稱大廟云			
780	庚申	德宗 建中 1	第三十七宣德王 金氏 名亮相 父孝方海 干 追封開聖大王 即元訓角干之子 母四 召夫人 謚貞懿太后 聖德王之女 妃具足 王后 狼品角干之女 庚申立 理五年	文王 大興 44년		故國有大亂 終爲宣德 與金良相所弑 自表訓 後 聖人不生於新羅云		其女年; 1~2세 무렵
781	辛酉	德宗 建中 2	재위 2년	文王 大興 45년			東壁坐庚向泥塑 我道 厭 髑 惠宿 安含 義相 西壁 坐甲向泥塑 表訓 蛇巴 元 曉 惠空 慈藏[237]	其女年; 2~3세 무렵
782	壬戌	德宗 建中 3	재위 3년	文王 大興 46년				其女年; 3~4세 무렵
783	癸亥	德宗 建中 4	재위 4년	文王 大興 47년				其女年; 4~5세 무렵

---

236 신라 혜공왕 6년(770)에 일어난 어떤 사건을 말한다. 하지만 구체적인 사실은 전해지지 않는다.

237 흥륜사에 금당십성이 완비된 정확한 시기는 알 수 없다. 하지만 표훈이 나오는 것으로 볼 때, 758년부터 781년 이후일 것으로 보인다.

西紀 A.D.	干支	1. 王曆第一		10. 靺鞨渤海	46. 元聖大王	93. 鍪藏寺 彌陁殿	103. 慈藏定律	122. 金現感虎	125. 朗智乘雲普賢樹	126. 緣會逃名 文殊岾
		中國	新羅							
784	甲子	唐 德宗 興元 1	第三十七宣德王 재위 5년	文王 大興 48년	伊湌金周元 初爲上宰 王爲角干 居二宰 夢脫幞頭 著素笠 把十二絃琴 入於天官寺 井中 覺而使人占之 曰脫幞頭者 失職之兆 把琴者 著枷之兆 入井 入獄之兆 王聞之 甚患 杜門不出 于時阿湌餘三或本餘山來通謁 王辭以疾 不出 再通曰 願得一見 王諾之 阿湌曰 公 所忌何事 王具說占夢之由 阿湌興拜曰 此 乃吉祥之夢 公若登大位而不遺我 則爲公 解之 王乃辟禁左右 而請解之 曰脫幞頭者 人無居上也 著素笠者 冕旒之兆也 把十二 絃琴者 十二孫傳世之兆也 入天官井 入宮 禁之瑞也 王曰 上有周元 何居上位 阿湌 曰 請密祀北川神可矣 從之[238]			其女年; 5~6세 무렵		
785	乙丑	德宗 貞元 1	第三十八元聖王 金 氏 名敬愼 一作敬信 唐書云敬則 父孝讓 大阿干 追封明德大 王 母仁□ 一云知烏 夫人 諡昭文王后 昌 近伊己之女 妃淑貞 夫人 神述角干之女 乙丑立 理十四年 陵 在鵠寺 今崇福寺也 有致遠所立碑	文王 大興 49년	未幾 宣德王崩 國人欲奉周元爲王 將迎入 宮 家在川北 忽川漲不得渡 王先入宮卽位 上宰之徒衆 皆來附之 拜賀新登之主 是爲 元聖大王 諱敬信 金氏 蓋厚夢之應也 周元退居溟州 王旣登極 時餘山已卒矣 召其子孫賜爵 王 之孫有五人 惠忠太子 憲平太子 禮英匝干 大龍夫人 小龍夫人等也 大王誠知窮達之變 故有身空詞腦歌〔歌 亡未詳〕王之考大角干孝讓 傳祖宗萬波 息笛 乃傳於王 王得之 故厚荷天恩 其德 遠輝	京城之東北二 十許里 暗谷 村之北 有鍪 藏寺 第三十 八元聖大王之 考大阿干孝讓 追封明德大王 之爲叔父波珍 湌追崇所創也	〔後至元聖大王 元年 又置僧官 名政法典 以大 舍一人 史二人 爲司 揀僧中有 才行者爲之 有 故卽替 無定年 限 故今紫衣之 徒 亦律寺之別 也〕	新羅俗 每當仲春 初八至十 五日 都人士女 競遶興輪寺 之殿塔爲福會 元聖王代 有 郎君金現者 夜深獨遶不息 有一處女 念佛隨遶 相感而 目送之 遶畢 引入屛處通焉 女將還 現從之 女辭拒而强 隨之 (…) 次日果有猛虎 入 城中剽甚無敢當 元聖王聞 之 申令曰 戢虎者爵二級 現 詣闕奏曰 (…) 其女年; 6~7세 무렵	(靈 鷲 寺 記 云…) 隔元聖 王代 有大德 緣會 來居山 中 撰師之傳 行于世[239]	高僧緣會 嘗隱居靈鷲 每讀蓮 經 修普賢行業 庭池常有蓮數 朵 四時不萎〔今靈鷲寺龍藏殿 是緣會舊居〕國主元聖王 聞其 瑞異 欲徵拜爲國師 師聞之 乃 棄庵而遁 (…) 乃還庵中 俄有 天使賫詔徵之 會知業已當受 乃應詔赴闕 封爲國師〔僧傳云 憲安王封爲二朝王師 號照 咸 通四年卒 與元聖年代相左 未 知孰是〕師之感老叟處 因名文 殊岾 見女處曰阿尼岾

238 이 일이 있었던 정확한 시기는 자세히 알 수 없다. 대체로 785년 이전에 있었던 것만은 분명하다.

239 정확한 연대는 알 수 없지만, 대체로 785년 이후의 일로 보여진다.

西紀 A.D.	干支	1. 王曆第一		10. 靺鞨渤海	46. 元聖大王	122. 金現感虎	130. 永才遇賊
		中國	新羅				
786	丙寅	唐 德宗 貞元 2	第三十八元聖王 재위 2년	文王 大興 50년	貞元二年丙寅十月十一日 日本王文 慶〔按日本帝紀 第五十五主文德王 疑是也 餘無文慶 或本云是王太子〕 擧兵欲伐新羅 聞新羅有萬波息笛退 兵 以金五十兩 遣使請其笛 王謂使 日 朕聞上世眞平王代有之耳 今不 知所在	其女年; 7~8세 무렵	永才; 88세
787	丁卯	德宗 貞元 3	재위 3년	文王 大興 51년	明年七月七日 更遣使 以金一千兩 請之日 寡人願得見神物而還之矣 王亦辭以前對 以銀三千兩賜其使 還金而不受 八月使還 藏其笛於內 黃殿	其女年; 8~9세 무렵	永才; 89세
788	戊辰	德宗 貞元 4	재위 4년	文王 大興 52년		其女年; 9~10세 무렵	永才; 90세 釋永才性滑稽 不累於物 善鄕歌 暮歲將隱于南岳 至大峴嶺 遇賊六十餘人 將加害 才臨刃無懼色 怡 然當之 賊怪而問其名 日永才 賊素聞其名 乃命□ □□作歌 其辭日 (…) 賊感其意 贈之綾二端 才笑 而前謝日 知財賄之爲地獄根本 將避於窮山 以餞 一生 何敢受焉 乃投之地 賊又感其言 皆釋釖投戈 落髮爲徒 同隱智異 不復蹈世 才年僅九十矣 在元 聖大王之世[240]

240 『삼국사기』 권10 「신라본기」 10의 원성왕 4년조에는, "가을에 나라 서쪽 지방에 가뭄이 들고 누리의 피해가 있었다. 도적이 많이 일어남에, 왕이 사신을 보내 안무하였다"라고
되어 있다. 이때에 영재는 90세의 나이로 은둔하였을 것으로 추측된다.

西紀 A.D.	干支	1. 王曆第一		10. 靺鞨渤海	122. 金現感虎
		中國	新羅		
789	己巳	唐 德宗 貞元 5	第三十八元聖王 재위 5년	文王 大興 53년	其女年; 10~11세 무렵
790	庚午	德宗 貞元 6	재위 6년	文王 大興 54년	其女年; 11~12세 무렵
791	辛未	德宗 貞元 7	재위 7년	文王 大興 55년	其女年; 12~13세 무렵
792	壬申	德宗 貞元 8	재위 8년	文王 大興 56년	現旣登庸 創寺於西川邊 號虎願寺 常講梵網經 以導虎之冥遊 亦報其殺身成己之恩 現臨卒 深感前事之異 乃筆成傳 俗始聞知 因名論虎林 稱于今 其女年; 13~14세 무렵
793	癸酉	德宗 貞元 9	재위 9년	大元義 廢王 1년	貞元九年 申屠澄自黃冠 調補漢州什邡縣之尉 至眞符縣之東十里許 遇風雪大寒 馬不能前 路傍有茅舍 中有煙火甚溫 照燈下就之 有老父嫗及處子 環火而坐 其女年方十四五 雖蓬髮垢衣 雪膚花臉 擧止妍媚 (…) 澄曰 小娘子明惠過人甚 幸未婚 敢請自媒如何 翁曰 不期貴客欲採拾 豈定分也 澄遂修子婿之禮 澄乃以所乘馬 載之而行 旣至官 俸祿甚薄 妻力以成家 無不歡心 其女年; 14~15세 무렵

西紀 A.D.	干支	1. 王曆第一		10. 靺鞨渤海	46. 元聖大王	93. 鍪藏寺彌陁殿	122. 金現感虎
		中國	新羅				
794	甲戌	唐 德宗 貞元 10	第三十八元聖王 재위 10년	成王 中興 1년	又胁報恩寺 又望德樓 追封祖訓入匝干爲興平大王 曾祖義官匝干 爲神英大王 高祖法宣大阿干爲玄聖大王 玄聖之考卽摩叱次匝干		
795	乙亥	德宗 貞元 11	재위 11년	康王 正曆 1년	王卽位十一年乙亥 唐使來京 留一朔而還 後一日 有二女進内庭 奏 曰 妾等乃東池青池〔青池卽東泉寺之泉也 寺記云 泉乃東海龍往來 聽法之地 寺乃眞平王所造 五百聖衆 五層塔 幷納田民焉〕二龍之妻 也 唐使將河西國二人而來 呪我夫二龍及芬皇寺井等三龍 變爲小 魚 筒貯而歸 願陛下勅二人 留我夫等護國龍也 王追至河陽館 親賜 享宴 勅河西人曰 爾輩何得取我三龍至此 若不以實告 必加極刑 於 是出三魚獻之 使放於三處 各湧水丈餘 喜躍而逝 唐人服王之明聖		
796	丙子	德宗 貞元 12	재위 12년	正曆 2년	王一日請皇龍寺〔注 或本云 華嚴寺又金剛寺 蓋以寺名經名 混之 也〕釋智海入内 講華嚴經五旬 沙彌妙正 每洗鉢於金光井〔因太賢 法師得名〕邊 有一黿浮沈井中 沙彌每以殘食 餉而爲戱 席將罷 沙彌 謂黿曰 吾德汝日久 何以報之 隔數日 黿吐一小珠 如欲贈遺 沙彌得 其珠 繫於帶端 自後大王見沙彌愛重 邀致内殿 不離左右 時有一匝 干 奉使於唐 亦愛沙彌 請與俱行 王許之 同入於唐 唐帝亦見沙彌而 寵愛 承相左右莫不尊信 有一相士奏曰 審此沙彌 無一吉相 得人信 敬 必有所將異物 使人檢看 得帶端小珠 帝曰 朕有如意珠四枚 前年 失一個 今見此珠 乃吾所失也 帝問沙彌 沙彌具陳其事 帝内失珠之 日 與沙彌得珠同日 帝留其珠而遣之 後人無愛信此沙彌者[241]		後秋滿將歸 已生一男一女 亦甚 明惠 澄尤加敬愛 嘗作贈内詩云 一宦慙梅福 三年愧孟光 此情何 所喻 川上有鴛鴦 (…) 遂與訪其 家 不復有人矣 妻思慕之甚 盡 日涕泣 忽壁角見一虎皮 妻大笑 曰 不知此物尙在耶 遂取披之 卽變爲虎 哮吼拏攫 突門而出 澄驚避之 携二子尋其路 望山林 大哭數日 竟不知所之
797	丁丑	德宗 貞元 13	재위 13년	正曆 3년			
798	戊寅	德宗 貞元 14	재위 14년	正曆 4년	王之陵在吐含岳西洞鵠寺〔今崇禪寺〕	先是寺有一老僧 忽夢眞人坐於石塔東南 岡上 向西爲大衆說法 意謂此地必佛法所 住也 心祕之而不向人說 喦石巉 流澗邀迅 匠者不顧 咸謂不臧 及乎辟地 乃得平坦之 地 可容堂宇 宛似神基 見者莫不愕然稱善 近古來殿則壞圮 而寺獨在 諺傳太宗統三 已後 藏兵鍪於谷中 因名之	

---

[241] 위의 일이 일어난 정확한 시기는 알 수 없다. 대체로 795년 이후였을 것으로 추측된다.

西紀 A.D.	干支	1. 王曆第一		10. 鞨鞨渤海	93. 鍪藏寺彌陁殿	107. 眞表傳簡	109. 勝詮髑髏	110. 心地繼祖	124. 正秀寺救氷女
		中國	新羅						
799	己卯	唐 德宗 貞元 15	第三十九昭聖王 一作昭成王 金氏 名俊邕 父 惠忠太子 母聖 穆太后 妃桂花 王后 凤明公女 己卯立而崩	康王 正曆 5년	幽谷逈絶 類似削成 所寄冥奥 自生虛白 乃息 心樂道之靈境也 寺之上方 有彌陁古殿 乃昭 成〔一作聖〕大王之妃桂花王后 爲大王先逝 中宮乃充充焉 皇皇焉 哀戚之至 泣血棘心 思 所以幽賛明休 光啓玄福者 聞西方有大聖曰 彌陁陁 至誠歸仰 則善救來迎 是眞語者 豈欺 我哉 乃捨六衣之盛服 罄九府之貯財 召彼名 匠 敎造彌陁像一軀 幷造神衆以安之	開元貞元二釋教 錄中編入正藏 雖 外乎性宗 其相敎 大乘殆亦優矣 豈 與搭撲二懺 同日 而語哉[242]	厥後有僧梵修 遠適彼國 求得 新譯後分華嚴 經 觀師義疏 言 還流演 時當貞 元己卯 斯亦求 法 洪揚之流乎		
800	庚辰	德宗 貞元 16	第四十哀莊王 金氏 名重熙 一 云清明 父昭聖 母桂花王后 庚 辰立 理十年	正曆 6년					第四十哀莊王代 有沙門正秀 寓止皇龍寺 冬日雪深 旣暮 自三郞寺還 經由天嚴寺 門外 有一乞女産兒 凍臥濱死 師見而憫 之 就抱良久 氣蘇 乃脫衣以覆之 裸走本 寺 苫草覆身過夜 夜半有天唱於王庭曰 皇龍寺沙門正秀 宜封王師 急使人檢之 具事升聞 上備威儀 迎入大內 冊爲國師
801	辛巳	德宗 貞元 17	재위 2년	正曆 7년					
802	壬午	德宗 貞元 18	재위 3년	正曆 8년					
803	癸未	德宗 貞元 19	재위 4년	正曆 9년				釋心地 辰韓第四十一主 憲德大王金氏之子也 生 而孝悌 天性冲睿[243] 心地祖師 태어남	

242 『개원석교록』은 개원 18년(730)에 智昇이 20권으로 편찬하였다. 한편 『정원석교록』은 정원 15년(799)에 圓照가 30권으로 편찬하였다. 이에 730년과 799년에 관련자료를 모두 제시하였다.

243 심지조사가 언제 태어났는지는 자세히 알 수 없다. 다만 저자는 심지조사가 803년에 태어났을 것으로 보았다(남무희, 「팔공산 동화사의 약사신앙」『동아시아 약사신앙학회 국제학술세미나』, 팔공총림동화사·콜롬비아 불교·동아시아 종교센터 공동주최, 2013).

西紀 A.D.	干支	1. 王曆第一		10. 靺鞨渤海	47. 早雪	110. 心地繼祖	116. 郁面婢念佛西昇
		中國	新羅				
804	甲申	唐 德宗 貞元 20	第四十哀莊王 재위 5년	康王 正曆 10년		심지; 2세	
805	乙酉	順宗 永貞 1	재위 6년	正曆 11년		심지; 3세	
806	丙戌	憲宗 元和 1	재위 7년	正曆 12년		심지; 4세	
807	丁亥	憲宗 元和 2	재위 8년	正曆 13년		심지; 5세	
808	戊子	憲宗 元和 3	재위 9년	正曆 14년	第四十哀莊王 末年戊子 八月十五日 有雪	심지; 6세	據微〔微字疑作珍 下亦同〕本傳 則 元和三年戊子 哀莊王時也[244]

---

[244] 계속해서, "景德後歷惠恭 宣德 元聖 昭聖 哀莊等五代 共六十餘年也 微先面後 與鄉傳乖違 然兩存之闕疑"라고 하였다. 이를 통해, 일연도 정확한 고증을 하는데는 실패하고 있음을 알 수 있다.

西紀 A.D.	干支	1. 王曆第一		10. 鞨鞨渤海	86. 洛山二大聖觀音正趣調信	107. 眞表傳簡	110. 心地繼祖
		中國	新羅				
809	己丑	唐 憲宗 元和 4	第四十哀莊王 재위 10년 元和四年己丑七月十九日 王之叔父 憲德興德兩伊干所害而崩 第四十一憲德王 金氏 名彦升 昭聖 之母弟 妃貴勝娘 諡皇娥王后 忠恭 角干之女 己丑立 理十九年 陵在泉 林村北	定王 永德 1년			심지; 7세
810	庚寅	憲宗 元和 5	재위 2년	永德 2년	梵日(810~889) 出生		심지; 8세
811	辛卯	憲宗 元和 6	재위 3년	永德 3년	梵日; 2세	或本云 元和六年(811) 誤矣 元和在 憲德王代〔去聖德幾七十年矣〕	심지; 9세
812	壬辰	憲宗 元和 7	재위 4년	永德 4년	梵日; 3세		심지; 10세
813	癸巳	憲宗 元和 8	재위 5년	僖王 朱雀 1년	梵日; 4세		심지; 11세

西紀 A.D.	干支	1. 王曆第一		10. 靺鞨渤海	47. 早雪	64. 原宗興法 厭觸滅身	110. 心地繼祖
		中國	新羅				
814	甲午	唐 憲宗 元和 9	第四十一憲德王 재위 6년	僖王 朱雀 2년			심지; 12세
815	乙未	憲宗 元和 10	재위 7년	朱雀 3년			심지; 13세
816	丙申	憲宗 元和 11	재위 8년	朱雀 4년			심지; 14세
817	丁酉	憲宗 元和 12	재위 9년	朱雀 5년		元和中 南澗寺沙門一念撰 髑香墳禮佛結社文 載 此事甚詳 其略曰 (…)[245] 寺寺星張 塔塔雁行 竪法幢 懸梵鍾 龍象釋徒 爲寰 中之福田 大小乘法 爲京國之慈雲 他方菩薩 出現 於世〔謂芬皇之陳那浮石寶蓋 以至洛山五臺等是 也〕西域名僧降臨於境 由是幷三韓而爲邦 掩四 海而爲家 故書德名於天鎭之樹 影神跡於星河之 水 豈非三聖威之所致也〔謂我道法興厭觸也〕 降有國統惠隆 法主孝圓 金相郎 大統鹿風 大書省 眞怒 波珍飡金嶷等 建舊塋 樹豐碑 元和十二年丁 酉八月五日 卽第四十一憲德大王九年也 興輪寺 永秀禪師〔于時瑜伽諸德皆稱禪師〕結湊斯塚禮 佛之香徒 每月五日 爲魂之妙願 營壇作梵 又鄕傳云 鄕老每當忌旦 設社會於興輪寺 則今月 初五 乃舍人捐軀順法之晨也 嗚呼 無是君無是臣 無是臣無是功 可謂劉葛魚水 雲龍感會之美歟	志學之年 落采從師 拳懃于道 寓止中岳〔今公 山〕適聞俗離山深公傳表律師佛骨簡子 設果 證法會 決意披尋 旣至後期 不許參例 乃席地扣 庭 隨衆禮懺 經七日 天大雨雪 所立地方十尺許 雪飄不下 衆見其神異 許引入堂地 撝謙稱恙 退 處房中 向堂潛禮 肘額俱血 類表公之仙溪山也 地藏菩薩日來問慰 泊席罷還山 途中見二簡子 貼在衣褶間 持廻告於深 深曰 簡在函中 那得至 此 檢之封題依舊 開視亡矣 深深異之 重襲而藏 之 又行如初 再廻告之 深曰 佛意在子 子其奉行 乃授簡子 地頂戴歸山 岳神率二仙子 迎至山椒 引地坐於嵓上 歸伏嵓下 謹受正戒 地曰 今將擇 地奉安聖簡 非吾輩所能指定 請與三君 憑高擲 簡以卜之 乃與神等陟峰巓 向西擲之 簡乃風颺 而飛 時神作歌曰 (…) 旣唱而得簡於林泉中 卽 其地構堂安之 今桐華寺籤堂北有小井是也
818	戊戌	憲宗 元和 13	재위 10년	簡王 太始 1년 宣王 建興 1년	第四十一憲德王 元和十 三年戊戌 三月十四日大 雪〔一本作丙寅誤矣 元 和盡十五 無丙寅〕		심지; 16세

245 (…)의 내용은 해당 연도에 맞게 넣었다.

西紀 A.D.	干支	1. 王曆第一		10. 鞨鞨渤海	86. 洛山二大聖觀音正趣調信
		中國	新羅		
819	己亥	唐 憲宗 元和 14	第四十一憲德王 재위 11년	宣王 建興 2년	梵日; 10세
820	庚子	憲宗 元和 15	재위 12년	建興 3년	梵日; 11세
821	辛丑	穆宗 長慶 1	재위 13년	建興 4년	梵日; 12세
822	壬寅	穆宗 長慶 2	재위 14년	建興 5년	梵日; 13세
823	癸卯	穆宗 長慶 3	재위 15년	建興 6년	梵日; 14세

西紀 A.D.	干支	1. 王曆第一		10. 靺鞨渤海	48. 興德王 鸚鵡	82. 前後所將舍利	86. 洛山二大聖觀音正趣調信	138. 孫順埋兒 興德王代
		中國	新羅					
824	甲辰	唐 穆宗 長慶 4	第四十一憲德王 재위 16년	宣王 建興 7년			梵日; 15세	
825	乙巳	敬宗 寶曆 1	재위 17년	建興 8년			梵日; 16세	
826	丙午	敬宗 寶曆 2	재위 18년 第四十二興德王 金氏 名景暉 憲德母弟 妃昌 花夫人 諡定穆王后 昭 聖之女 丙午立 理十年 陵在安康北比火壤 與 妃昌花合葬	建興 9년	第四十二興德大王 寶 曆二年丙午卽位		梵日; 17세	孫順者〔古本作孫舜〕车梁里人 父鶴山 父沒 與 妻同傭作 人家得米穀 養老孃 孃名運鳥 順有小 兒 每奪孃食 順難之 謂其妻曰 兒可得 母難再求 而奪其食 母飢何甚 且埋此兒 以圖母腹之盈 乃 負兒歸醉山〔山在车梁西北〕北郊 堀地忽得石 鍾 甚奇 夫婦驚怪 乍懸林木上 試擊之 舂容可愛 妻曰 得異物殆兒之福 不可埋也 夫亦以爲然 乃 負兒與鍾而還家 懸鍾於梁扣之 聲聞于闕 興德 王聞之 謂左右曰 西郊有異鍾聲 淸遠不類 速檢 之 王人來檢其家 具事奏王 王曰 昔郭巨瘞子 天賜金釜 今孫順埋兒 地湧石鍾 前孝後孝 覆載 同鑑 乃賜屋一區 歲給粳五十碩 以尙純孝焉 順 捨舊居爲寺 號弘孝寺 安置石鍾
827	丁未	文宗 太和 1	第四十一憲德王 재위 19년 第四十二興德王 재위 2년	建興 10년	未幾有人奉使於唐 將 鸚鵡一雙而至 不久雌 死 而孤雄哀鳴不已 王 使人掛鏡於前 鳥見鏡 中影 擬其得偶 乃啄其 鏡而知其影 乃哀鳴而 死 王作歌云 未詳[246]	興德王代 太和元 年丁未 入學僧高 麗釋丘德 齎佛經 若干函來 王與諸 寺僧徒 出迎于興 輪寺前路	梵日; 18세 後有崛山祖師梵日 太和年中 入唐 到明州開國寺 有一沙彌 截左耳 在衆僧之末 與師言曰 吾亦鄕人也 家在溟州界翼嶺 縣德耆坊 師他日若還本國 須 成吾舍	
828	戊申	文宗 太和 2	재위 3년	建興 11년			梵日; 19세	

---

246 위의 사건이 언제 일어났는지를 정확하게 알 수는 없다. 대체로 826년 이후의 일로 추측할 수 있다.

西紀 A.D.	干支	1. 王曆第一		10. 鞨鞨渤海	86. 洛山二大聖觀音正趣調信
		中國	新羅		
829	己酉	唐 文宗 太和 3	第四十二興德王 재위 4년	宣王 建興 12년	梵日; 20세
830	庚戌	文宗 太和 4	재위 5년	大彝震 咸和 1년	梵日; 21세
831	辛亥	文宗 太和 5	재위 6년	咸和 2년	梵日; 22세
832	壬子	文宗 太和 6	재위 7년	咸和 3년	梵日; 23세
833	癸丑	文宗 太和 7	재위 8년	咸和 4년	梵日; 24세

西紀 A.D.	干支	1. 王曆第一		10. 鞨鞨渤海	49. 神武大王 閻長 弓巴	86. 洛山二大聖觀音正趣調信
		中國	新羅			
834	甲寅	唐 文宗 太和 8	第四十二興德王 재위 9년	大彝震 咸和 5년		梵日; 25세
835	乙卯	文宗 太和 9	재위 10년	咸和 6년		梵日; 26세
836	丙辰	文宗 開成 1	第四十三僖康王 金氏 名愷隆 一作悌顒 父憲貞角干 諡興 聖大王 一作翌成 禮英匝干子也 母美道夫人 一作深乃夫 人 一云巴利夫人 諡順成太后 忠衍大阿干之女也 妃文穆 王后 忠孝角干之女 一云重恭角干 丙辰年立 理二年	咸和 7년		梵日; 27세
837	丁巳	文宗 開成 2	재위 2년	咸和 8년		梵日; 28세
838	戊午	文宗 開成 3	第四十四閔〔一作敏〕哀王 金氏 名明 父忠恭角干 追封宣 康大王 母追封惠忠王之女 貴巴夫人 諡宣懿王后 妃無容 皇后 永公角干之女 戊午立	咸和 9년	第四十五神武大王潛邸時 謂俠士 弓巴曰 我有不同天之讎 汝能爲我 除之 獲居大位 則娶爾女爲妃	梵日; 29세

西紀 A.D.	干支	1. 王曆第一		10. 靺鞨渤海	47. 早雪	49. 神武大王閻長弓巴	50. 四十八景文大王	86. 洛山二大聖觀音正趣調信
		中國	新羅					
839	己未	唐 文宗 開成 4	第四十四閔哀王 재위 2년 至己未正月二十二日崩 第四十五神武王 金氏 名佑徵 父均 貞角干 追封成德大王 母貞矯夫人 追封祖禮英□爲惠康大王 妃貞從 〔一作繼〕太后 明海□之女 己未四 月立 至十一月二十三日崩 第四十六文聖王 金氏 名慶膺 父神 武王 母貞從太后 妃炤明王后 己未 十一月立 理十九年	大彗震 咸和 10년	第四十六文聖王 己 未五月 十九日大雪 八月一日 天地晦暗	弓巴許之 協心同力 擧兵 犯京師 能成其事		梵日; 30세
840	庚申	文宗 開成 5	재위 2년	咸和 11년				梵日; 31세
841	辛酉	武宗 會昌 1	재위 3년	咸和 12년				梵日; 32세
842	壬戌	武宗 會昌 2	재위 4년	咸和 13년			김응렴 태어남	梵日; 33세
843	癸亥	武宗 會昌 3	재위 5년	咸和 14년			김응렴; 2세	梵日; 34세

西紀 A.D.	干支	1. 王曆第一		10. 靺鞨渤海	49. 神武大王閻長弓巴	50. 四十八景文大王	86. 洛山二大聖觀音正趣調信	88. 臺山五萬眞身
		中國	新羅					
844	甲子	唐 武宗 會昌 4	第四十六文聖王 재위 6년	大彝震 咸和 15년		김응렴; 3세	梵日; 35세	
845	乙丑	武宗 會昌 5	재위 7년	咸和 16년	旣簒位 欲以巴之女爲妃 群臣極諫曰 巴側微 上以其女爲妃 則不可 王從之	김응렴; 4세	梵日; 36세	
846	丙寅	武宗 會昌 6	재위 8년	咸和 17년	時巴在淸海鎭爲軍戍 怨王之違言 欲謀亂 時將軍閻長聞之奏曰 巴將爲不忠 小臣請除之 王喜許之 閻長承旨歸淸海鎭 見謁者通曰 僕有小怨於國君 欲投明公以全身命 巴聞之大怒曰 爾輩諫於王而廢我女 胡顧見我乎 長復通曰 是百官之所諫 我不預謀 明公無嫌也 巴聞之引入廳事 謂曰 卿以何事來此 長曰 有忤於王 欲投幕下 以免害爾 巴曰幸矣 置酒歡甚 長取巴之長劍斬之 麾下軍士 驚慴皆伏地 長引至京師 復命曰 已斬弓巴矣 上喜賞之 賜爵阿干	김응렴; 5세	梵日; 37세	
847	丁卯	宣宗 大中 1	재위 9년	咸和 18년		김응렴; 6세	梵日; 38세 旣而遍遊叢席 得法於鹽官〔事具在本傳〕以會昌七年丁卯還國 先創崛山寺而傳敎	後有頭陀信義 乃梵日之門人也 來尋藏師憩息之地 創庵而居 信義旣卒 庵亦久廢 有水多寺長老有緣 重創而居 今月精寺是也[247]
848	戊辰	宣宗 大中 2	재위 10년	咸和 19년		김응렴; 7세	梵日; 39세	

247 두타신의는 범일의 문인으로 소개되어 있다. 그렇다면 위의 일이 있었던 시기는, 대체로 범일이 귀국한 847년 이후임을 알 수 있다. 한편 두타신의가 입적한 뒤에 암자는 오랫동안 폐사되었던 것으로 되어 있다. 그렇다면 수다사의 장로인 유연이 이곳을 중창하고 머무른 시기는 상당히 후의 일이라고 볼 수 있다. 그러나 그 구체적인 시기를 위의 기록만으로는 알 수 없다.

西紀 A.D.	干支	1. 王曆第一		10. 靺鞨渤海	50. 四十八景文大王	82. 前後所將舍利	86. 洛山二大聖觀音正趣調信
		中國	新羅				
849	己巳	唐 宣宗 大中 3	第四十六文聖王 재위 11년	大彝震 咸和 20년	김응렴; 8세		梵日; 40세
850	庚午	宣宗 大中 4	재위 12년	咸和 21년	김응렴; 9세		梵日; 41세
851	辛未	宣宗 大中 5	재위 13년	咸和 22년	김응렴; 10세	唐大中五年辛未 入朝使元弘所將佛牙〔今未詳所在 新羅文聖王代〕 大中五年 入朝使元弘 齎佛經若干軸來	梵日; 42세 女有一子; 1세
852	壬申	宣宗 大中 6	재위 14년	咸和 23년	김응렴; 11세		梵日; 43세 女有一子; 2세
853	癸酉	宣宗 大中 7	재위 15년	咸和 24년	김응렴; 12세		梵日; 44세 女有一子; 3세

西紀 A.D.	干支	1. 王曆第一		10. 靺鞨渤海	50. 四十八景文大王	86. 洛山二大聖觀音正趣調信	140. 崔致遠年譜
		中國	新羅				
854	甲戌	唐 宣宗 大中 8	第四十六文聖王 재위 16년	大彛震 咸和 25년	김응렴; 13세	梵日; 45세 女有一子; 4세	
855	乙亥	宣宗 大中 9	재위 17년	咸和 26년	김응렴; 14세	梵日; 46세 女有一子; 5세	
856	丙子	宣宗 大中 10	재위 18년	咸和 27년	김응렴; 15세	梵日; 47세 女有一子; 6세	
857	丁丑	宣宗 大中 11	재위 19년	咸和 28년	김응렴; 16세	梵日; 48세 女有一子; 7세	崔致遠 출생[248]
858	戊寅	宣宗 大中 12	第四十七憲安王 金氏 名誼 靖 神武王之弟 母昕明夫人 戊寅立 理三年	大虔晃 재위 1년	김응렴; 17세	梵日; 49세 女有一子年才八歲 大中十二年戊寅二月十五日 夜夢昔所見沙彌到窓下曰 昔在明州開國 寺 與師有約 旣蒙見諾 何其晚也 祖師驚覺 押數十人 到翼嶺境 尋訪其 居 有一女居洛山下村 問其名 曰德耆 女有一子年才八歲 常出遊於村 南石橋邊 告其母曰 吾所與遊者 有金色童子 母以告于師 師驚喜 與其子尋所遊橋下 水中有一石佛 舁出之 截左耳 類前所見沙彌 卽正趣菩薩之像也 乃作簡子 卜其營構之地 洛山上方 吉 乃作殿三間安其像〔古本載 梵日事在前 相曉二師在後 然按湘曉二 師事在於高宗之代 梵日在於會昌之後 相去一百七十餘歲 故今前却而 編次之 或云 梵日爲相之門人 謬妄也〕	崔致遠; 2세

---

248 『삼국유사』는 여러 곳에서 최치원이 말한 내용을 인용하고 있다. 이에 崔致遠年譜를 추가로 넣었다.

西紀 A.D.	干支	1. 王曆第一		10. 靺鞨渤海	50. 四十八景文大王	86. 洛山二大聖觀音正趣調信	140. 崔致遠年譜
		中國	新羅				
859	己卯	唐 宣宗 大中 13	第四十七憲安王 재위 2년	大虔晃 재위 2년	王諱膺廉 年十八爲國仙	梵日; 50세	崔致遠; 3세
860	庚辰	懿宗 咸通 1	재위 3년	재위 3년	김응렴; 19세	梵日; 51세	崔致遠; 4세
861	辛巳	懿宗 咸通 2	第四十八景文王　金氏 名膺廉 父啓明角干 追 封義〔一作懿〕恭大王 卽僖康王之子也　母神 武王之女 光和夫人 妃 文資王后　憲安王之女 辛巳立 理十四年	재위 4년	至於弱冠 憲安大王召郎 宴於殿中 問曰 郎爲國仙 優遊四方 見何異 事 郎曰 臣見有美行者三 王曰 請聞其說 郎曰 有人爲人上者 而撝謙 坐於人下 其一也 有人豪富而衣儉易 其二也 有人本貴勢而不用其 威者 三也 王聞其言 而知其賢 不覺墮淚而謂曰 朕有二女 請以奉巾 櫛 郎避席而拜之 稽首而退 告於父母 父母驚喜 會其子弟議曰 王之 上公主貌甚寒寢 第二公主甚美 娶之幸矣 郎之徒上首範敎師者聞之 至於家問郎曰 大王欲以公主妻公信乎 郎曰然 曰奚娶 郎曰 二親命我宜弟 師曰 郎若娶弟 則予必死於郎之 面前 娶其兄 則必有三美 誡之哉 郎曰聞命矣 旣而王擇辰 而使於郎 曰 二女惟公所命 使歸以郎意奏曰 奉長公主爾 旣而過三朔 王疾革 召群臣曰 朕無男孫 窆穸之事 宜長女之夫 膺廉繼之 翌日王崩 郎奉 遺詔卽位 於是範敎師詣於王曰 吾所陳三美者 今皆著矣 娶長故 今 登位一也 昔之欽豔弟主 今易可取二也 娶兄故 王與夫人喜甚三也 王德其言 爵爲大德 賜金一百三十兩	梵日; 52세	崔致遠; 5세
862	壬午	懿宗 咸通 3	第四十八景文王 재위 2년	재위 5년	경문왕; 21세	梵日; 53세	崔致遠; 6세
863	癸未	懿宗 咸通 4	재위 3년	재위 6년	경문왕; 22세	梵日; 54세	崔致遠; 7세

西紀 A.D.	干支	1. 王曆第一		10. 靺鞨渤海	59. 後百濟 甄萱	73. 皇龍寺九層塔	96. 有德寺	139. 貧女養母	140. 崔致遠年譜
		中國	新羅						
864	甲申	唐 懿宗 咸通 5	第四十八景文王 재위 4년	大虔晃 재위 7년					崔致遠; 8세
865	乙酉	懿宗 咸通 6	재위 5년	재위 8년					崔致遠; 9세
866	丙戌	懿宗 咸通 7	재위 6년	재위 9년					崔致遠; 10세
867	丁亥	懿宗 咸通 8	재위 7년	재위 10년	三國史本傳云 甄萱尙州加恩縣人也 咸通八年丁亥生 本姓李 後以甄爲氏 父阿慈个 以農自活		新羅太大角干崔有德 捨私第爲寺 以有德名之[249]	貧女; 1세 전후	崔致遠; 11세
868	戊子	懿宗 咸通 9	재위 8년	재위 11년	견훤; 2세	(又按國史及寺中古記) 四十八景文王代戊子六月 第二霹靂 同代第三重修[250]	遠孫三韓功臣崔彦撝 掛安眞影 仍有碑云 崔彦撝 出生	貧女; 2세 전후	崔致遠; 12세 입당유학함

[249] 유덕사가 세워진 시기를 정확하게 알 수는 없다. 대체로 유덕사가 창건된 연대는, 최언위가 아직 태어나지 않았을 시기인 867년 이전이라고 봐야 할 것이다.

[250] 景文王 11년(871) 重創時에 기록된 「신라황룡사구층목탑찰주본기」의 내용과 일치하고 있다.

西紀 A.D.	干支	1. 王曆第一		10. 靺鞨渤海	50. 四十八景文大王	59. 後百濟 甄萱	96. 有德寺	140. 崔致遠年譜
		中國	新羅					
869	己丑	唐 懿宗 咸通 10	第四十八景文王 재위 9년	大虔晃 재위 12년	경문왕; 28세	견훤; 3세 初萱生孺褓時 父耕于 野 母餉之 以兒置于林 下 虎來乳之 鄉黨聞者 異焉 及壯體貌雄奇 志 氣倜儻不凡	崔彦撝; 2세	崔致遠; 13세
870	庚寅	懿宗 咸通 11	재위 10년	景王 재위 1년	경문왕; 29세 王之寢殿 每日暮無數衆蛇俱集[251] 宮人驚怖 將驅遣之 王曰 寡人若無蛇 不得安寢 宜無禁 每寢吐舌滿胸鋪之 乃登位 王耳忽長如驢耳 王后及宮人皆未知 唯幞頭匠一人知之 然生平 不向人說 其人將死 入道林寺竹林中無人處 向竹唱云 吾君耳如驢耳 其 後風吹 則竹聲云 吾君耳如驢耳 王惡之 乃伐竹而植山茱萸 風吹則但聲 云 吾君耳長〔道林寺 舊在入都林邊〕 國仙邀元郎 譽昕郎 桂元 叔宗郎等 遊覽金蘭 暗有爲君主理邦國之意 乃作歌三首 使心弼舍知授針卷 送大炬和尚處 令作三歌 初名玄琴抱曲 第二大道曲 第三問群曲 入奏於王 王大喜稱賞 歌未詳	견훤; 4세	崔彦撝; 3세	崔致遠; 14세
871	辛卯	懿宗 咸通 12	재위 11년	재위 2년	경문왕; 30세	견훤; 5세	崔彦撝; 4세	崔致遠; 15세
872	壬辰	懿宗 咸通 13	재위 12년	재위 3년	경문왕; 31세	견훤; 6세	崔彦撝; 5세	崔致遠; 16세
873	癸巳	懿宗 咸通 14	재위 13년	재위 4년	경문왕; 32세	견훤; 7세	崔彦撝; 6세	崔致遠; 17세

---

251 위의 사건이 경문왕 즉위 이후에 일어난 것은 확실하지만 정확한 시기는 알 수 없다. 그런데 『삼국사기』 권11 「신라본기」 11의 경문왕 10년조에 의하면, "5월에 왕비가 죽었다"라고
되어 있다. 이렇게 볼 때 위의 사건이 있었던 시기는 870년 이후로 보여진다.

西紀 A.D.	干支	1. 王曆第一		10. 靺鞨渤海	86. 洛山二大聖觀音正趣調信	96. 有德寺	134. 念佛師	139. 貧女養母	140. 崔致遠年譜
		中國	新羅						
874	甲午	唐 僖宗 乾符 1	第四十八景文王 재위 14년	景王 재위 5년	梵日; 65세	崔彦撝; 7세		貧女; 8세 전후	崔致遠; 18세 빈공진사시 급제
875	乙未	僖宗 乾符 2	第四十九憲康王 金氏 名 晸 父景文王 母文資皇后 妃懿明夫人 一云義明王 后 乙未立 理十一年	재위 6년	梵日; 66세	崔彦撝; 8세	南山東麓有避里村 村有寺 因名 避里寺 寺有異僧 不言名氏 常念 彌陁 聲聞于城中 三百六十坊 十 七萬戶 無不聞聲 聲無高下 琅琅 一樣 以此異之 莫不致敬 皆以念 佛師爲名 死後泥塑眞儀 安于敏 藏寺中 其本住避里寺 改名念佛 寺 寺旁亦有寺 名讓避 因村得名	貧女; 9세 전후	崔致遠; 19세

西紀 A.D.	干支	1. 王曆第一		10. 靺鞨渤海	51. 處容郎 望海寺	59. 後百濟 甄萱	94. 伯嚴寺石塔舍利	96. 有德寺	140. 崔致遠年譜
		中國	新羅						
876	丙申	唐 僖宗 乾符 3	第四十九憲康王 재위 2년	景王 재위 7년		견훤; 10세		崔彥撝; 9세	崔致遠; 20세
877	丁酉	僖宗 乾符 4	재위 3년	재위 8년		견훤; 11세/왕건 출생		崔彥撝; 10세	崔致遠; 21세
878	戊戌	僖宗 乾符 5	재위 4년	재위 9년		견훤; 12세/ 왕건; 2세	兢讓和尙 出生	崔彥撝; 11세	崔致遠; 22세
879	己亥	唐 僖宗 乾符 6	재위 5년	재위 10년	於是大王遊開雲浦〔在鶴城西南 今蔚州〕王將還駕 晝歇於汀邊 忽雲霧冥曀 迷失道路 怪問左右 日官奏云 此東海 龍所變也 宜行勝事以解之 於是勅有 司 爲龍剏佛寺近境 施令已出 雲開霧 散 因名開雲浦 東海龍喜 乃率七子現 於駕前 讚德獻舞奏樂	견훤; 13세/왕건 3세	兢讓和尙; 2세	崔彥撝; 12세	崔致遠; 23세

西紀 A.D.	干支	1. 王曆第一 中國	1. 王曆第一 新羅	10. 靺鞨渤海	17. 辰韓	18. 又四節遊宅	35. 金庾信	51. 處容郎 望海寺	94. 伯嚴寺石塔舍利	140. 崔致遠年譜
880	庚子	唐 僖宗 廣明 1	第四十九憲康王 재위 6년	景王 재위 11년	新羅全盛之時 京中十七萬八千九百三十六戶 一千三百六十坊 五十五里 三十五金入宅〔言富潤大宅也〕南宅 北宅 (…)財買井宅〔庾信公祖宗〕(…) 井下宅	春東野宅 夏谷良宅 秋仇知宅 冬加伊宅 第四十九憲康大王代 城中無一草屋 接角連牆 歌吹滿路 晝夜不絶	金氏宗財買夫人死 葬於靑淵上谷 因名財買谷 每年春月 一宗士女會宴於其谷之南澗 于時百卉敷榮 松花滿洞府林 谷口架築爲庵 因名松花房 傳爲願刹[252]	第四十九憲康大王之代 自京師至於海內 比屋連牆 無一草屋 笙歌不絶道路 風雨調於四時 其一子隨駕入京 輔佐王政 名曰處容 王以美女妻之 欲留其意 又賜級干職 其妻甚美 疫神欽慕之 變爲人 夜至其家 竊與之宿 處容自外至其家 見寢有二人 乃唱歌作舞而退 歌曰 (…) 時神現形跪於前曰 吾羨公之妻 今犯之矣 公不見怒 感而美之 誓今已後 見畫公之形容 不入其門矣 因此國人門帖處容之形 以辟邪進慶[253]	兢讓和尙; 3세 但古傳云 前代新羅時 北宅廳基捨置慈寺 中間久廢[254]	崔致遠; 24세

---

[252] 17. 진한조에 '재매정택'이 보이는 사실에 주목하였다. 35. 김유신조에 보이는 재매부인이 사망한 정확한 시기는 알 수 없다. 대체로 880년 이후에 사망한 것으로 보인다.

[253] 정확한 시기는 알 수 없지만, 880년 이후의 일인 것만은 확실하다.

[254] 북택청의 터에 백엄사를 세웠다고 하는 것으로 볼 때, 백엄사가 처음 세워진 시기는 880년 이후로 볼 수 있다.

西紀 A.D.	干支	1. 王曆第一		10. 靺鞨渤海	51. 處容郎 望海寺	59. 後百濟 甄萱	96. 有德寺	139. 貧女養母	140. 崔致遠年譜
		中國	新羅						
881	辛丑	唐 僖宗 中和 1	第四十九憲康王 재위 7년	景王 재위 12년	王旣還 乃卜靈鷲山東麓勝 地 置寺 曰望海寺 亦名新 房寺 乃爲龍而置也[255]	견훤; 15세/왕건; 5세 又古記云 昔一富人居光州北村 有一 女子 姿容端正 謂父曰 每有一紫衣男 到寢交婚 父謂曰 汝以長絲貫針刺其 衣 從之 至明尋絲 於北墙下 針刺於大 蚯蚓之腰 後因姙生一男 年十五 自稱 甄萱	崔彦撝; 14세	貧女; 15세 전후	崔致遠; 25세
882	壬寅	僖宗 中和 2	재위 8년	재위 13년	又幸鮑石亭 南山神現舞於 御前 左右不見 王獨見之 有人現舞於前 王自作舞 以 像示之 神之名或曰祥審 故 至今國人傳此舞 曰御舞祥 審 或曰御舞山神 或云旣神 出舞 審象其貌 命工摹刻 以示後代 故云象審 或云霜 髥舞 此乃以其形稱之	견훤; 16세/왕건; 6세	崔彦撝; 15세	貧女; 16세 전후	崔致遠; 26세
883	癸卯	僖宗 中和 3	재위 9년	재위 14년	又幸於金剛嶺時 北岳神呈 舞 名玉刀鈐	견훤; 17세/왕건; 7세	崔彦撝; 16세	貧女; 17세 전후	崔致遠; 27세

---

255 정확한 시기는 알 수 없지만, 대체로 881년 무렵에 있었던 것으로 볼 수 있다.

西紀 A.D.	干支	1. 王曆第一		10. 靺鞨渤海	46. 元聖大王	51. 處容郎 望海寺	59. 後百濟 甄萱	139. 貧女養母	140. 崔致遠年譜
		中國	新羅						
884	甲辰	唐 僖宗 中和 4	第四十九憲康王 재위 10년	景王 재위 15년		又同禮殿宴時 地神出舞 名地伯 級干 語法集云 于時山神獻舞 唱歌云 智理多都波都波等者 蓋 言以智理國者 知而多逃 都邑將 破云謂也 乃地神山神知國將亡 故作舞以警之 國人不悟 謂爲現 瑞 耽樂滋甚 故國終亡	견훤; 18세/왕건; 8세	貧女; 18세 전후	崔致遠; 28세
885	乙巳	僖宗 光啓 1	재위 11년	재위 16년			光啓中據沙弗城〔今尙州〕自稱將軍 有 四子 皆知名於世 萱號傑出 多智略 李碑家記云 眞興大王妃思刀 謚曰白숭 〔鳥+戎〕夫人 第三子仇輪公之子 波珍干 善品之子角干酌珍 妻王咬巴里生角干元 善 是爲阿慈个也 慈之第一妻上院夫人 第二妻南院夫人 生五子一女 其長子是 尙父萱 二子將軍能哀 三子將軍龍蓋 四 子寶蓋 五子將軍小蓋 一女大主刀金	貧女; 19세 전후	崔致遠; 29세 3월 귀국
886	丙午	僖宗 光啓 2	第五十定康王 金氏 名晃 閔哀王 之母弟 丙午立而 崩	재위 17년	有崔致遠撰 碑[256]		견훤; 20세/왕건; 10세	貧女; 20세 전후 孝宗郞遊南山鮑石亭〔或云三花述〕 門客星馳 有二客獨後 郞問其故 曰芬皇寺之東里有女 年 二十左右 抱盲母相號而哭 問同里 曰此女家貧 乞啜而反哺有年矣 適歲荒 倚門難以藉手 贖賃 他家 得穀三十石 寄置大家服役 日暮豪米而來 家 炊餉伴宿 晨則歸役大家 如是者數日矣 母日 昔日之糠秕 心和且平 近日之香粳 膈肝若刺 而 心未安 何哉 女言其實 母痛哭 女嘆己之但能口 腹之養 而失於色難也 故相持而泣 見此而遲留 爾 郞聞之潸然 送穀一百斛 郞之二親亦送衣袴 一襲 郞之千徒 斂租一千石遺之[257]	崔致遠; 30세

256 최치원이 찬한 대숭복사비를 말한다. 이 비문은 886년에 왕명을 받들어 최치원이 지었다.

257 『삼국사기』 권11 「신라본기」11의 정강왕 즉위년조에는, "8월에 이찬 준흥을 시중으로 삼았다. 나라의 서쪽 지방에 가뭄이 들고 또 흉년이 들었다"라고 되어 있다. 이 기록을 근거로 위의 사건이 일어난 시기를 정강왕 즉위년으로 보았다.

西紀 A.D.	干支	1. 王曆第一		10. 靺鞨渤海	59. 後百濟 甄萱	94. 伯嚴寺石塔舍利	138. 孫順埋兒興德王代	139. 貧女養母	140. 崔致遠年譜
		中國	新羅						
887	丁未	唐 僖宗 光啓 3	五十一眞聖女王 金氏 名曼 憲 卽定康王之同母妹也 王 之匹魏弘大角干 追封惠成 大王 丁未立 理十年	景王 재위 18년	견훤; 21세	兢讓和尙; 10세	眞聖王代 百濟橫賊入其里 鍾亡寺存 其得鍾之地 名完 乎坪 今訛云枝良坪	事達宸聰 時眞聖 王賜穀五百石 幷 宅一廛 遣卒徒衛 其家 以儆劫掠 旌 其坊爲孝養之里	崔致遠; 31세

西紀 A.D.	干支	1. 王曆第一		10. 靺鞨渤海	52. 眞聖女大王 居陁知	59. 後百濟 甄萱	139. 貧女養母	140. 崔致遠年譜
		中國	新羅					
888	戊申	唐 昭宗 文德 1	五十一眞聖女王 재위 2년	景王 재위 19년	第五十一眞聖女王 臨朝有年 乳母鳧好夫人 與其夫魏弘匝干等三四寵臣 擅權撓政 盜賊蜂起 國人患之 乃作陀羅尼隱語 書投路上 王與權臣等得之 謂曰 此非王居仁 誰作此文 乃囚居仁於獄 居仁作詩訴于天 天乃震其獄囚以免之 詩曰 燕丹泣血虹穿日 鄒衍含悲夏落霜 今我失途還似舊 皇天何事不垂祥 陀羅尼曰 南無亡國 刹尼那帝 判尼判尼蘇判尼 于于三阿干 鳧伊娑婆訶 說者云 刹尼那帝者 言女主也 判尼判尼蘇判尼者 言二蘇判也〔蘇判爵名〕于于三阿十者 言三四寵臣也 鳧伊者言鳧好也[258]	견훤; 22세 變竪在側 竊弄國權 綱紀紊弛[259]	後[260]捨其家爲寺 名兩尊寺	崔致遠; 32세

---

258 『삼국사기』 권11 「신라본기」11의 진성왕 2년조 기사에 상세한 내용이 서술되어 있다.

259 『삼국사기』 권11 「신라본기」11의 진성왕 2년조 기사에 상세한 내용이 서술되어 있다.

260 뒤에 양존사를 세웠다고 하는 위의 기록이 정확히 어느 시기를 가리키는지는 알 수 없다. 대체로 888년 이후에 정강왕과 진성여왕을 추모하면서 양존사를 세웠던 것으로 볼 수 있다.

西紀 A.D.	干支	1. 王曆第一		10. 靺鞨渤海	52. 眞聖女大王 居陁知	59. 後百濟 甄萱	60. 駕洛國記
		中國	新羅				
889	己酉	唐 昭宗 龍紀 1	五十一眞聖女王 재위 3년	景王 재위 20년	此王代 阿飡良貝 王之季子也 奉使於唐 聞百濟 海賊梗於津島 選弓士五十人隨之 船次鵠島〔鄕 云骨大島〕風濤大作 信宿浹旬 公患之 使人卜之 曰 島有神池 祭之可矣 於是具奠於池上 池水湧 高丈餘 夜夢有老人 謂公曰 善射一人 留此島中 可得便風 公覺而以事諮於左右曰 留誰可矣 衆 人曰 宜以木簡五十片書我輩名 沈水而鬮之 公 從之 軍士有居陁知者 名沈水中 乃留其人 便風 忽起 船進無滯 居陁愁立島嶼 忽有老人 從池而 出 謂曰 我是西海若 每一沙彌日出之時 從天而 降 誦陁羅尼 三繞此池 我之夫婦子孫皆浮水上 沙彌取吾子孫肝腸 食之盡矣 唯存吾夫婦與一 女爾 來朝又必來 請君射之 居陁曰 弓矢之事 吾 所長也 聞命矣 老人謝之而沒 居陁隱伏而待 明 日扶桑旣暾 沙彌果來 誦呪如前 欲取老龍肝 時 居陁射之 中沙彌 卽變老狐 墜地而斃 於是老人 出而謝曰 受公之賜 全我性命 請以女子妻之 居 陁曰 見賜不遺 固所願也 老人以其女 變作一枝 花 納之懷中 仍命二龍 捧居陁趂及使船 仍護其 船 入於唐境 唐人見新羅船 有二龍負之 具事上 聞 帝曰 新羅之使 必非常人 賜宴坐於群臣之上 厚以金帛遺之 旣還國 居陁出花枝 變女同居焉[261]	견훤; 23세 加之以飢饉 百姓流移 群盜蜂 起 於是萱竊有叛心 嘯聚徒侶 行擊京西南州縣 所至響應 旬 月之間 衆至五千 遂襲武珍州 自王 猶不敢公然稱王 自署爲 新羅西南都統 行全州刺史兼御 史中承上柱國漢南郡開國公 龍 紀元年己酉也	新羅季末 有忠至匝干者 攻取金官高城 而爲城 主將軍 爰有英規阿干 假威於將軍 奪廟享而淫 祀 當端午而致告祠 堂梁無故折墜 因覆壓而死 焉 於是將軍自謂 宿因多幸 辱爲聖王所御國城 之奠 宜我畫其眞影 香燈供之 以酬玄恩 遂以 鮫絹三尺 摸出眞影 安於壁上 旦夕膏炷 瞻仰 虔至 才三日 影之二目 流下血淚 而貯於地上 幾一斗矣 將軍大懼 捧持其眞 就廟而焚之 卽 召王之眞孫圭林而謂曰 昨有不祥事 一何重疊 是必廟之威靈 震怒余之圖畫 而供養不孫 英規 旣死 余甚怪畏 影已燒矣 必受陰誅 卿是王之 眞孫 信合依舊以祭之 圭林繼世奠酹 年及八十 八歲而卒 其子間元卿 續而克禋 端午日謁廟之 祭 英規之子俊必又發狂 來詣廟 俾徹間元之奠 以己奠陳享 三獻未終 得暴疾 歸家而斃 然古 人有言 淫祀無福 反受其殃 前有英規 後有俊 必 父子之謂乎 又有賊徒 謂廟中多有金玉 將來盜焉 初之來也 有躬擐甲冑 張弓挾矢 猛士一人 從廟中出 四 面雨射 中殺七八人 賊徒奔走 數日再來 有大 蟒長三十餘尺 眼光如電 自廟房出 咬殺八九人 粗得完免者 皆僵仆而散 故知陵園表裏 必有神 物護之[262]

---

261 위의 사건이 언제 있었던 것인지는 정확하게 알 수 없다. 대체로 889년 이후에 있었던 일로 추측하였다.
262 위의 사건이 언제 있었던 것인지는 정확하게 알 수 없다. 대체로 889년 이후에 있었던 일로 추측하였다.

西紀 A.D.	干支	1. 王曆第一				10. 靺鞨渤海	59. 後百濟 甄萱	99. 寶壤梨木
		中國	新羅	後高麗	後百濟			
890	庚戌	昭宗 大順 1	五十一眞聖女王 재위 4년	後高麗 弓裔 大順庚戌 始投北原賊 良吉屯[263]		景王 재위 21년	견훤; 24세	羅代已來 當郡寺院 鵲岬已 下中小寺院　三韓亂亡間[264] 大鵲岬 小鵲岬 所寶岬 天門 岬 嘉西岬等 五岬皆亡壞 五 岬柱合在大鵲岬
891	辛亥	昭宗 大順 2	재위 5년			재위 22년	견훤; 25세	
892	壬子	昭宗 景福 1	재위 6년		後百濟 甄萱 壬子 始都光州[265] 재위 1년	재위 23년	견훤; 26세 至景福元年壬子稱王 立都於完山郡 從軍入王京 赴西南海防戌 枕戈待敵 其 氣恒爲士卒先 以勞爲裨將 唐昭宗景福 元年 是新羅眞聖王在位六年 一云景福元年壬子　是時北原賊良吉雄 强 弓裔自投爲麾下 萱聞之 遙授良吉職 爲裨將	
893	癸丑	昭宗 景福 2	재위 7년			재위 2년	재위 24년	견훤; 27세	

263 『삼국사기』권31 「연표」 하에서는 신해년(891)에 "弓裔始起投賊"한 것으로 보았다. 위의 기록은 『삼국사기』의 기록과 비교할 때, 1년의 연대 차이가 있다.

264 위의 사건이 언제 있었던 것인지는 정확하게 알 수 없다. '三韓亂亡間'이라는 기록을 근거로, 890년 이후에 있었던 일로 추측하였다.

265 『삼국사기』권31 「연표」 하에서는, "후백제의 견훤이 왕을 자칭; 後百濟甄萱自稱王"한 것으로 보았다.

西紀 A.D.	干支	1. 王曆第一				10. 靺鞨渤海	4. 馬韓	16. 卞韓百濟	17. 辰韓	20. 第二南解王	96. 有德寺	140. 崔致遠年譜
		中國	新羅	後高麗	後百濟							
894	甲寅	唐 昭宗 乾寧 1	五十一眞聖女王 재위 8년		後百濟甄萱 재위 3년 견훤; 28세	景王 재위 25년	崔致遠云 馬韓麗也 辰韓羅也	(崔)致遠云 卞 韓 百濟也	又崔致遠云 辰韓 本燕人避之者 故 取涿水之名 稱所 居之邑里 云沙涿 漸涿等〔羅人方言 讀涿音爲道 故今 或作沙梁 梁亦讀 道〕	史論曰 新羅稱居西干 次 次雄者一 尼師今者十六 麻立干者四 羅末名儒崔 致遠 作帝王年代曆[266] 皆 稱某王 不言居西干等 豈 以其言鄙野 不足稱之也 今記新羅事 具存方言 亦 宜矣 羅人凡追封者 稱葛 文王 未詳	崔彦撝; 27세	崔致遠; 38세
895	乙卯	昭宗 乾寧 2	재위 9년		재위 4년 견훤; 29세	재위 26년					崔彦撝; 28세	崔致遠; 39세
896	丙辰	昭宗 乾寧 3	재위 10년	(後高麗 弓裔) 丙辰都鐵圓城 〔今東州也〕	재위 5년 견훤; 30세	재위 27년					崔彦撝; 29세	崔致遠; 40세
897	丁巳	昭宗 乾寧 4	丁巳遜位于小子孝恭王 十 二月崩 火葬散骨于牟梁西 岳 一作未黃山 第五十二孝恭王 金氏 名嶢 父憲康王 母文資王后 丁巳 立 理十五年 火葬師子寺北 骨葬于仇知提東山脇	丁巳移都松 岳郡[267]	재위 6년 견훤; 31세	재위 28년					崔彦撝; 30세	崔致遠; 41세
898	戊午	昭宗 光化 1	재위 2년		재위 7년 견훤; 32세	재위 29년					崔彦撝; 31세	崔致遠; 42세

266 『삼국사기』 권11 「신라본기」11의 진성왕 8년조에는, "봄 2월에 최치원이 時務 10여조를 올렸는데, 왕이 기꺼이 그것을 받아들이고 최치원을 아찬으로 삼았다"라고 되어 있다. 한편 최치원이 『제왕연대력』을 찬술한 시기도 이 무렵으로 볼 수 있다.

267 『삼국사기』 권31 「연표」 하에서는 무오년(898)에 "弓裔都松嶽郡"한 것으로 보았다. 위의 기록은 『삼국사기』의 기록과 비교할 때, 1년의 연대 차이가 있다.

西紀 A.D.	干支	1. 王曆第一				10. 靺鞨渤海	59. 後百濟 甄萱	94. 伯嚴寺石塔舍利	96. 有德寺	140. 崔致遠年譜
		中國	新羅	後高麗	後百濟					
899	己未	唐 昭宗 光化 2	第五十二孝恭王 재위 3년		後百濟甄萱 재위 8년	景王 재위 30년	견훤; 33세/왕건; 23세	兢讓和尚; 22세	崔彦撝; 32세	崔致遠; 43세
900	庚申	昭宗 光化 3	재위 4년		재위 9년	재위 31년	견훤; 34세/왕건; 24세 萱西巡至完山州 州民迎勞 喜得 人心 謂左右曰 百濟開國六百餘 年 唐高宗以新羅之請 遣將軍蘇 定方 以船兵十三萬越海 新羅金 庾信卷土歷黃山 與唐兵合攻百 濟滅之 予今敢不立都 以雪宿憤 乎 遂自稱後百濟王 設官分職 是 唐光化三年 新羅孝恭王四年也	兢讓和尚; 23세	崔彦撝; 33세	崔致遠; 44세
901	辛酉	昭宗 天復 1	재위 5년	辛酉稱高麗[268]	재위 10년	哀王 재위 1년	견훤; 35세/왕건; 25세	兢讓和尚; 24세	崔彦撝; 34세	崔致遠; 45세
902	壬戌	昭宗 天復 2	재위 6년		재위 11년	재위 2년	견훤; 36세/왕건; 26세	兢讓和尚; 25세	崔彦撝; 35세	崔致遠; 46세
903	癸亥	昭宗 天復 3	재위 7년		재위 12년	재위 3년	견훤; 37세/왕건; 27세	兢讓和尚; 26세	崔彦撝; 36세	崔致遠; 47세

268 『삼국사기』 권31 「연표」 하에서는 이때에 "궁예가 왕을 자칭; 弓裔自稱王"한 것으로 보았다.

西紀 A.D.	干支	1. 王曆第一				10. 靺鞨渤海	59. 後百濟 甄萱	82. 前後所將舍利	94. 伯嚴寺石塔舍利	96. 有德寺	140. 崔致遠年譜
		中國	新羅	後高麗	後百濟						
904	甲子	唐 景宗 天祐 1	第五十二孝恭王 재위 8년	甲子改國號摩震 置元武泰[269] 武泰 1년	後百濟甄萱 재위 13년	哀王 재위 4년	견훤; 38세		兢讓和尙; 27세	崔彦撝; 37세	崔致遠; 48세
905	乙丑	景宗 天祐 2	재위 9년	聖冊 1년[270]	재위 14년	재위 5년	견훤; 39세		兢讓和尙; 28세	崔彦撝; 38세	崔致遠; 49세
906	丙寅	景宗 天祐 3	재위 10년	聖冊 2년	재위 15년	재위 6년	견훤; 40세		去丙寅年中 沙木谷陽 孚和尙 改造住持	崔彦撝; 39세	崔致遠; 50세
907	丁卯	朱梁 太祖 開平 1	재위 11년	聖冊 3년	재위 16년	재위 7년	견훤; 41세	羅末普耀禪師再 至吳越 載大藏經 來 卽海龍王寺開 山祖也[271]	兢讓和尙; 30세	崔彦撝; 40세	崔致遠; 51세
908	戊辰	太祖 開平 2	재위 12년	聖冊 4년	재위 17년	재위 8년	견훤; 42세		兢讓和尙; 31세 侃遊上座; 1세	崔彦撝; 41세	崔致遠; 52세[272]

---

[269] 『삼국사기』 권31 「연표」 하에서는, 이 해에 "국호를 마진으로 하고 연호를 무태로 한 것; 國號摩震 年號武泰"으로 보인다.

[270] 『삼국사기』 권31 「연표」 하의 을축년(905)에서는, "弓裔移都鐵圓 改武泰爲聖冊元年"이라고 하였다. 이를 참고로 성책 연호를 위에 추가하였다.

[271] 신라말이라고만 되어 있어 정확한 연대를 추정할 수는 없다. 대체로 중국의 吳越國(907~978)이 존재했던 기간을 존중한다면, 907년 이후로 볼 수 있다.

[272] 최치원이 언제 세상을 떠났는지는 현재 알 수 없다. 대체로 이 시기에 사망하였을 것으로 보인다.

西紀 A.D.	干支	1. 王曆第一				10. 靺鞨渤海	53. 孝恭王	59. 後百濟甄萱	94. 伯嚴寺石塔舍利	96. 有德寺
		中國	新羅	後高麗	後百濟					
909	己巳	朱梁 太祖 開平 3	第五十二孝恭王 재위 13년	聖冊 5년	後百濟甄萱 재위 18년	哀王 재위 9년		견훤; 43세	侃遊上座; 2세 兢讓和尙; 32세	崔彦撝; 42세
910	庚午	太祖 開平 4	재위 14년	聖冊 6년	재위 19년	재위 10년		견훤; 44세	侃遊上座; 3세 兢讓和尙; 33세	崔彦撝; 43세
911	辛未	末帝 乾化 1	재위 15년	泰封 水德萬歲 1년[273]	재위 20년	재위 11년		견훤; 45세	侃遊上座; 4세 兢讓和尙; 34세	崔彦撝; 44세
912	壬申	末帝 乾化 2	第五十三神德王 朴氏 名景 徽 本名秀宗 母貞花夫人 夫 人之父 順弘角干 追諡成武 大王 祖元隣角干 乃阿達王 之遠孫 父文元伊干 追封興 廉大王 祖文官海干 義父銳 謙角干 追封宣成大王 妃資 成王后 一云懿成 又孝資 壬 申立 理五年 火葬藏骨于箴 峴南	水德萬歲 2년	재위 21년	재위 12년	第五十二孝恭王 光化十五年壬申 〔實朱梁乾化二年 也〕奉聖寺外門 東 西二十一間鵲巢	견훤; 46세	侃遊上座; 5세 兢讓和尙; 35세	崔彦撝; 45세
913	癸酉	末帝 乾化 3	재위 2년	水德萬歲 3년	재위 22년	재위 13년		견훤; 47세	侃遊上座; 6세 兢讓和尙; 36세	崔彦撝; 46세

273 『삼국사기』 권31 「연표」 하의 신미년(911)에서는, "開國號爲泰封 改元水德萬歲"라고 하였다. 이를 참고로 "태봉 수덕만세"라는 내용을 추가하였다.

西紀 A.D.	干支	1. 王曆第一				10. 靺鞨渤海	53. 孝恭王	59. 後百濟 甄萱	94. 伯嚴寺石塔舍利	96. 有德寺
		中國	新羅	後高麗	後百濟					
914	甲戌	朱梁 末帝 乾化 4	第五十三神德王 재위 3년	甲戌還鐵原 政開 1년[274]	後百濟甄萱 재위 23년	哀王 재위 14년		견훤; 48세/왕건; 38세	侃遊上座; 7세 兢讓和尙; 37세	崔彦撝; 47세
915	乙亥	末帝 貞明 1	재위 4년	政開 2년	재위 24년	재위 15년	又神德王卽位四年乙亥〔古本云 天祐十二年 當作貞明元年〕靈廟寺內行廊 鵲巢三十四 烏巢四十 又三月 再降霜 六月 斬浦水與海水波相鬪三日	견훤; 49세/왕건; 39세	侃遊上座; 8세 兢讓和尙; 38세	崔彦撝; 48세
916	丙子	末帝 貞明 2	재위 5년	政開 3년	재위 25년	재위 16년		견훤; 50세/왕건; 40세	侃遊上座; 9세 兢讓和尙; 39세	崔彦撝; 49세

274 『삼국사기』 권31 「연표」 하의 갑술년(914)에서는, "改元政開 太祖爲百船將軍"이라고 하였다. 이를 참고로 정개라는 연호를 추가하였다.

西紀 A.D.	干支	1. 王曆第一				10. 靺鞨渤海	35. 金庾信	78. 興輪寺壁畫普賢	94. 伯嚴寺石塔舍利	115. 仙桃聖母隨喜佛事
		中國	新羅	後高麗	後百濟					
917	丁丑	朱梁 末帝 貞明 3	第五十四景明王 朴氏 名昇英 父神德 母資成 妃長沙宅 大尊角干 追封聖僖大王之子 大尊卽水宗伊干之子 丁丑立 理七年 火葬皇福寺 散骨于省等仍山西	政開 4년	後百濟甄萱 재위 26년	哀王 재위 17년	至五十四景明王 追封公爲興武大王[275] 陵在西山毛只寺之北 東向走峰	第五十四景明王時 興輪寺南門 及左右廊廡 災焚未修 靖和弘繼二僧 募緣將修	去丙寅年中(906) 沙木谷陽孚和尙 改造住持 丁丑遷化 侃遊上座; 10세 兢讓和尙; 40세	第五十四景明王好使鷹 嘗登此放鷹而失之 禱於神母曰 若得鷹 當封爵 俄而鷹飛來止机上 因封爵大王焉[276]

---

275 『삼국사기』 권43의 열전 「김유신(하)」에서는, "흥덕대왕이 김유신을 흥무대왕으로 책봉하였다"라고 되어 있다. 그런데 위에서는 경명왕이, "김유신을 흥무대왕으로 추봉하였다"라고 하였다. 두 기록 가운데 어느 것이 옳은지를 밝히는 것보다는, 두 기록을 모두 긍정하면서 그것이 가지는 의미를 살펴보는 것이 보다 타당하지 않을까라는 생각을 해본다. 그렇다면 위의 기록은 917년 이후에 있었던 일이라고 볼 수도 있다.

276 계속해서 "其始到辰韓也 生聖子爲東國始君 蓋赫居閼英二聖之所自也 故稱雞龍雞林白馬等 雞屬西故也 嘗使諸天仙織羅 緋染作朝衣 贈其夫 國人因此始知神驗"이라고 하면서, 선도성모가 어떤 인물인지를 설명하고 있다.

西紀 A.D.	干支	1. 王曆第一				10. 靺鞨渤海	54. 景明王	59. 後百濟甄萱	73. 皇龍寺九層塔	110. 心地繼祖	114. 明朗神印
		中國	新羅	後高麗	後百濟						
918	戊寅	朱梁 末帝 貞明 4	第五十四景明王 재위 2년	天授 1년 太祖 戊寅六月 裔死 太祖卽位 于鐵原京[277]	後百濟甄萱 재위 27년	哀王 재위 18년	第五十四景明 王代 貞明五年 戊寅 四天王寺 壁畫狗鳴 說經 三日禳之 大半 日又鳴[278]	견훤; 52세 貞明四年戊寅 鐵 原京衆心忽變 推 戴我太祖卽位 萱 聞之遣使稱賀 遂 獻孔雀扇 地理山 竹箭等	後高麗王將謀伐 羅 乃日 新羅有三 寶 不可犯也 何謂 也 皇龍丈六 幷九 層塔 與眞平王 天 賜玉帶 遂寢其謀[279] 周有九鼎 楚人不 敢北窺 此之類也	又按本朝文士金 寬毅所撰王代宗 錄二卷云 羅末 新羅大德釋冲 獻 太祖以表律師架 裟一領 戒簡百八 十九枚 今與桐華 寺所傳簡子 未詳 同異	及我太祖創業之時 亦有海賊來擾 乃請 安惠朗融之裔 廣學 大緣等二大德 作法 禳鎭 皆朗之傳系也 故幷師而上至龍樹 爲九祖〔本寺記三師 爲律祖 未詳〕[280]

277 『삼국사기』 권31 「연표」 하의 무인년(918)에서는, "弓裔麾下 人心忽變 推戴太祖爲王 弓裔爲下所殺 太祖卽位稱元"이라고 하였다.

278 『삼국사기』에는, 경명왕 3년(919)년에 있었던 일로 기록하였다. 그런데, 『삼국유사』에서는 경명왕 2년(정명 5년)이라고 하면서, 간지도 '戊寅'으로 하였다. 『삼국유사』를 편찬하는 과정에서 무언가 착오가 있었다고 생각된다. 일단 여기에서는 918년에 관련사료를 제시하였다.

279 『삼국사기』 권12 「신라본기」12의 경명왕 5년(921)조 기사에는, 전년에 고려에 사신으로 갔던 金律이 고려태조 왕건과 신라삼보에 대한 이야기를 주고 받은 사실을 기록하고 있다. 이로 볼 때, 고려태조 왕건은 일찍부터 신라삼보의 존재를 알고 있었던 것으로 추측된다. 그렇다면 『삼국유사』에서 언급하고 있는 위의 일은 실제로 있었던 사건을 서술하였다고 볼 수 있다. 또한 이러한 일이 있었던 시기의 상한은 고려태조가 즉위하는 918년 이후로 볼 수 있을 것이다.

280 114. 명랑신인의 또 다른 기록에서는, "又新羅京城東南二十餘里 有遠源寺 諺傳 安惠等四大德 與金庾信金義元金述宗等 同願所創也 四大德之遺骨 皆藏寺之東峰 因號四靈山祖師嵓云 則四大德皆羅時高德"이라고 하였다. 또한 埃白寺柱貼注脚에 실려 있는 내용에서도, "安師等 乃與金庾信等創遠源寺者也"라고 하였다. 이러한 기록을 어떻게 이해해야 할 지는 좀더 고민해봐야 할 것이다.

西紀 A.D.	干支	1. 王曆第一				10. 靺鞨渤海	32. 天賜玉帶	54. 景明王	94. 伯嚴寺石塔舍利	96. 有德寺
		中國	新羅	後高麗	後百濟					
919	己卯	朱梁 末帝 貞明 5	第五十四景明王 재위 3년	高麗 太祖 天授 2년 己卯 移都松岳郡 是年 創法王 慈雲 王輪 內 帝釋 舍那 又創大禪院 〔卽普濟〕新興 文殊 圓通 地藏 □‥□ 前十 大寺 皆是年所創	後百濟甄萱 재위 28년	哀王 재위 19년			侃遊上座; 12세 兢讓和尙; 42세	崔彦撝; 52세
920	庚辰	末帝 貞明 6	재위 4년	天授 3년 庚辰 乳岩下 立油市 故今俗利市云乳下 十 月創大興寺　或系壬 午[281]	재위 29년	재위 20년	後高麗王將謀伐羅[282] 乃曰 新羅有三寶不可 犯 何謂也 皇龍寺丈 六尊像一 其寺九層塔 二 眞平王天賜玉帶三 也 乃止其謀	七年庚辰二月 皇龍寺塔 影 倒立於今毛舍知家庭 中一朔 又十月 四天王 寺五方神 弓絃皆絶 壁 畫狗出走庭中　還入壁 中[283]	侃遊上座; 13세 兢讓和尙; 43세	崔彦撝; 53세

---

281 "或系壬午"를 존중하여 922년에도 자료를 제시하였다.

282 『삼국사기』 권12 「신라본기」12의 경명왕 5년(921)조 기사에는, 전년에 고려에 사신으로 갔던 金律이 고려태조 왕건과 신라삼보에 대한 이야기를 주고 받은 사실을 기록하고 있다. 이로 볼 때, 고려태조 왕건은 일찍부터 신라삼보의 존재를 알고 있었던 것으로 추측된다. 그렇다면 『삼국유사』에서 언급하고 있는 위의 일은 실제로 있었던 사건을 서술하였다고 볼 수 있다. 또한 이러한 일이 있었던 시기의 상한은 고려태조가 즉위하는 918년 이후인 920년 무렵으로 볼 수 있다.

283 왕력을 따른다면 庚辰은 6년이고 7년이 아니다. 그렇다면 1년의 착오가 보이는데, 여기에서는 920년에 일어난 사건으로 정리하였다.

西紀 A.D.	干支	1. 王曆第一				10. 靺鞨渤海	78. 興輪寺壁畵普賢	82. 前後所將舍利	114. 明朗神印
		中國	新羅	後高麗	後百濟				
921	辛巳	朱梁 末帝 龍德 1	第五十四景明王 재위 5년	高麗 太祖 天授 4년 壬午又創日月寺 或系辛巳[284]	後百濟甄萱 재위 30년	哀王 재위 21년	貞明七年辛巳五月十五日 帝釋降于寺之左經樓 留旬日 殿塔及草樹土石皆發異香 五雲覆寺 南池魚龍喜躍跳擲 國人聚觀 嘆未曾有 玉帛梁稻施積丘山 工匠自來 不日成之 工旣畢 天帝將還 二僧白日 天若欲還宮 請圖寫聖容 至誠供養 以報天恩 亦乃因玆留影永鎭下方焉 帝曰 我之願力 不如彼普賢菩薩 遍垂玄化 畫此菩薩像 虔設供養而不廢宜矣 二僧奉敎 敬畫普賢菩薩於壁間 至今猶存其像		又太祖爲創現聖寺爲一宗根柢焉
922	壬午	末帝 龍德 2	재위 6년	天授 5년 十月創大興寺 或系壬午[285]	재위 31년	재위 22년			
923	癸未	後唐 同光 1	재위 7년	天授 6년	재위 32년	재위 23년		後唐同光元年癸未 本朝太祖卽位六年 入朝使尹質 所將五百羅漢像 今在北崇山神光寺	

---

[284] "或系辛巳"를 존중하여 921년에도 자료를 제시하였다.

[285] "或系壬午"를 존중하여 922년에도 자료를 제시하였다.

265

西紀 A.D.	干支	1. 王曆第一				10. 靺鞨渤海	55. 景哀王	59. 後百濟 甄萱	94. 伯嚴寺石塔舍利	96. 有德寺
		中國	新羅	後高麗	後百濟					
924	甲申	後唐 同光 2	第五十五景哀王 朴氏 名魏膺 景明之母弟也 母資成 甲申立 理二年 甲申創外帝釋 神衆院 興國寺	高麗 太祖 天授 7년	後百濟甄萱 재위 33년	哀王 재위 24년	第五十五景哀王卽位 同光二年甲申二月十九 日 皇龍寺說百座說經 兼飯禪僧三百 大王親 行香致供 此百座通說 禪教之始	견훤; 58세/왕건; 48세 萱與我太祖 陽和陰剋 獻 驄馬於太祖	侃遊上座; 17세 兢讓和尙; 47세	崔彦撝; 57세
925	乙酉	後唐 同光 3	재위 2년	天授 8년	재위 34년	재위 25년		견훤; 59세/왕건; 49세 三年[286]冬十月 萱率三千 騎 至曹物城[今未詳]太 祖亦以精兵來與之角 萱 兵銳 未決勝負 太祖欲權 和 以老其師 移書乞和 以 堂弟王信爲質 萱亦以外 甥眞虎交質 十二月 攻取 居西[今未詳]等 二十餘 城 遣使入後唐稱藩 唐策 授檢校太尉兼侍中判百 濟軍事 依前都督行全州 刺史 海東四面都統 指揮 兵馬判置等事 百濟王 食 邑二千五百戶	乙酉年 曦陽山兢讓和 尙 來住十年 侃遊上座; 18세 兢讓和尙; 48세	崔彦撝; 58세

西紀 A.D.	干支	1. 王曆第一				4. 馬韓	10. 靺鞨渤海	59. 後百濟 甄萱	79. 三所觀音衆生寺	92. 天龍寺
		中國	新羅	後高麗	後百濟					
926	丙戌	後唐 明宗 天成 1	第五十五景哀王 재위 3년	高麗 太祖 天授 9년	後百濟甄萱 재위 35년	甄萱上太祖書云 昔馬韓先起 赫世勃興 於是百濟開國於金馬山[287]	재위 26년 (通典云…) 後唐天成初 契丹攻破之 其後爲丹所制	四年[288]眞虎暴卒 疑故殺 卽囚王信 使人請還前年所送驄馬 太祖笑還之 新羅君臣以衰季 難以復興 謀引我太祖 結好爲援 萱聞之 又欲入王都作惡 恐太祖先之 寄書于太祖曰[289] 昨者國相金雄廉等將召足下入京 有同鼈應黿聲 是欲鷃披準翼 必使生靈塗炭 宗社丘墟 僕是以先著祖鞭 獨揮韓鉞 誓百寮如皎日 諭六部以義風 不意奸臣遁逃 邦君薨變 遂奉景明王表弟獻康王之外孫 勸卽尊位 再造危邦 喪君有君 於是乎在 足下勿詳忠告 徒聽流言 百計窺覦 多方侵擾 尙不能見僕馬首 拔僕牛毛 冬初都頭索湘束手 於星山陣下 月內 左將金樂曝骸於美利寺前 殺獲居多 追禽不小 强贏若此 勝敗可知 所期者掛弓於平壤之樓 飮馬於浿江之水 然以前月七日 吳越國使班尙書至 傳王詔旨 知卿與高麗 久通和好 共契鄰盟 比因質子之兩亡 遂失和親之舊好 互侵疆境 不戢干戈 今專發使臣 赴卿本道 又移文高麗 宜各相親比 永孚于休 僕義篤尊王 情深事大 及聞詔諭 卽欲祗承 但虜足下欲罷不能 困而猶鬪 今錄詔書寄呈 請留心詳悉 且免獹迭憊 終必貽譏 蚌鷸相持 亦爲所笑 宜迷復之爲誡 無後悔之自貽	羅季天成中 正甫崔殷誠久無胤息 詣兹寺大慈前祈禱	境地異常 助道之場 羅季殘破久矣[290]

---

287 후백제의 견훤이 고려태조 왕건에게 편지를 보냈다는 사실은, 위에 제시되어 있는 59. 후백제견훤조의 기록을 통해서도 알 수 있다.

288 同光 4년을 말한다.

289 견훤이 고려 태조 왕건에게 편지를 보낸 것은 927년으로 보인다. 하지만 59. 후백제 견훤에서는 926년에 있었던 사실로 서술하고 있다.

290 79. 삼소관음중생사조의 기록과 비교하면서, 관련자료를 이곳에 제시하였다. 천룡사의 창건과정에 대해서는 앞의 671년조 기사를 참고하기 바란다.

西紀 A.D.	干支	1. 王曆第一				56. 金傅大王	59. 後百濟 甄萱	79. 三所觀音衆生寺	99. 寶壤梨木
		中國	新羅	後高麗	後百濟				
927	丁亥	後唐 明宗 天成 2	十五景哀王 재위 4년 第五十六敬順王 金氏 名傅 父孝宗伊干 追封神興大王 祖官□角干 追封懿興大王 母桂娥太后 憲康王之女也 丁亥立 理八年	高麗 太祖 天授 10년 丁亥創妙寺	後百濟甄萱 재위 36년	김부대왕; 13세. 第五十六金傅大王 諡敬順 天成二年丁亥九月 百濟甄萱 侵羅至高鬱府 景哀王 請救於我太祖 命將以勁兵一萬 往救之 救兵未至 萱以冬十一月掩入王京 王與妃嬪宗戚 遊鮑石亭 宴娛 不覺兵至 倉卒不知所爲 王與妃奔入後宮 宗戚及公卿大夫士女 四散奔走 爲賊所虜 無貴賤匍匐乞爲奴婢 萱縱兵摽掠公私財物 入處王宮 乃命左右索王 王與妃妾數人匿在後宮 拘致軍中 逼令王自進 而强淫王妃 縱其下亂其嬪妾 乃立王之族弟傅爲王 王爲萱所擧卽位 前王尸殯於西堂 與群下慟哭 我太祖遣使弔祭	天成二年[291]正月 太祖答曰 伏奉吳越國通和使班尙書所傳詔旨書一道 兼蒙足下辱示長書敍事者 伏以華軺膚使 爰到制書 尺素好音 兼蒙教誨 捧芝檢而雖增感激 闢華牋而難遣嫌疑 今託廻軒 輒敷危衽 僕仰承天假 俯迫人推 過叨將帥之權 獲赴經綸之會 頃以三韓厄會 九土凶荒 黔黎多屬於黃巾 田野無非其赤土 庶幾弭風塵之警 有以救邦國之災 爰自善鄰 於焉結好 果見數千里農桑樂業 七八年士卒閑眠 及至乙酉年 維時陽月 忽焉生事 至乃交兵 足下始輕敵以直前 若螳螂之拒轍 終知難而勇退 如蚊子之負山 拱手陳辭 指天作誓 今日之後 永世歡和 苟或渝盟 神其殛矣 僕亦尙止戈之武 期不殺之仁 遂解重圍 以休疲卒 不辭質子 但欲安民 此卽我有大德於南人也 豈期歃血未乾 凶威復作 蜂蠆之毒 侵害於生民 狼虎之狂 爲梗於畿甸 金城窘忽 黃屋震驚 仗義尊周 誰似桓文之霸 乘間謀漢 唯看莽卓之奸 致使王之至尊 枉稱子於足下 尊卑失序 上下同憂 以爲非有元輔之忠純 豈得再安社稷 以僕心無匿惡 志切尊王 將援置於朝廷 使扶危於邦國 足下見毫釐之小利 忘天地之厚恩 斬戮君主 焚燒宮闕 葅醢卿佐 虔劉士民 姬姜則取以同車 珍寶則奪之相載 元惡浮於桀紂 不仁甚於獍梟 僕怨極崩天 誠深卻日 約效鷹鸇之逐 以申犬馬之勤 再擧干戈 兩更槐柳 陸擊則雷馳電激 水攻則虎搏龍騰 動必成功 擧無虛發 逐尹卿於海岸 積甲如山 禽雛造於城邊 伏屍蔽野 燕山郡畔 斬吉奐於軍前 馬利[疑伊山郡]城邊 戮隨晤於纛下 拔任存[今大興郡]之日 刑積等數百人捐軀 破淸川縣[尙州領內縣名]之時 直心等四五輩授首 桐藪[今桐華寺]望旗而潰散 京山銜璧以投降 康州則自南而來 羅府則自西移屬 侵攻若此 收復寧遙 必期泜水營中 雪張耳千般之恨 烏江岸上 成漢王一捷之心 竟息風波 永淸寰海 天之所助 命欲何歸 況承吳越王殿下 德洽包荒 仁深字小 特出綸於舟禁 諭戢難於靑丘 旣奉訓謨 敢不尊奉 若足下祗承睿旨 悉戢凶機 不唯副上國之仁恩 抑可紹東海之絶緒 若不過而能改 其如悔不可追[書乃崔致遠作也][292] 天成二年丁亥九月 萱攻取近品城[今山陽縣] 燒之 新羅求救於太祖 太祖將出師 萱襲取高鬱府[今蔚州] 進軍族始林[一云雞林西郊] 卒入新羅王都 新羅王與夫人出遊鮑石亭 時由是甚敗 萱强引夫人亂之 以王之族弟金傅嗣位 然後虜王弟孝廉 宰相英景 又取國帑珍寶兵仗 子女百工之巧者 自隨以歸 太祖以精騎五千 要萱於公山下大戰 太祖之將金樂崇謙死之 諸軍敗北 太祖僅以身免 而不與相抵 使盈其貫 萱乘勝轉掠大木城[今若木縣] 京山府康州 攻缶谷城 又義成府之守洪述 拒戰而死 太祖聞之曰 吾失右手矣	有娠而生男 未盈三朔 百濟甄萱襲犯京師 城中大潰 殷誠抱兒來告曰 鄰兵奄至 事急矣 赤子累重 不能俱免 若誠大聖之所賜 願借大慈之力覆養之 令我父子再得相見 涕泣悲愴 三泣而三告之 裹以襁褓 藏諸猊座下 眷眷而去 經半月寇退 來尋之 肌膚如新浴 貌體嬽好 乳香尙痕於口 抱持歸養 及壯聰惠過人 是爲丞魯 位至正匡 丞魯生卽中崔肅 肅生郎中齊顔焉 自此繼軸不絶 殷誠隨敬順王入本朝 爲大姓 최승로 출생	初師入唐廻 先止于推火之奉聖寺 適太祖東征 至淸道境 山賊嘯聚于犬城[有山岑臨水峭立 今俗惡其名 改云犬城] 驕傲不格 太祖至于山下 問師以易制之述 師答曰 夫犬之爲物 司夜而不司晝 守前而忘其後 宜以晝擊其北 太祖從之 果敗降 太祖嘉乃神謀 歲給近縣租五十碩 以供香火 是以寺安二聖眞容 因名奉聖寺[293] 後遷至鵲岬[294] 而大創終焉

---

291 천성 3년인 928년이 옳다고 생각된다. 하지만 여기에서는 927년에 관련 자료를 제시하였다.

292 이 당시까지 최치원이 생존해 있었다면 71세였다. 하지만 최치원은 908년(52세) 무렵에 생을 마쳤을 것으로 보인다. 당시 60세의 최언위가 생존해 있었다. 하지만 이 글을 최언위가 작성했다고 볼 수 있는 확실한 근거도 없다.

293 위의 사건은 보양이 중국에서 돌아온 직후에 있었던 일로 보인다. 그 시기는 대체로 927년 이후로 추측된다.

294 보양이 작갑으로 옮긴 시기는 934년 무렵으로 짐작된다.

西紀 A.D.	干支	1. 王曆第一				56. 金傅大王	59. 後百濟甄萱	82. 前後所將舍利	94. 伯嚴寺石塔舍利	96. 有德寺
		中國	新羅	後高麗	後百濟					
928	戊子	後唐 明宗 天成 3	第五十六敬順王 재위 2년	高麗 太祖 天授 11년	後百濟甄萱 재위 37년	김부대왕; 14세. 明年戊子春三月 太祖率五十 餘騎巡到京畿[295] 王與百官郊 迎 入宮相對 曲盡情禮 置宴臨 海殿 酒酣 王言曰 吾以不天 浸 致禍亂 甄萱恣行不義 喪我國 家 何痛如之 因泣然涕泣 左右 莫不嗚咽 太祖亦流涕 因留數 旬乃迴駕 麾下肅靜 不犯秋毫 都人士女相慶曰 昔甄氏之來 也 如逢豺虎 今王公之至 如見 父母 八月 太祖遺使 遺王錦衫 鞍馬 幷賜群僚將士有差	견훤; 62세	又天成三年戊子 默 和尙入唐 亦載大藏 經來	侃遊上座; 21세 兢讓和尙; 51세	崔彦撝; 61세

295 『삼국사기』 권12 「신라본기」12의 경순왕조에는, 경순왕 5년(931)의 일로 기록하고 있다. 하지만 여기에서는 『삼국유사』의 기록을 따랐다.

西紀 A.D.	干支	1. 王曆第一				59. 後百濟 甄萱	114. 明朗神印
		中國	新羅	後高麗	後百濟		
929	己丑	後唐 明宗 天成 4	第五十六敬順王 재위 3년	高麗 太祖 天授 12년 己丑創龜山	後百濟甄萱 재위 38년	견훤; 63세/왕건; 53세	
930	庚寅	明宗 長興 1	재위 4년	天授 13년 庚寅安 □…□	재위 39년	견훤; 64세/왕건; 54세 四十二年庚寅[296] 萱欲攻古昌郡〔今安東府〕大擧而石山營寨 太祖 隔百步 而郡北瓶山營寨 累戰萱敗 獲侍郎金渥 翌日萱收卒 襲破順 州城 城主元逢不能禦 棄城宵遁 太祖赫怒 貶爲下枝縣〔今豊山縣 元逢本順城人故也〕	
931	辛卯	明宗 長興 2	재위 5년	天授 14년	재위 40년	견훤; 65세/왕건; 55세	按埃白寺柱貼注脚載 慶州戶長巨川母阿之 女 女母明珠女 女母積利女之子 廣學大德 大 緣三重〔古名善會〕昆季二人 皆投神印宗 以 長興二年辛卯隨太祖上京 隨駕焚修 賞其勞 給二人父母忌日寶于埃白寺 田畓若干結云 云 則廣學大緣二人 隨聖祖入京者 (…)[297] 廣 學等二人骨 亦來安于玆爾 非四德皆創遠源 皆隨聖祖也詳之
932	壬辰	明宗 長興 3	재위 6년	天授 15년	재위 41년	견훤; 66세/왕건; 56세 長興三年甄萱臣龔直 勇而有智略 來降太祖 萱捉龔直二子一女 烙 斷股筋 秋九月 萱遣一吉 以船兵入高麗禮城江 留三日 取鹽白貞三 州船一百艘 焚之而去〔云云〕	

---

296 어떤 42년인지 자세하지 않다. 다만 여기에서는 바로 뒤에 나오는 '庚寅'이라는 간지를 근거로 930년에 있었던 사건으로 파악하였다.

297 (…)는 "安師等 乃與金庾信等創遠源寺者也"이다. 이 기록을 따른다면, 安惠師 등은 김유신이 활동하던 시대의 인물로 보인다. 이러한 부분은 또 어떻게 이해할 지는 좀 더 고민해볼 필요가 있다.

西紀 A.D.	干支	1. 王曆第一				59. 後百濟 甄萱	79. 三所觀音衆生寺	96. 有德寺	99. 寶壤梨木
		中國	新羅	後高麗	後百濟				
933	癸巳	後唐 明宗 長興 4	第五十六敬順王 재위 7년	高麗 太祖 天授 16년	後百濟甄萱 재위 42년	견훤; 67세/왕건; 57세	최승로; 7세	崔彥撝; 66세	
934	甲午	閔帝 末帝 清泰 1	재위 8년	天授 17년	재위 43년	견훤; 68세/왕건; 58세 理四十三年 以清泰元年甲午 萱之三子纂逆 萱投太祖 子金剛卽位[298] 清泰元年甲午 萱聞太祖屯運州〔未詳〕 遂簡甲士 蓐食而至 未及營壘 將軍黔弼以勁騎擊之 斬獲三千餘級 熊津以北三十餘城 聞風自降 萱麾下術士宗訓 醫者之謙 勇將尙逢雀弼等 降於太祖	최승로; 8세	崔彥撝; 67세	祖師知識〔上文云寶壤〕大國傳法來還 次西海中 龍邀入宮中念經 施金羅袈裟一領 兼施一子璃目 爲侍奉而追之 囑曰 于時三國擾動 未有歸依佛法之君主 若與吾子歸本國鵲岬 創寺而居 可以避賊 抑亦不數年內 必有護法賢君出 定三國矣 言訖 相別而來還 及至玆洞 忽有老僧 自稱圓光 抱印櫃而出 授之而沒〔按圓光以陳末入中國 開皇間東還 住嘉西岬 而沒於皇隆 計至清泰之初[299] 無慮三百年矣 今悲嘆諸岬皆廢 而喜見壤來而將興 故告之爾〕於是壤師將興廢寺 而登北嶺望之 庭有五層黃塔 下來尋之則無跡 再陟望之 有群鵲啄地 乃思海龍鵲岬之言 尋掘之 果有遺塼無數 聚而蘊崇之 塔成而無遺塼 知是前代伽藍墟也 畢創寺而住焉 因名鵲岬寺 後遷至鵲岬[300] 而大創終焉

---

298 여기에서는 金剛이 견훤을 계승한 것으로 되어 있다. 이것은 기록의 오류로 보인다. 하지만 금강을 계승했다고 전해지던 또다른 전승자료를 참고하였다고 볼 여지도 있다.

299 清泰는 後唐 廢帝의 연호(934~936)이다. 위에서 '清泰之初'라고 말한 기록을 통해 볼 때, 위의 사건이 일어난 시기는 934년 무렵임을 알 수 있다.

300 "初師入唐迴 先止于推火之奉聖寺 適太祖東征至清道境 山賊嘯聚于犬城〔有山岑臨水峭立 今俗惡其名 改云大城〕驕傲不格 太祖至于山下 問師以易制之述 師答曰 夫犬之爲物 司夜而不司晝 守前而忘其後 宜以晝擊其北 太祖從之 果敗降 太祖嘉乃神謀 歲給近縣租五十碩 以供香火 是寺安二聖眞容 因名奉聖寺"라는 사건은 보양이 중국에서 돌아온 직후에 있었던 것으로 보인다. 그 시기는 대체로 927년 이후에 있었다고 추측된다. 한편 보양이 작갑으로 옮긴 시기는 934년 무렵으로 볼 수 있다. 그렇다면 보양은 밀양을 거쳐서 청도로 이동하였다고 볼 수 있다.

西紀 A.D.	干支	1. 王曆第一				7. 樂浪國	56. 金傅大王	59. 後百濟甄萱	94. 伯嚴寺石塔舍利
		中國	新羅	後高麗	後百濟				
935	乙未	後唐 閔帝 末帝 清泰 2	第五十六敬順王 재위 9년 乙未 納土 歸于 太祖301 (…) 自五鳳甲子 至乙未 合九百九十二年	高麗 太祖 天授 18년	後百濟甄萱 재위 44년 乙未 萱子 神劍 篡父 自立	新羅人亦以稱樂浪 故今本朝亦因之 而稱樂浪郡夫人 又太祖降女於金傅 亦曰樂浪公主	清泰二年乙未十月 以四方土地盡爲他有 國弱勢孤 不能自安 乃與群下謀 擧土降太祖 群臣可否 紛然不已 王太子曰 國之亡 必有天命 當與忠臣義士 收合民心 力盡而後已 豈可以一千年之社稷 輕以與人 王曰 孤危若此 勢不能全 旣不能强 又不能弱 至使無辜之民 肝腦塗地 吾所不能忍也 乃使侍郎金封休齎書 請降於太祖 太子哭泣辭王 徑往皆骨山 麻衣草食 以終其身 季子祝髮 隷華嚴 爲浮圖名梵空 後住法水海印寺云 太祖受書 送太相王鐵迎之 王率百僚 歸我太祖 香車寶馬 連亘三十餘里 道路塡咽 觀者如堵 太祖出郊迎勞 賜宮東一區〔今正承院〕 以長女樂浪公主 妻之 以王謝自國居他國故 以鸞喩之 改號神鸞公主 諡孝穆 封爲正承 位在太子之上 給祿一千石 侍從員將 皆錄用之 改新羅爲慶州 以爲公之食邑 初王納土來降 太祖喜甚 待之厚禮 使告曰 今王以國與寡人 其爲賜大矣 願結婚於宗室 以永甥舅之好 王答曰 我伯父億廉〔王之考 孝宗角干 追封神興大王之弟也〕有女子 德容雙美 非是無以備內政 太祖娶之 是爲神成王后金氏	李磾家記云 萱有九子 長曰神劍〔一云甄成〕二子太師謙腦 三子佐承龍述 四子太師聰智 五子大阿干宗祐 六子闕 七子佐承位興 八子太師靑丘 一女國大夫人 皆上院夫人所生也 萱多妻妾 有子十餘人 第四子金剛 身長而多智 萱特愛之 意欲傳位 其兄神劍 良劍 龍劍知之憂憫 時良劍爲康州都督 龍劍爲武州都督 獨神劍在側 伊飡能奐使人 往康武二州 與良劍等謀 至淸泰二年乙未春三月 與英順等勸神劍 幽萱於金山佛宇 遣人殺金剛 神劍自稱大王 赦境內〔云云〕 初萱寢未起 遙聞宮庭呼喊聲 問是何聲歟 告父曰 王年老暗於軍國政要 長子神劍攝父王位 而諸將歡賀聲也 俄移父於金山佛宇 以巴達等壯士三十人守之 童謠曰 可憐完山兒 失父涕連洒 萱與後宮年少男女二人 侍婢古比女 內人能乂男等囚繫 至四月 釀酒而飮醉守卒三十人 而與小元甫香乂 吳琰 忠質等以海路迎之 旣至 以萱爲十年之長 尊號爲尙父 安置于南宮 賜楊州食邑田莊 奴婢四十口 馬九匹 以其國先來降者信康爲衙前 甄萱壻將軍英規密語其妻曰 大王勤勞四十餘年 功業垂成 一旦以家人之禍 失地 從於高麗 夫貞女不可二夫 忠臣不事二主 若捨己君 以事逆子耶 何顔以見天下之義士乎 況聞高麗王公仁厚勤儉 以得民心 殆天啓也 必爲三韓之主 盍致書以安慰我王 兼懃懃於王公 以圖後來之福乎 妻曰 子之言是吾意也	乙酉年(925) 曦陽山兢讓和尙 來住十年 又乙未年 却返曦陽 時有神卓和尙 自南原白嵓藪來入當院 如法住持 侃遊上座; 28세 兢讓和尙; 58세

301 『삼국사기』 권31 「연표」 하에서는, "王移書我太祖 自降納土 新羅五十六王 九百九十二年而滅"이라고 하였다.

西紀 A.D.	干支	1. 王曆第一			56. 金傅大王	59. 後百濟 甄萱
		中國	後高麗	後百濟		
936	丙申	石晉 高祖 天福 1[302]	高麗 太祖 天授 19년 丙申統三	是年國除 自壬子至 此 四十四年而亡	김부대왕; 22세 新羅旣納土國除 阿干神 會 罷外署還 見都城離潰 有黍離離嘆 乃作歌 歌亡 未詳[303]	견훤; 70세/왕건; 60세 天福元年丙申 與高麗兵會戰於一善郡 百濟敗績 國亡云 丙申正月 萱謂子曰 老夫新羅之季 立後百濟名 有年于今矣 兵倍於北軍 尙爾不利 殆天假手爲高 麗 蓋歸順於北王 保首領矣 其子神劍 龍劍 良劍等三人皆不應[304] 於是天福元年丙申二月 遣人致意於太祖曰 君擧義旗 請爲內應 以迎王師 太祖喜 厚賜其使者遣 之 謝英規曰 若蒙恩一合 無道路之梗 卽先致謁於將軍 然後升堂拜夫人 兄事而姊尊之 必終有以 厚報之 天下鬼神皆聞此語 六月 萱告太祖 老臣所以投身於殿下者 願仗殿下威稜 以誅逆子耳 伏望大王借以神兵 殲其賊亂 臣雖死無憾 太祖曰 非不欲討之 待其時也 先遣太子武及將軍述希 領步騎十萬 趣天安府 秋九月 太祖率三軍至天安 合兵進次一善 神劍以兵逆之 甲午 隔一利川相對 王師背艮向坤而陳 太祖與萱觀兵 忽白雲狀如劍戟起 我師向彼行焉 乃鼓行而進 百濟將軍孝奉 德述 哀述 明吉等 望兵勢大而整 棄甲降於陣前 太祖勞慰之 問將帥所在 孝奉等曰 元帥神劍在中軍 太祖命將軍公 萱等 三軍齊進挾擊 百濟軍潰北 至黃山炭峴 神劍與二弟 將軍富達 能奐等四十餘人出降 太祖受降 餘皆勞之 許令與妻子上京 問能奐曰 始與良劍等密謀 囚大王立其子者 汝之謀也 爲臣之義 當如是乎 能奐俛首不能言 遂命誅之 以神劍僭位爲人所脅 非其本心 又且歸命乞罪 特原其死 甄萱憂懣發疽 數日卒於黃山 佛舍 九月八日也 壽七十 太祖軍令嚴明 士卒不犯秋毫 州縣安堵 老幼皆呼萬歲 謂英規曰 前王失國後 其臣子無一人慰之 者 獨卿夫妻 千里嗣音 以致誠意 兼歸美於寡人 其義不可忘 許職左承 賜田一千頃 許借驛馬三 十五匹 以迎家人 賜其二子以官 甄萱起唐景福元年 至晉天福元年 共四十五年 丙申滅

---

302 『삼국사기』 권31 「연표」 하에서는, "晉高祖石敬瑭 天福元年"이라고 하였다. 天福은 後晉 高祖의 연호로 943년까지 사용되었다.

303 정확한 연대는 확실하지 않다. 대체로 936년 이후 상당한 세월이 지난 이후의 일이었을 것으로 보인다.

304 『삼국사기』 권31 「연표」 하에서는, "甄萱子神劒囚父 篡位自稱將軍 甄萱出奔錦城 投太祖"라고 하였다.

西紀 A.D.	干支	高麗王曆	石晉	後唐	12. 五伽倻	19. 新羅始祖赫居世王	32. 天賜玉帶	60. 駕洛國記	99. 寶壤梨木
937[305]	丁酉	太祖 天授 20년	高祖 天福 2	閔帝 末帝 清泰 4			天賜玉帶〔清泰四年丁酉五月 正承金傅獻鐫金粧玉排方腰帶一條 長十圍 鐫銙六十二 曰是眞平王 天賜帶也 太祖受之藏之內庫〕[306]		未幾太祖統一三國 聞師至此創院而居 乃合五岬田束五百結納寺[307] 以清泰四年丁酉 賜額曰雲門禪寺 以奉袈裟之靈蔭
938	戊戌	太祖 天授 21년	天福 3						璃目常在寺側小潭 陰騭法化 忽一年亢旱 田蔬焦槁 璃勅璃目行雨 一境告足 天帝將誅不識 璃目告急於師 師藏於床下 俄有天使到庭 請出璃目 師指庭前梨木 乃震之而上天 梨木萎摧 龍撫之卽蘇〔一云師呪之而生〕[308]
939	己亥	太祖 天授 22년	天福 4						
940	庚子	太祖 天授 23년	天福 5		五伽耶〔(…) 而本朝史略 幷數金官 而濫記昌寧誤〕[309] 又本朝史略云 太祖天福五年庚子 改五伽耶名 一金官〔爲金海府〕 二古寧〔爲加利縣〕 三非火〔今昌寧 恐高靈之訛〕 餘二阿羅星山〔同前 星山或作碧珍伽耶〕	(一曰閼川楊山村…) 〔本朝太祖天福五年庚子 改名中興部 波潛東山彼上東村屬焉〕[310] (二曰突山高墟村…) 今曰南山部 仇良伐麻等烏道北迴德等南村屬焉〔稱今日者 太祖所置也 下例如〕 (三曰茂山大樹村…) 今云長福部 朴谷村等西村屬焉 (四曰觜山珍支村〔一作賓之 又賓子 又氷之〕…) 今曰通仙部 柴巴等東南村屬焉 致遠乃本彼部人也 今皇龍寺南味呑寺南有古墟 云是崔侯古宅也 殆明矣 (五曰金山加利村〔今金剛山 栢栗寺之北山也〕…) 今云加德部 上下西知乃兒等東村屬焉 (六曰明活山高耶村…) 今臨川部 勿伊村仍仇彌村闕谷〔一作葛谷〕等 東北村屬焉 今俗中興部爲母[311] 長福部爲父 臨川部爲子 加德部爲女 其實未詳		後二百五十九年 屬我太祖統合之後 代代爲臨海縣 置排岸使 四十八年也(940~988)	
941	辛丑	太祖 天授 24년	天福 6						

305 1.王曆第一은 936년에서 끝을 맺고 있다. 937년 이후부터는 이현종의 『동양연표』(탐구당)와 한국역사연구회 편의 『역사문화수첩』(역민사)을 참고하면서 연표를 제시하였다.

306 "32. 天賜玉帶" 제목에 붙어 있던 세주이다.

307 왕건의 후삼국 통일이 936년이므로 위의 일은 936년의 일로 볼 수 있다. 여기에서는 937년에 '운문선사'라는 사액을 내린 사실에 주목하여, 관련 사료를 모두 이곳에 제시하였다.

308 위의 사건이 일어난 시기를 구체적으로 알 순 없지만, 937년 이후 있었던 일인 것만은 분명하다.

309 "12. 오가야" 제목에 붙어 있던 세주이다.

310 "辰韓之地 古有六村 一曰閼川楊山村 南今曇嚴寺 長曰謁平 初降于瓢嵓峰 是爲及梁部李氏祖"에 대한 세주이다.

311 고려 태조 왕건대를 가리키는 것으로 보고, 이곳에도 관련자료를 제시하였다.

西紀 A.D.	干支	高麗王曆	石晉	79. 三所觀音衆生寺	94. 伯巖寺石塔舍利	96. 有德寺	99. 寶壤梨木
942	壬寅	太祖 天授 25년	高祖 天福 7	최승로; 16세	侃遊上座; 35세 兢讓和尚; 65세	崔彦撝; 75세	
943	癸卯	太祖 天授 26년	天福 8	최승로; 17세	侃遊上座; 36세 兢讓和尚; 66세	崔彦撝; 76세	釋寶壤傳 不載鄕井氏族 謹按淸道郡司籍 載天福八年癸卯〔太祖卽位第二十六年也〕正月日 淸道郡界里審使順英 大乃末水文等 柱貼公文 雲門山禪院長生 南阿尼岾 東嘉西峴〔云云〕同藪三剛典主人寶壤和尙 院主玄會長老 貞座玄兩上座 直歲信元禪師〔右公文 淸道郡都田帳傳准〕
944	甲辰	惠宗 1년	出帝 開運 1	최승로; 18세	侃遊上座; 37세 兢讓和尚; 67세	崔彦撝; 77세 졸	
945	乙巳	惠宗 2년	開運 2	최승로; 19세	侃遊上座; 38세 兢讓和尚; 68세		
946	丙午	定宗 1년	開運 3	최승로; 20세	侃遊上座; 39세[312] 兢讓和尚; 69세 開運三年丙午十月二十九日 康州界任道大監柱貼云 伯巖禪寺坐草八縣〔今草溪〕寺僧侃遊上座 年三十九云 寺之經始則不知		又開運三年丙午 雲門山禪院長生標塔公文一道 長生十一 阿尼岾 嘉西峴 畝峴 西北買峴〔一作面知村〕北猪足門等

312 아래 기록을 근거로 이 당시 간유상좌의 나이를 39세로 보았다.

西紀 A.D.	干支	高麗王曆	79. 三所觀音衆生寺	94. 伯嚴寺石塔舍利
947	丁未	定宗 2년	최승로; 21세	兢讓和尙; 70세
948	戊申	定宗 3년	최승로; 22세	兢讓和尙; 71세
949	己酉	定宗 4년	최승로; 23세	兢讓和尙; 72세
950	甲戌	光宗 光德 1년	최승로; 24세	兢讓和尙; 73세
951	辛亥	光宗 光德 2년	최승로; 25세	兢讓和尙; 74세

西紀 A.D.	干支	高麗王曆	大遼	60. 駕洛國記	73. 皇龍寺九層塔	79. 三所觀音衆生寺	82. 前後所將舍利	94. 伯嚴寺石塔舍利
952	壬子	光宗 光德 3년	穆宗 應曆 2	自有是寺五百歲後 置長遊寺 所納田柴幷三百結 於是右寺 三剛 以王后寺在寺柴地東南 標內 罷寺爲莊 作秋收冬藏之 場 秣馬養牛之廄[313]		최승로; 26세		兢讓和尙; 75세
953	癸丑	光宗 光德 4년	穆宗 應曆 3		(又按國史及寺中古 記) 至本朝光宗卽位 五[314]年癸丑十月 第三 霹靂	최승로; 27세	又諺云 其皇龍寺塔災之日 石鑊之東面始有大班 至今 猶然 卽大遼應曆三年癸丑 歲也 本朝光廟五載也[315] 塔 之第三災也	兢讓和尙; 76세
954	甲寅	光宗 光德 5년	穆宗 應曆 4			최승로; 28세		兢讓和尙; 77세
955	乙卯	光宗 光德 6년	穆宗 應曆 5			최승로; 29세		兢讓和尙; 78세
956	丙辰	光宗 光德 7년	穆宗 應曆 6			최승로; 30세		兢讓和尙; 79세로 입적

---

313 이 글의 앞부분에 "又有古今所歎息者"라고 서술한 부분이 있다. 이것은 991년에 있었던 사건을 이야기한 것일 수도 있다. 하지만 952년의 일을 두고, "또한 고금에 탄식할만한 일이다"라고 가락국기의 찬자가 탄식하였을 가능성도 있다.
314 연표에 1년의 차이가 있다.
315 연표에 1년의 차이가 있다.

西紀 A.D.	干支	高麗王曆	79. 三所觀音衆生寺	86. 洛山二大聖觀音正趣調信
957	丁巳	光宗 光德 8년	최승로; 31세	
958	戊午	光宗 光德 9년	최승로; 32세	後百餘年 野火連延到此山 唯二聖殿獨免其災 餘皆煨燼
959	己未	光宗 光德 10년	최승로; 33세	
960	庚申	光宗 11년 (竣豊 1년)	최승로; 34세	
961	辛酉	光宗 12년 (竣豊 2년)	최승로; 35세	
962	壬戌	光宗 13년 (竣豊 3년)	최승로; 36세	

西紀 A.D.	干支	高麗王曆	79. 三所觀音家生寺
963	癸亥	光宗 14년 (竣豊 4년)	최승로; 37세
964	甲子	光宗 15년	최승로; 38세
965	乙丑	光宗 16년	최승로; 39세
966	丙寅	光宗 17년	최승로; 40세
967	丁卯	光宗 18년	최승로; 41세

西紀 A.D.	干支	高麗王曆	79. 三所觀音衆生寺
968	戊辰	光宗 19년	최승로; 42세
969	己巳	光宗 20년	최승로; 43세
970	庚午	光宗 21년	최승로; 44세
971	辛未	光宗 22년	최승로; 45세
972	壬申	光宗 23년	최승로; 46세

西紀 A.D.	干支	高麗王曆	宋	56. 金傅大王	79. 三所觀音衆生寺
973	癸酉	光宗 24년	太祖 開寶 6	김부대왕; 59세	최승로; 47세
974	甲戌	光宗 25년	太祖 開寶 7	김부대왕; 60세	최승로; 48세
975	乙亥	光宗 26년	太祖 開寶 8	김부대왕; 61세	최승로; 49세
				冊尙父誥曰 勅 姬周啓聖之初 先封呂望 劉漢興王之始 首冊蕭何 自此大定寶區 廣開基業 立龍圖三十代 躡麟趾四百年 日月重明 乾坤交泰 雖自無爲之主 亦開致理之臣 觀光順化衛國功臣上柱國樂浪王 政承食邑八千戶金傅 世處雞林 官分王爵 英烈振凌雲之氣 文章騰擲地之才 富有春秋 貴居茅土 六韜三略 徇入胸襟 七縱五申 撮歸指掌 我太祖始修睦隣之好 早認餘風 尋時頒駙馬之姻 內酬大節 家國旣歸於一統 君臣宛合於三韓 顯播令名 光崇懿範 可加號尙父都省令 仍賜推忠愼義崇德守節功臣號 勳封如故 食邑通前爲一萬戶 有司擇日備禮冊命 主者施行 開寶八年十月日 大匡內議令兼總翰林臣翮宣奉行 奉勅如右 牒到奉行 開寶八年十月日 侍中署 侍中署 內奉令署 軍部令署 軍部令無署 兵部令無署 兵部令署 廣評侍郎署 廣評侍郎無署 內奉侍郎無署 內奉侍郎署 軍部卿無署 軍部卿署 兵部卿無署 兵部卿署 告推忠愼義崇德守節功臣尙父都省令 上柱國樂浪郡王 食邑一萬戶 金傅奉勅如右 符到奉行 主事無名 郎中無名 書令史無名 孔目無名 開寶八年十月日下	
976	丙子	景宗 1년	太宗 太平興國 1	김부대왕; 62세	최승로; 50세
				太祖之孫景宗伷 聘政承公之女爲妃 是爲憲承皇后 仍封政承爲尙父	
977	丁丑	景宗 2년	太宗 太平興國 2	김부대왕; 63세	최승로; 51세

西紀 A.D.	干支	高麗王曆	宋	1. 王曆第一 新羅	56. 金傅大王	79. 三所觀音衆生寺
978	戊寅	景宗 3년	太宗 太平興國 3	경순왕; 64세 太平興國三年戊寅薨[316] 陵在□□□ 東向洞	김부대왕; 64세 太平興國三年 戊寅崩[317] 諡曰 敬順	최승로; 52세
979	己卯	景宗 4년	太宗 太平興國 4			최승로; 53세
980	庚辰	景宗 5년	太宗 太平興國 5			최승로; 54세
981	辛巳	景宗 6년	太宗 太平興國 6			최승로; 55세

---

316 56. 김부대왕에서는 "崩"으로 표현하였다. 신라의 마지막 왕인 김부대왕의 몰년이다. 이 당시 김부대왕의 나이가 몇 세였는지는 밝히지 않고 있다. 하지만 여기에서는 김부대왕이 915년에 태어나 978년에 64세로 세상을 떠났을 것으로 보았다. 김부대왕의 생애에 대한 보다 자세한 내용은 남무희(『김부대왕 연구』, 서경문화사, 2013)의 저서를 참고하기 바란다.

317 1. 왕력제일에서는 "薨"으로 표현하였다.

西紀 A.D.	干支	高麗王曆	宋	79. 三所觀音衆生寺	129. 包山二聖
982	壬午	成宗 1년	太宗 太平興國 7	최승로; 56세	太平興國七年壬午 有釋成梵 始來住寺 敞萬日彌陁道場[318]
983	癸未	成宗 2년	太宗 太平興國 8	최승로; 57세	
984	甲申	成宗 3년	太宗 雍熙 1	최승로; 58세	
985	乙酉	成宗 4년	太宗 雍熙 2	최승로; 59세	
986	丙戌	成宗 5년	太宗 雍熙 3	최승로; 60세	

318 "羅時有觀機道成二聖師 不知何許人 同隱包山〔鄕云所瑟山 乃梵音 此云包也〕 (…) 今以二師名命其墟 皆有遺趾 道成嵓高數丈 後人置寺穴下"라는 앞부분의 정확한 연대는 알
수 없다.

西紀 A.D.	干支	高麗王曆	宋	60. 駕洛國記	79. 三所觀音衆生寺
987	丁亥	成宗 6년	太宗 雍熙 4		최승로; 61세
988	戊子	成宗 7년	太宗 端拱 1	後二百五十九年 屬我太祖統合之後 代代爲臨海縣 置排岸使 四十八年也(940~ 988) 次爲臨海郡 或爲金海府置都護府 二十七年也(988~1015)	최승로; 62세
989	己丑	成宗 8년	太宗 端拱 2		최승로; 63세
990	庚寅	成宗 9년	太宗 淳化 1		
991	辛卯	成宗 10년	太宗 淳化 2	淳化二年金海府量田使 中大夫趙文善申省狀稱 首露陵王廟屬田結數多也 宜以十 五結仍舊貫 其餘分折於府之役丁 所司傳狀奏聞 時廟朝宣旨曰 天所降卵 化爲聖君 居位而延齡 則一百五十八年也 自彼三皇而下 鮮克比肩者歟 崩後自先代俾屬廟之 壟畝 而今減除 良堪疑懼 而不允 使又申省 朝廷然之 半不動於陵廟中 半分給於鄉人 之丁也 節使〔量田使稚也〕受朝旨 乃以半屬於陵園 半以支給於府之徭役戶丁也 幾臨事畢 而甚勞倦 忽一夕夢見七八介鬼神 執縲絏 握刀劍而至 云爾有大愆 故加斬 戮 其使以謂受刑而慟楚 驚懼而覺 仍有疾瘵 勿令人知之 宵遁而行 其病不問渡關而 死 是故量田都帳不著印也 後人奉使來 審檢厥田 十一結十二負九束也 不足者三結 八十七負一束矣 乃推鞫斜入處 報告內外官 勅理足支給焉 又有古今歎息者[319]	

---

319 991년조 기사의 마지막에서, "또한 고금에 탄식할 만한 일이다"라고 한 부분은 952년의 일을 두고 한 말일 가능성도 있다.

西紀 A.D.	干支	高麗王曆	遼	79. 三所觀音衆生寺
992	壬辰	成宗 11년	聖宗 統和 10	又統和十年三月 主寺釋性泰 跪於菩薩前 自言弟子久住玆寺 精勤香火 晝夜匪懈 然以寺無田出 香祀無繼 將移他所 故來辭爾 是日 假寐夢大聖謂曰 師且住無遠離 我以緣化充齋費 僧忻然感寤 遂留不行 後十三日 忽有二人 馬載牛馱 到於門前 寺僧出問 何所而來 曰我等是金州界人 向有一比丘到我云 我住東京衆生寺久矣 欲以四事之難 緣化到此 是以斂施鄰閭 得米六碩 鹽四碩 負載而來 僧曰 此寺無人緣化者 爾輩恐聞之誤 其人曰 向之比丘率我輩而來 到此神見井邊曰 距寺不遠 我先往待之 我輩隨逐而來 寺僧引入法堂前 其人瞻禮大聖 相謂曰 此緣化比丘之像也 驚嘆不已 故所納米鹽 追年不廢 又一夕寺門有火災 閭里奔救 升堂見像 不知所在 視之已立在庭中矣 問其出者誰 皆曰不知 乃知大聖靈威也
993	癸巳	成宗 12년	聖宗 統和 11	
994	甲午	成宗 13년	聖宗 統和 12	
995	乙未	成宗 14년	聖宗 統和 13	
996	丙申	成宗 15년	聖宗 統和 14	

西紀 A.D.	干支	高麗王曆	遼	57. 南扶餘 前百濟 北扶餘〔已見上〕
997	丁酉	成宗 16년	聖宗 統和 15	又按量田帳籍 曰所夫里郡田丁柱貼 今言扶餘郡者 復上古之名也 百濟王姓扶氏 故稱之 或稱餘州者 郡西資福寺高座之上 有繡帳焉 其繡文曰 統和十五年 (997) 丁酉五月日 餘州功德大寺繡帳 又昔者河南置林州刺史 其時圖籍之內 有餘州二字 林州今佳林郡也 餘州 今之扶餘郡也
998	戊戌	穆宗 1년	聖宗 統和 16	
999	己亥	穆宗 2년	聖宗 統和 17	
1000	庚子	穆宗 3년	聖宗 統和 18	
1001	辛丑	穆宗 4년	聖宗 統和 19	

관련 기록 없음

西紀 A.D.	干支	高麗王曆	60. 駕洛國記
1012	壬子	顯宗 3년	
1013	癸丑	顯宗 4년	
1014	甲寅	顯宗 5년	
1015	乙卯	顯宗 6년	次爲臨海郡 或爲金海府置都護府 二十七年也(988~1015) 又置防禦使 六十四年也 (1015~1079)
1016	丙辰	顯宗 7년	

西紀 A.D.	干支	高麗王曆	73. 皇龍寺九層塔
1017	丁巳	顯宗 8년	
1018	戊午	顯宗 9년	
1019	己未	顯宗 10년	
1020	庚申	顯宗 11년	
1021	辛酉	顯宗 12년	(又按國史及寺中古記) 顯宗十三年辛酉 第四重成[320]

관련 기록 없음

---

[320] 연표에 1년의 차이가 보인다.

西紀 A.D.	干支	高麗王曆	73. 皇龍寺九層塔	129. 包山二聖
1032	壬申	德宗 1년		(太平興國七年壬午 有釋成梵 始來住寺 敞萬日彌陀道場 精懃五十餘年)[321] 屢有殊祥 時玄風信士二十餘人歲結社 拾香木納寺 每入山採香 劈折淘洗 攤置箔上 其木至夜放 光如燭 由是郡人項施其香徒 以得光之歲爲賀 乃二聖之靈感 或岳神攸助也 神名靜聖 天王 嘗於迦葉佛時受佛囑 有本誓 待山中一千人出世 轉受餘報 今山中嘗記九聖遺事 則未詳 曰 觀機 道成 搬師 撲師 道義〔有栢岩基〕子陽 成梵 今勿女 白牛師
1033	癸酉	德宗 2년		
1034	甲戌	德宗 3년		
1035	乙亥	靖宗 1년	(又按國史及寺中古記) 又靖宗二年[322]乙亥 第四霹靂	
1036	丙子	靖宗 2년		

321 太平興國 7년(982)은 고려 성종 1년이다. 이때부터 시작된 만일미타도량은 50여년을 지나면서도 끊어지지 않고 계속되었다. 그렇다면 50여년 계속된 만일미타도량은 고려 덕종대 이후까지 계속 되었음을 알 수 있다. 이러한 만일미타도량이 언제 회향했는지는 현재 구체적으로 알 수 없다. 다만 여기에서는 50여년이라는 기록을 중시해서, 고려 덕종 1년(1032)에 관련사료를 제시하였다.

322 정종 1년이 을해년이다. 그런데 여기에서는 2년 을해라고 하였다. 1년의 연대 차이가 있지만, 간지를 중시해서 1035년의 사건으로 보았다.

西紀 A.D.	干支	高麗王曆	遼	92. 天龍寺
1037	丁丑	靖宗 3년	興宗 重熙 6	
1038	戊寅	靖宗 4년	興宗 重熙 7	
1039	己卯	靖宗 5년	興宗 重熙 8	
1040	庚辰	靖宗 6년	興宗 重熙 9	衆生寺大聖所乳崔殷誠之子承魯 魯生肅 肅生侍中齊顔 顔乃重修起廢 仍置釋迦萬日道場 受朝旨 兼有信書願文 留于寺 旣卒 爲護伽藍神 頗著靈異 其信書略曰 檀越內史侍郞同內史門下平章事柱國崔齊顔狀 東京高位山天龍寺殘破有年 弟子特爲聖壽天長民國安泰之願 殿堂廊閣房舍廚庫 已來興構畢 具石造泥塑佛聖數軀 開置釋迦萬日道場 旣爲國修營 官家差定主人亦可 然當遞換交代之時 道場僧衆不得安心 側觀入田 稠足寺院 如公山地藏寺 入田二百結 毘瑟山道仙寺入田二十結 西京之四面山寺 各田二十結例 皆勿論有職無職 須擇戒備才高者 社中衆望 連次住持焚修 以爲恒規 弟子聞風而悅 我此天龍寺 亦於社衆之中 擇選才德雙高大德兼爲棟梁 差主人鎭長焚修 具錄文字 付在剛司 自當時主人爲始 受留守官文通 示道場諸衆 各宜知悉 重熙九年六月日 具銜如前署 按重熙乃契丹興宗年號 本朝靖宗七年庚辰歲也[323]
1041	辛巳	靖宗 7년	興宗 重熙 10	

관련 기록 없음

---

[323] 靖宗 6년이 경진년이다. 그런데 여기에서는 7년 경진이라고 하였다. 1년의 연대 차이가 있지만, 간지를 중시해서 1040년에 있었던 것으로 보았다.

西紀 A.D.	干支	高麗王曆	66. 寶藏奉老普德移庵
1052	壬辰	文宗 6년	
1053	癸巳	文宗 7년	
1054	甲午	文宗 8년	
1055	乙未	文宗 9년	의천; 1세
1056	丙申	文宗 10년	의천; 2세

西紀 A.D.	干支	高麗王曆	66. 寶藏奉老普德移庵
1057	丁酉	文宗 11년	의천; 3세
1058	戊戌	文宗 12년	의천; 4세
1059	己亥	文宗 13년	의천; 5세
1060	庚子	文宗 14년	의천; 6세
1061	辛丑	文宗 15년	의천; 7세 이자현; 1세 眞樂公 留詩在堂[324]

---

324 진락공 이자현이 보덕을 칭송하는 시를 언제쯤 지었는지는 알 수 없다. 여기서는 일단 그의 출생년에 관련기사를 제시하였다.

西紀 A.D.	干支	高麗王曆	遼	66. 寶藏奉老普德移庵	73. 皇龍寺九層塔	94. 伯嚴寺石塔舍利
1062	壬寅	文宗 16년	道宗 淸寧 8	의천; 8세 이자현; 2세		
1063	癸卯	文宗 17년	道宗 淸寧 9	의천; 9세 이자현; 3세		
1064	甲辰	文宗 18년	道宗 淸寧 10	의천; 10세 이자현; 4세	(又按國史及寺中古記…) 又文宗甲辰年 第五重成	
1065	乙巳	文宗 19년	道宗 咸雍 1	의천; 11세 이자현; 5세		又咸雍元年十一月　當院住持得奧微定大師釋秀立 定院中常規十條 新竪五層石塔 眞身佛舍利四十二 粒安邀 以私財立寶 追年供養條第一 當寺護法敬僧 嚴欣伯欣兩明神 及近岳等三位前 立寶供養條〔諺傳 嚴欣伯欣二人 捨家爲寺 因名曰伯嚴 仍爲護法神〕金 堂藥師前 木鉢月朔遞米條等 已下不錄
1066	丙午	文宗 20년	道宗 咸雍 2	의천; 12세 이자현; 6세		

西紀 A.D.	干支	高麗王曆	66. 寶藏奉老普德移庵	82. 前後所將舍利
1067	丁未	文宗 21년	의천; 13세 이자현; 7세	鄭克永; 1세
1068	戊申	文宗 22년	의천; 14세 이자현; 8세	鄭克永; 2세
1069	己酉	文宗 23년	의천; 15세 이자현; 9세	鄭克永; 3세
1070	庚戌	文宗 24년	의천; 16세 이자현; 10세	鄭克永; 4세
1071	辛亥	文宗 25년	의천; 17세 이자현; 11세	鄭克永; 5세

西紀 A.D.	干支	高麗王曆	遼	60. 駕洛國記	66. 寶藏奉老普德移庵	82. 前後所將舍利	99. 寶壤梨木
1072	壬子	文宗 26년	道宗 咸雍 8		의천; 18세 이자현; 12세	鄭克永; 6세	
1073	癸丑	文宗 27년	道宗 咸雍 9		의천; 19세 이자현; 13세	鄭克永; 7세	李思老·金亮辛; 1세
1074	甲寅	文宗 28년	道宗 咸雍 10		의천; 20세 이자현; 14세	鄭克永; 8세	李思老·金亮辛; 2세
1075	乙卯	文宗 29년	道宗 太康 1	駕洛國記〔文廟朝 太康年間 金官知州事文人所撰也 今略而載之〕	의천; 21세 이자현; 15세 김부식; 1세 文烈公著傳行世[325]	鄭克永; 9세	李思老·金亮辛; 3세
1076	丙辰	文宗 30년	道宗 太康 2	自建安四年己卯(199)始造 逮今上御國三十一載[326] 太康二年丙辰 凡八百七十八年 所封美土 不騫不崩 所植佳木 不枯不朽 況所排列萬蘊玉之片片 亦不頹坼 由是觀之 辛替否曰 自古迄今 豈有不亡之國 不破之墳 唯此駕洛國之昔曾亡 則替否之言有徵矣 首露廟之不毀 則替否之言 未足信也 此中更有戲樂思慕之事 每以七月二十九日 土人吏卒 陟乘岾 設帷幕 酒食歡呼 而東西送目 壯健人夫 分類以左右之 自望山島 駛蹄駸駸 而競湊於陸 鷁首泛泛 而相推於水 北指古浦而爭趨 蓋此昔留天神鬼等 望后之來 急促告君之遺迹也	의천; 22세 이자현; 16세 김부식; 2세	鄭克永; 10세	李思老·金亮辛; 4세

---

325 文烈公인 김부식이 보덕의 전기를 언제 지었는지는 자세하게 알 수 없다. 여기에서는 일단 그의 출생년에 관련자료를 제시하였다.

326 고려왕력과 비교해 볼 때, 1년의 차이를 보이고 있다.

西紀 A.D.	干支	高麗王曆	60. 駕洛國記	66. 寶藏奉老普德移庵	82. 前後所將舍利	99. 寶壤梨木
1077	丁巳	文宗 31년		의천; 23세 이자현; 17세 김부식; 3세	鄭克永; 11세	李思老・金亮辛; 5세
1078	戊午	文宗 32년		의천; 24세 이자현; 18세 김부식; 4세	鄭克永; 12세	李思老・金亮辛; 6세
1079	己未	文宗 33년	又置防禦使 六十四年也(1015～1079)	의천; 25세 이자현; 19세 김부식; 5세	鄭克永; 13세	李思老・金亮辛; 7세
1080	庚辰	文宗 34년		의천; 26세 이자현; 20세 김부식; 6세	鄭克永; 14세	李思老・金亮辛; 8세
1081	辛酉	文宗 35년		의천; 27세 이자현; 21세 김부식; 7세	鄭克永; 15세	李思老・金亮辛; 9세

西紀 A.D.	干支	高麗王曆	宋	遼	66. 寶藏奉老普德移庵	68. 迦葉佛宴坐石	82. 前後所將舍利	99. 寶壤梨木
1082	壬戌	文宗 36년	神宗 元豊 5	道宗 太康 8	의천; 28세 이자현; 22세 김부식; 8세		鄭克永; 16세	李思老·金亮辛; 10세
1083	癸亥	順宗 1년	神宗 元豊 6	道宗 太康 9	의천; 29세 이자현; 23세 김부식; 9세		鄭克永; 17세	李思老·金亮辛; 11세
1084	甲子	宣宗 1년	神宗 元豊 7	道宗 太康 10	의천; 30세 이자현; 24세 김부식; 10세	又延禧宮錄事金希寧所撰大一歷法 自開闢上元甲子至元豊甲子 一百九十三萬七千六百四十一歲	鄭克永; 18세	李思老·金亮辛; 12세
1085	乙丑	宣宗 2년	神宗 元豊 8	道宗 太安 1	의천; 31세 이자현; 25세 김부식; 11세		鄭克永; 19세	李思老·金亮辛; 13세
1086	丙寅	宣宗 3년	哲宗 元祐 1	道宗 太安 2	의천; 32세 이자현; 26세 김부식; 12세		鄭克永; 20세 太安二年 本朝宣宗代 祐世僧統義天入宋 多將天台教觀而來 此外方冊所不載 高僧信士 往來所齎 不可詳記 大敎東漸 洋洋乎慶矣哉	李思老·金亮辛; 14세

西紀 A.D.	干支	高麗王曆	遼	66. 寶藏奉老普德移庵	82. 前後所將舍利	99. 寶壤梨木
1087	丁卯	宣宗 4년	道宗 太安 3	의천; 33세 이자현; 27세 김부식; 13세	鄭克永; 21세	李思老・金亮辛; 15세
1088	戊辰	宣宗 5년	道宗 太安 4	의천; 34세 이자현; 28세 김부식; 14세	鄭克永; 22세	李思老・金亮辛; 16세
1089	己巳	宣宗 6년	道宗 太安 5	의천; 35세 이자현; 29세 김부식; 15세	鄭克永; 23세	李思老・金亮辛; 17세
1090	庚午	宣宗 7년	道宗 太安 6	의천; 36세 이자현; 30세 김부식; 16세	鄭克永; 24세	李思老・金亮辛; 18세
1091	辛未	宣宗 8년	道宗 太安 7	의천; 37세 이자현; 31세 김부식; 17세 太安八[327]年辛未 祐世僧統到孤大山景福寺飛來方丈 禮普聖師之眞 有詩云 涅槃方等敎 傳受自吾師云云 至可惜飛房後 東明古國危 跋云 高麗藏王 感於 道敎 不信佛法 師乃飛房 南至此山 後有神人 現於高麗馬嶺 告人云 汝國敗亡 無日矣 具如國史 餘具載本傳與僧傳	鄭克永; 25세	李思老・金亮辛; 19세[328]

---

327 辛未라는 간지를 따른다면 7년이어야 한다. 여기에서는 辛未라는 간지를 존중하여, 1091년에 관련자료를 제시하였다.

328 "致仕上戶長金亮辛 致仕戶長旲育 戶長同正尹應 前其人珍奇等 與時上戶長用成等言語 時太守李思老 戶長亮辛年八十九 餘輩皆七十已上 用成年六十已上〔云云次不准〕"이라는 기록을 통해 볼 때, 旲育과 尹應 및 珍奇는 이 무렵에 태어났다고 볼 수 있다.

西紀 A.D.	干支	高麗王曆	宋	66. 寶藏奉老普德移庵	73. 皇龍寺九層塔	74. 皇龍寺鍾芬皇寺藥師奉德寺鍾	82. 前後所將舍利	99. 寶壤梨木
1092	壬申	宣宗 9년	哲宗 元祐 7	의천; 38세 이자현; 32세 김부식; 18세			鄭克永; 26세	李思老·金亮辛; 20세
1093	癸酉	宣宗 10년	哲宗 元祐 8	의천; 39세 이자현; 33세 김부식; 19세			鄭克永; 27세	李思老·金亮辛; 21세
1094	甲戌	宣宗 11년	哲宗 元祐 9	의천; 40세 이자현; 34세 김부식; 20세		(…)[329] 大宋元祐甲戌 有 人眞讚云 偉哉初祖 巍 乎眞容 再至吳越 大藏 成功 賜銜普耀 鳳詔四 封 若問其德 白月淸風	鄭克永; 28세	李思老·金亮辛; 22세
1095	乙亥	獻宗 1년	道宗 壽昌 1	의천; 41세 이자현; 35세 김부식; 21세	(又按國史及寺中古記…) 又憲宗末年乙亥 第五霹靂		鄭克永; 29세	李思老·金亮辛; 23세
1096	丙子	肅宗 1년	道宗 壽昌 2	의천; 42세 이자현; 36세 김부식; 22세	(又按國史及寺中古記…) 肅宗丙子 第六重成	〔肅宗朝 重成新鍾 長六尺八寸〕[330]	鄭克永; 30세	李思老·金亮辛; 24세

---

329 (…)는 "羅末普耀禪師再至吳越 載大藏經來 卽海龍王寺開山祖也"로 되어 있다. 신라말이라고만 되어 있어 정확한 연대를 추정할 수는 없다. 다만 중국의 吳越國(907~978)이
　　존재했던 기간을 존중해서, 907년 이후의 일로 추측하였다.

330 "新羅第三十五景德大王 以天寶十三甲午 鑄皇龍寺鍾 長一丈三寸 厚九寸 入重四十九萬七千五百八十一斤 施主孝貞伊王三毛夫人 匠人里上宅下典"의 세주이다.

西紀 A.D.	干支	高麗王曆	66. 寶藏奉老普德移庵	82. 前後所將舍利	99. 寶壤梨木
1097	丁丑	肅宗 2년	의천; 43세 이자현; 37세 김부식; 23세	鄭克永; 31세	李思老·金亮辛; 25세
1098	戊寅	肅宗 3년	의천; 44세 이자현; 38세 김부식; 24세	鄭克永; 32세	李思老·金亮辛; 26세
1099	己卯	肅宗 4년	의천; 45세 이자현; 39세 김부식; 25세	鄭克永; 33세	李思老·金亮辛; 27세
1100	庚辰	肅宗 5년	의천; 46세 이자현; 40세 김부식; 26세	鄭克永; 34세	李思老·金亮辛; 28세
1101	辛巳	肅宗 6년	의천; 47세 이자현; 41세 김부식; 27세	鄭克永; 35세	李思老·金亮辛; 29세[331]

331 "致仕上戶長金亮辛 致仕戶長旻育 戶長同正尹應 前其人珍奇等 與時上戶長用成等言語 時太守李思老 戶長亮辛年八十九 餘輩皆七十已上 用成年六十已上〔云云次不准〕"이라는 기록을
통해 볼 때, 用成은 이 무렵에 태어났다고 추측할 수 있다.

西紀 A.D.	干支	高麗王曆	66. 寶藏奉老普德移庵	82. 前後所將舍利	99. 寶壤梨木	110. 心地繼祖
1102	壬午	肅宗 7년	이자현; 42세 김부식; 28세	鄭克永; 36세	李思老·金亮辛; 30세	
1103	癸未	肅宗 8년	이자현; 43세 김부식; 29세	鄭克永; 37세	李思老·金亮辛; 31세	
1104	甲申	肅宗 9년	이자현; 44세 김부식; 30세	鄭克永; 38세	李思老·金亮辛; 32세	
1105	乙酉	肅宗 10년	이자현; 45세 김부식; 31세	鄭克永; 39세	李思老·金亮辛; 33세	
1106	丙戌	睿宗 1년	이자현; 46세 김부식; 32세	鄭克永; 40세	李思老·金亮辛; 34세	本朝睿王嘗取迎聖簡 致內瞻敬 忽失九者 一簡 以牙代之 送還本寺 今則漸變同一色 難卜新古 其質乃非牙非玉[332]

---

332 위의 사건이 일어난 정확한 시기는 알 수 없다. 예종의 재위기간은 1106년부터 1122년까지이다. 그렇다면 위의 사건이 있었던 시기는 대체로 1106년 이후로 볼 수 있다.
그런데 82. 前後所將舍利를 참고하면, 1115년 이후 또는 1119년 이후에 있었던 일로 볼 수 있다. 이에 1115년과 1120년에도 위의 자료를 제시하였다.

西紀 A.D.	干支	高麗王曆	66. 寶藏奉老普德移庵	82. 前後所將舍利	99. 寶壤梨木
1107	丁亥	睿宗 2년	이자현; 47세 김부식; 33세	鄭克永; 41세 本朝睿廟時 慧照國師 奉詔西學 市遼本大藏三部 而來 一本今在定惠寺〔海印寺有一本 許參政宅 有一本〕[333]	李思老・金亮辛; 35세
1108	戊子	睿宗 3년	이자현; 48세 김부식; 34세	鄭克永; 42세	李思老・金亮辛; 36세
1109	己丑	睿宗 4년	이자현; 49세 김부식; 35세	鄭克永; 43세	李思老・金亮辛; 37세
1110	庚寅	睿宗 5년	이자현; 50세 김부식; 36세	鄭克永; 44세	李思老・金亮辛; 38세
1111	辛卯	睿宗 6년	이자현; 51세 김부식; 37세	鄭克永; 45세	李思老・金亮辛; 39세

333 『고려사』 권12 세가의 예종 2년 춘정월조에서는, "庚寅 遼遣高存壽 來賀生辰 仍賜大藏經"이라고 하였음이 참고된다.

西紀 A.D.	干支	高麗王曆	宋	66. 寶藏奉老 普德移庵	82. 前後所將舍利	110. 心地繼祖	115. 仙桃聖母隨喜佛事
1112	壬辰	睿宗 7년	徽宗 政和 2	이자현; 52세 김부식; 38세	鄭克永; 46세		
1113	癸巳	睿宗 8년	徽宗 政和 3	이자현; 53세 김부식; 39세	鄭克永; 47세		
1114	甲午	睿宗 9년	徽宗 政和 4	이자현; 54세 김부식; 40세	後至大宋徽宗朝 崇奉左道 時國人傳圖讖曰 金人 敗國 黃巾之徒 諷日官奏曰 金人者佛教之謂也 將 不利於國家 議將破滅釋氏 坑諸沙門 焚燒經典 而 別造小船 載佛牙泛於大海 任隨緣流泊 于時適有 本朝使者 至宋聞其事 以天花茸五十領 紵布三百 疋 行賂於押船內史 密授佛牙 但流空船 使臣等旣 得佛牙來奏 於是睿宗大喜 奉安于十員殿左挍小 殿 常鑰匙殿門 施香燈于外 每親幸日開殿瞻敬		
1115	乙未	睿宗 10년	徽宗 政和 5	이자현; 55세 김부식; 41세	鄭克永; 49세	本朝睿王嘗取迎聖簡 致內 瞻敬 忽失九者一簡 以牙 代之 送還本寺 今則漸變 同一色 難卜新古 其質乃 非牙非玉[334]	
1116	丙申	睿宗 11년	徽宗 政和 6	이자현; 56세 김부식; 42세	鄭克永; 50세		又國史 史臣曰 軾政和中 嘗奉使入宋 詣佑神館 有一堂 設女仙像 館伴學士王黼曰 此是貴國之神 公知之乎 遂 言曰 古有中國帝室之女 泛海抵辰韓 生子爲海東始祖 女爲地仙 長在仙桃山 此其像也 又大宋國使王襄到我 朝 祭東神聖母文 有娠賢肇邦之句 今能施金奉佛 爲含 生開香火 作津梁 豈徒學長生而囿於溟濛者哉

334 위의 사건이 일어난 정확한 시기는 알 수 없다. 예종의 재위기간은 1106년부터 1122년까지이다. 그렇다면 위의 사건이 있었던 시기는 대체로 1106년 이후로 볼 수 있다.

그런데 82. 前後所將舍利를 참고하면, 1115년 이후 또는 1119년 이후에 있었던 일로 볼 수 있다. 이에 1115년과 1120년에도 위의 자료를 제시하였다.

西紀 A.D.	干支	高麗王曆	宋	66. 寶藏奉老普德移庵	82. 前後所將舍利	110. 心地繼祖
1117	丁酉	睿宗 12년	徽宗 政和 7	이자현; 57세 김부식; 43세	鄭克永; 51세	
1118	戊戌	睿宗 13년	徽宗 重和 1	이자현; 58세 김부식; 44세	鄭克永; 52세	
1119	己亥	睿宗 14년	徽宗 宣和 1	이자현; 59세 김부식; 45세	大宋宣和元年己亥〔睿廟十五年〕[335] 入貢使鄭克永 李之美等所將佛牙 今內殿置奉者是也 鄭克永; 53세	
1120	庚子	睿宗 15년	徽宗 宣和 2	이자현; 60세 김부식; 46세	鄭克永; 54세	本朝睿王嘗取迎聖簡 致內瞻敬 忽失九者一簡 以牙代之 送還本寺 今則漸變同一色 難卜新古 其質乃非牙非玉[336]
1121	辛丑	睿宗 16년	徽宗 宣和 3	이자현; 61세 김부식; 47세	鄭克永; 55세	

---

335 고려왕력과 1년의 차이가 보인다. 기해년이라는 간지를 중시하여, 1119년에 관련자료를 제시하였다.

336 위의 사건이 일어난 정확한 시기는 알 수 없다. 예종의 재위기간은 1106년부터 1122년까지이다. 그렇다면 위의 사건이 있었던 시기는 대체로 1106년 이후로 볼 수 있다.

　그런데 82. 前後所將舍利를 참고하면, 1115년 이후 또는 1119년 이후에 있었던 일로 볼 수 있다. 이에 1115년과 1120년에도 위의 자료를 제시하였다.

西紀 A.D.	干支	高麗王曆	66. 寶藏奉老普德移庵	82. 前後所將舍利	99. 寶壤梨木
1122	壬寅	睿宗 17년	이자현; 62세 김부식; 48세	鄭克永; 56세	李思老 · 金亮辛; 50세
1123	癸卯	仁宗 1년	이자현; 63세 김부식; 49세	鄭克永; 57세	李思老 · 金亮辛; 51세
1124	甲辰	仁宗 2년	이자현; 64세 김부식; 50세	鄭克永; 58세	李思老 · 金亮辛; 52세
1125	乙巳	仁宗 3년	이자현; 65세 김부식; 51세	鄭克永; 59세	李思老 · 金亮辛; 53세
1126	丙午	仁宗 4년	김부식; 52세	鄭克永; 60세	李思老 · 金亮辛; 54세

西紀 A.D.	干支	高麗王曆	66. 寶藏奉老普德移庵	82. 前後所將舍利	99. 寶壤梨木
1127	丁未	仁宗 5년	김부식; 53세	鄭克永; 61세	李思老·金亮辛; 55세
1128	戊申	仁宗 6년	김부식; 54세		李思老·金亮辛; 56세
1129	己酉	仁宗 7년	김부식; 55세		李思老·金亮辛; 57세
1130	庚戌	仁宗 8년	김부식; 56세		李思老·金亮辛; 58세
1131	辛亥	仁宗 9년	김부식; 57세		李思老·金亮辛; 59세

西紀 A.D.	干支	高麗王曆	66. 寶藏奉老普德移庵	99. 寶壤梨木
1132	壬子	仁宗 10년	김부식; 58세	李思老 · 金亮辛; 60세
1133	癸丑	仁宗 11년	김부식; 59세	李思老 · 金亮辛; 61세
1134	甲寅	仁宗 12년	김부식; 60세	李思老 · 金亮辛; 62세
1135	乙卯	仁宗 13년 (天開 1년)	김부식; 61세	李思老 · 金亮辛; 63세
1136	丙辰	仁宗 14년 (天開 2년)	김부식; 62세	李思老 · 金亮辛; 64세

西紀 A.D.	干支	高麗王曆	66. 寶藏奉老普德移庵	99. 寶壤梨木
1137	丁巳	仁宗 15년	김부식; 63세	李思老·金亮辛; 65세
1138	戊午	仁宗 16년	김부식; 64세	李思老·金亮辛; 66세
1139	己未	仁宗 17년	김부식; 65세	李思老·金亮辛; 67세
1140	庚申	仁宗 18년	김부식; 66세	李思老·金亮辛; 68세
1141	辛酉	仁宗 19년	김부식; 67세	李思老·金亮辛; 69세

西紀 A.D.	干支	高麗王曆	60. 駕洛國記	20. 第二南解王	56. 金傳大王	59. 後百濟 甄萱	66. 寶藏奉老普德移庵
1142	壬戌	仁宗 20년					김부식; 68세
1143	癸亥	仁宗 21년	又置防禦使 六十四 年也(1079~1143)				김부식; 69세
1144	甲子	仁宗 22년					김부식; 70세
1145	乙丑	仁宗 23년		史論曰 新羅稱居西干 次次雄者一 尼師今者十六 麻立干者四 羅末名儒崔致遠 作帝王年代曆 皆稱某王 不言居西干等 豈以其言 鄙野不足稱之也 今記新羅事 具存方言 亦宜矣 羅人凡追封者 稱葛文王 未詳[337]	史論曰 新羅朴氏昔氏 皆自卵生 金氏從天入金櫃而降 或云乘金車 此尤詭怪不可信 然世俗相傳爲實事 今但原厥初 在上者 其己也儉 其爲人也寬 其設官也略 其行事也簡 以至誠事中國 梯航朝聘之使 相續不絶 常遣子弟 造朝而宿衛 入學而誦習 于以襲聖賢之風化 革鴻荒之俗 爲禮義之邦 又憑王師之威靈 平百濟高句麗 取其地爲郡縣之 可謂盛矣 然而奉浮屠之法 不知其弊 至使閭里比其塔廟 齊民逃於緇褐 兵農侵小 而國家日衰 幾何其不亂且亡也哉 於是時 景哀王加之以荒樂 與宮人左右 出遊鮑石亭 置酒燕衎 不知甄萱之至 與夫門外韓擒虎 樓頭張麗華 無以異矣 若敬順之歸命太祖 雖非獲已 亦可佳矣 向若力戰守死 以抗王師 至於力屈勢窮 卽必覆其家族 害及于無辜之民 而乃不待告命 封府庫 籍群縣以歸之 其有功於朝廷 有德於生民甚大 昔錢氏以吳越入宋 蘇子瞻謂之忠臣 今新羅功德 過於彼遠矣 我太祖妃嬪衆多 其子孫亦繁衍 而顯宗自新羅外孫卽寶位 此後繼統者 皆其子孫 豈非陰德也歟[338]	史論曰 新羅數窮道喪 天無所助 民無所歸 於是群盜投隙而作 若猬毛然 其劇者弓裔 甄萱二人而已 弓裔本新羅王子 而反以家 國爲讎 至斬先祖之畫像 其爲不仁甚矣 甄萱起自新羅之民 至新羅之祿 而包藏禍心 幸國之危 侵軼都邑 虔劉君臣 若禽獸 實天下之元惡 故弓裔見棄於其臣 甄萱産禍於其子 皆自取之也 又誰咎也 雖項羽李密之雄才 不能敵漢唐之興 而況裔萱之凶人 豈可與我太祖相抗歟[339]	김부식; 71세
1146	丙寅	仁宗 24년					김부식; 72세

---

[337] 김부식이 『삼국사기』를 편찬한 해를 기준으로 하였다.

[338] 김부식이 『삼국사기』를 편찬한 해를 기준으로 하였다.

[339] 김부식이 『삼국사기』를 편찬한 해를 기준으로 하였다.

西紀 A.D.	干支	高麗王曆	56. 金傅大王	66. 寶藏奉老普德移庵	99. 寶壤梨木
1147	丁卯	毅宗 1년	〔本朝登仕郎金寬毅所撰王代宗錄云[340] 神成王后李氏 本 慶州大尉李正言爲陜州守時 太祖幸此州 納爲妃 故或云 陜州君 願堂玄化寺 三月二十五日立忌 葬貞陵 生一子 安宗也 此外二十五妃主中不載金氏之事 未詳 然而史臣 之論 亦以安宗爲新羅外孫 當以史傳爲是〕	김부식; 73세	李思老 · 金亮辛; 75세
1148	戊辰	毅宗 2년		김부식; 74세	李思老 · 金亮辛; 76세
1149	己巳	毅宗 3년		김부식; 75세	李思老 · 金亮辛; 77세
1150	庚午	毅宗 4년		김부식; 76세	李思老 · 金亮辛; 78세
1151	辛未	毅宗 5년		김부식; 77세	李思老 · 金亮辛; 79세

340 고려 의종 때에 김관의가 고려왕조에 관한 역사서인 『왕대종록』을 편찬하였다. 그렇다면 위의 기록은 1147년 무렵까지의 입장이 반영되었다고 볼 수 있다.

西紀 A.D.	干支	高麗王曆	97. 五臺山文殊寺石塔記	99. 寶壤梨木
1152	壬申	毅宗 6년		李思老·金亮辛; 80세
1153	癸酉	毅宗 7년		李思老·金亮辛; 81세
1154	甲戌	毅宗 8년		李思老·金亮辛; 82세
1155	乙亥	毅宗 9년		李思老·金亮辛; 83세
1156	丙子	毅宗 10년	庭畔石塔 蓋新羅人所立也 制作雖淳朴不巧 然甚有靈響 不可勝記 就中一事 聞之諸古老云 昔連谷縣人具船 沿海而漁 忽見一塔隨逐舟楫 凡水族見其影者 皆逆散四走 以故漁人一無所得 不堪憤恚 尋影而至 蓋此塔也 於是共揮斤斫之而去 今此塔四隅皆缺者以此也 予驚嘆無已 然怪其置塔 稍東而不中 於是仰見一懸板云 比丘處玄 曾住此院 輒移置庭心 則二十餘年間 寂無靈應 及日者求基抵此 乃嘆曰 是中庭地 非安塔之所 胡不移東乎 於是衆僧乃悟 復移舊處 今所立者是也 余非好怪者 然見其佛之威神 其急於現跡利物如此 爲佛子者詎可默而無言耶 時正隆元年丙子十月日白雲子記	李思老·金亮辛; 84세

311

西紀 A.D.	干支	高麗王曆	金	82. 前後所將舍利	99. 寶壤梨木
1157	丁丑	毅宗 11년	帝亮 正隆 2		李思老·金亮辛; 85세
1158	戊寅	毅宗 12년	帝亮 正隆 3		李思老·金亮辛; 86세
1159	己卯	毅宗 13년	帝亮 正隆 4		李思老·金亮辛; 87세
1160	庚辰	毅宗 14년	帝亮 正隆 5		李思老·金亮辛; 88세
1161	辛巳	毅宗 15년	帝亮 正隆 6 世宗 大定 1	又大定中 漢南管記彭祖逖留詩云 水雲蘭若住空王 況是神龍穩一場 畢竟名藍誰得似 初傳像教自南方 有跋云 昔普耀禪師始求大藏於南越 泊旋返次 海風忽起 扁舟出沒於波間 師卽言曰 意者神龍欲留經耶 遂呪願乃誠 兼奉龍歸焉 於是風靜波息 旣得還國 遍賞山川 求可以安邀處 至此山 忽見瑞雲起於山上 乃與高弟弘慶 經營蓮社 然則像教之東漸 實始乎此 漢南管記彭祖逖題 寺有龍王堂 頗多靈異 乃當時隨經而來止者也 至今猶存	李思老·金亮辛; 89세 正隆六年辛巳〔大金年號 本朝毅宗卽位十六年也〕[341] 九月 郡中古籍神補記准 淸道郡前副戶長禦侮副尉李則楨戶在右人消息及諺傳記載 致仕上戶長金亮辛 致仕戶長旻育 戶長同正尹應 前其人珍奇等 與時上戶長用成等言語 時太守李思老 戶長亮辛年八十九 餘輩皆七十已上 用成年六十已上〔云云 次不准〕

[341] 고려왕력과 비교할 때 1년의 차이를 보인다. 여기에서는 辛巳라는 간지를 중시하여 1161년에 관련자료를 제시하였다.

西紀 A.D.	干支	高麗王曆	金	79. 三所觀音家生寺
			1162~1172년; 생략	
1173	癸巳	明宗 3년	世宗 大定 13	又大定十三年癸巳間 有僧占崇 得住玆寺 不解文字 性本純粹 精勤火香 有一僧欲奪其居 訴於 襯衣天使曰 玆寺所以國家祈恩奉福之所 宜選會讀文疏者主之 天使然之 欲試其人 乃倒授疏 文 占崇應手披讀如流 天使服膺 退坐房中 俾之再讀 崇鉗口無言 天使曰 上人良由大聖之所護 也 終不奪之 當時與崇同住者 處士金仁夫 傳諸鄉老 筆之于傳
1174	甲午	明宗 4년	世宗 大定 14	
1175	乙未	明宗 5년	世宗 大定 15	
1176	丙申	明宗 6년	世宗 大定 16	

西紀 A.D.	干支	高麗王曆	金	82. 前後所將舍利	87. 魚山佛影
1177	丁酉	明宗 7년	世宗 大定 17		
1178	戊戌	明宗 8년	世宗 大定 18	曹溪 無衣子 출생[342]	
1179	己亥	明宗 9년	世宗 大定 19	眞覺國師 慧諶; 2세	
1180	庚子	明宗 10년	世宗 大定 20	眞覺國師 慧諶; 3세	又按 大定二十年庚子 卽明宗十年也 始創萬魚寺 棟梁寶林狀奏 所稱山中奇異之迹 與北天竺訶羅國佛影事 符同者有三 一 山之側近地梁州界玉池 亦毒龍所蟄是也 二 有時自江邊雲氣始出來到山頂 雲中有音樂之聲是也 三 影之西北有盤石 常貯水不絶 云是佛浣濯袈裟之地是也 已上皆寶林之說 今親來瞻禮 亦乃彰彰可敬信者有二 洞中之石 凡三分之二 皆有金玉之聲 是一也 遠瞻卽現 近瞻不見 或見不見等 是一也 北天之文 具錄於後
1181	辛丑	明宗 11년	世宗 大定 21	眞覺國師 慧諶; 4세	

---

342 조계 무의자는 진각국사 혜심을 말한다.

西紀 A.D.	干支	高麗王曆	82. 前後所將舍利
1182	壬寅	明宗 12년	眞覺國師 慧諶; 5세
1183	癸卯	明宗 13년	眞覺國師 慧諶; 6세
1184	甲辰	明宗 14년	眞覺國師 慧諶; 7세
1185	乙巳	明宗 15년	眞覺國師 慧諶; 8세
1186	丙午	明宗 16년	眞覺國師 慧諶; 9세

西紀 A.D.	干支	高麗王曆	82. 前後所將舍利
1187	丁未	明宗 17년	眞覺國師 慧諶; 10세
1188	戊申	明宗 18년	眞覺國師 慧諶; 11세
1189	己酉	明宗 19년	眞覺國師 慧諶; 12세
1190	庚戌	明宗 20년	眞覺國師 慧諶; 13세
1191	辛亥	明宗 21년	眞覺國師 慧諶; 14세

西紀 A.D.	干支	高麗王曆	82. 前後所將舍利
1192	壬子	明宗 22년	眞覺國師 慧諶; 15세
1193	癸丑	明宗 23년	眞覺國師 慧諶; 16세
1194	甲寅	明宗 24년	眞覺國師 慧諶; 17세
1195	乙卯	明宗 25년	眞覺國師 慧諶; 18세
1196	甲辰	明宗 26년	眞覺國師 慧諶; 19세

西紀 A.D.	干支	高麗王曆	金	82. 前後所將舍利	108. 關東楓岳鉢淵藪石記
1197	丁巳	明宗 27년	章宗 承安 2	眞覺國師 慧諶; 20세	予恐聖骨堙滅 丁巳九月 特詣松下 拾骨盛筒 有三合許 於大嵒上 雙樹下 立石安骨焉云云
1198	戊午	神宗 1년	章宗 承安 3	眞覺國師 慧諶; 21세	
1199	己未	神宗 2년	章宗 承安 4	眞覺國師 慧諶; 22세	[此記乃寺主瑩岑所撰 承安四年己未立石][343] 此錄所載眞表事跡 與鉢淵石記 互有不同 故刪取瑩岑所記而載 之[344]
1200	庚申	神宗 3년	章宗 承安 5	眞覺國師 慧諶; 23세	
1201	辛酉	神宗 4년	章宗 泰和 1	眞覺國師 慧諶; 24세	

343 108. 關東楓岳鉢淵藪石記의 제목에 붙어 있는 세주이다.

344 여기까지의 내용은 1199년의 사실을 적은 것으로 보인다.

西紀 A.D.	干支	高麗王曆	82. 前後所將舍利	141. 一然年譜
1202	壬戌	神宗 5년	眞覺國師 慧諶; 25세	
1203	癸亥	神宗 6년	眞覺國師 慧諶; 26세	
1204	甲子	神宗 7년	眞覺國師 慧諶; 27세	
1205	乙丑	熙宗 1년	眞覺國師 慧諶; 28세	
1206	丙寅	熙宗 2년	眞覺國師 慧諶; 29세	一然; 1세[345]

---

[345] 『삼국유사』에서 서술하고 있는 내용은 고대사 자료에 한정되어 있지만은 않다. 고려시대 사실과 함께, 일연 당대의 기록도 상당 부분 수록되어 있다. 그런 이유로, 여기에서는
일연의 연보도 따로 제시하였다.

西紀 A.D.	干支	高麗王曆	82. 前後所將舍利	141. 一然年譜
1207	丁卯	熙宗 3년	眞覺國師 慧諶; 30세	一然; 2세
1208	戊辰	熙宗 4년	眞覺國師 慧諶; 31세	一然; 3세
1209	己巳	熙宗 5년	眞覺國師 慧諶; 32세	一然; 4세
1210	庚午	熙宗 6년	眞覺國師 慧諶; 33세	一然; 5세
1211	辛未	熙宗 7년	眞覺國師 慧諶; 34세	一然; 6세

西紀 A.D.	干支	高麗王曆	82. 前後所將舍利	141. 一然年譜
1212	壬申	康宗 1년	眞覺國師 慧諶; 35세	一然; 7세
1213	癸酉	康宗 2년	眞覺國師 慧諶; 36세	一然; 8세
1214	甲戌	高宗 1년	眞覺國師 慧諶; 37세	一然; 9세
1215	乙亥	高宗 2년	眞覺國師 慧諶; 38세	一然; 10세
1216	丙子	高宗 3년	眞覺國師 慧諶; 39세	一然; 11세

西紀 A.D.	干支	高麗王曆	金	68. 迦葉佛宴坐石	82. 前後所將舍利	141. 一然年譜
1217	丁丑	高宗 4년	宣宗 貞祐 5 宣宗 興定 1		眞覺國師 慧諶; 40세	一然; 12세
1218	戊寅	高宗 5년	宣宗 興定 2		眞覺國師 慧諶; 41세	一然; 13세
1219	己卯	高宗 6년	宣宗 興定 3	有本朝名士吳世文 作歷代歌 從大金貞祐七年 己卯[346] 逆數至四萬九千六百餘歲 爲盤古開闢 戊寅	眞覺國師 慧諶; 42세	一然; 14세
1220	庚辰	高宗 7년	宣宗 興定 4		眞覺國師 慧諶; 43세	一然; 15세
1221	辛巳	高宗 8년	宣宗 興定 5		眞覺國師 慧諶; 44세	一然; 16세

---

346 貞祐는 金 宣宗代에 5년 동안 사용되었던 연호(1213~1217)이다. 위에서 貞祐 7년이라고 하였는데, 사실은 興定 3년에 해당된다.

西紀 A.D.	干支	高麗王曆	82. 前後所將舍利	141. 一然年譜
1222	壬午	高宗 9년	眞覺國師 慧諶; 45세 曹溪無衣子留詩云 聞道皇龍災塔日 련소일면시무間 是也[347]	一然; 17세
1223	癸未	高宗 10년	眞覺國師 慧諶; 46세	一然; 18세
1224	甲申	高宗 11년	眞覺國師 慧諶; 47세	一然; 19세
1225	乙酉	高宗 12년	眞覺國師 慧諶; 48세	一然; 20세
1226	丙戌	高宗 13년	眞覺國師 慧諶; 49세	一然; 21세

---

[347] 진각국사 혜심이 1222년에 지은 시의 일부 구절이다.

西紀 A.D.	干支	高麗王曆	82. 前後所將舍利	99. 寶壤梨木	129. 包山二聖	141. 一然年譜
1227	丁亥	高宗 14년	眞覺國師 慧諶; 50세		予嘗寓包山 有記二師之遺美 今幷錄之 紫茅黃精祝肚皮 蔽衣木葉非蠶機 寒松颼颼石犖确 日暮林下樵蘇歸 夜深披向月明坐 一半颯颯隨風飛 敗蒲橫臥於憨眠 夢魂不到紅塵羈 雲遊逝兮二庵墟 山鹿恣登人跡稀[348]	一然; 22세
1228	戊子	高宗 15년	眞覺國師 慧諶; 51세			一然; 23세
1229	己丑	高宗 16년	眞覺國師 慧諶; 52세			一然; 24세
1230	庚寅	高宗 17년	眞覺國師 慧諶; 53세	又庚寅年 晉陽府貼 五道按察使 各道禪教寺院始創年月形止 審檢成籍時 差使員東京掌書記李僐審檢記載		一然; 25세
1231	辛卯	高宗 18년	眞覺國師 慧諶; 54세			一然; 26세

---

348 一然은 고종 14년(1227) 겨울에 選佛場에서 上上科에 오른 뒤, 包山의 寶幢庵으로 가서 禪觀을 닦으며 머물러 있었다고 한다(閔漬,「고려국의흥화산조계종인각사가지산하보각국존비명병서」『조선금석총람』상, p.470; 강인구 외,『역주 삼국유사』4, 이회문화사, 2003, p.343의 각주 22번을 참고). 그렇다면 위의 기록도 이 무렵의 일을 기록한 것으로 볼 수 있다.

西紀 A.D.	干支	高麗王曆	82. 前後所將舍利	141. 一然年譜
1232	壬辰	高宗 19년	至壬辰歲移御次 內官怱遽中 忘不收撿 本朝高廟入江都壬辰年 疑天宮七日限滿者誤矣 忉利天一日夜 當人間一百歲 且從湘公初入唐辛酉 計至高廟壬辰 六百九十三歲也	一然; 27세
1233	癸巳	高宗 20년	眞覺國師 慧諶; 56세	一然; 28세
1234	甲午	高宗 21년	諺云 昔在本朝 相次有二廉使 禮壇擧石鑊而敬之 前感修蟒在函中 後見巨蟾蹲石腹 自此不敢擧之[349]	一然; 29세
1235	乙未	高宗 22년	近有上將軍金公利生 庚侍郎碩 以高廟朝受旨 指揮江東 仗節到寺 擬欲擧石瞻禮 寺僧以往事難之 二公令軍士固擧之 內有小石函 函襲之 中 貯以瑠璃筒 筒中舍利只四粒 傳示瞻敬 筒有小傷裂處 於是庚公適蓄一水精函子 遂奉施兼藏焉 識之以記 移御江都 四年乙未歲也 古記稱 百枚分藏三處 今唯四爾 卽隱現隨人 多少不足怪也	一然; 30세
1236	丙申	高宗 23년	至丙申四月 御願堂神孝寺釋蘊光請致敬佛牙 聞于上 勅令內臣遍撿宮中 無得也 時栢臺侍御史崔冲命薛伸 急徵于諸謁者房 皆未知所措 內臣金承老奏曰 壬辰年移御時紫門日記推看 從之 記云 入內侍大府卿李白全 受佛牙函云 召李詰之 對曰請歸家更尋私記 到家撿看 得左番謁者金瑞龍 佛牙函准受記來呈 召問瑞龍 無辭以對 又以金承老所奏云 壬辰至今丙申 五年間 御佛堂及景靈殿上守等囚禁問當 依違未決 隔三日 夜中 瑞龍家園牆裏 有投擲物聲 以火撿看 乃佛牙函也 函本內一重沈香合 次重純金合 次外重白銀函 次外重瑠璃函 次外重螺鈿函 各幅子如之 今但瑠璃函爾 喜得之 入達于內 有司議 金瑞龍及兩殿上守皆誅 晉陽府奏云 因佛事 不合多傷人 皆免之 更勅十員殿中庭 特造佛牙殿安之 令將士守之 擇吉日 請神孝寺上房蘊光 領徒三十人 入內設齋敬之 其日入直承宣崔弘 上將軍崔公衍 李令長 內侍茶房等 侍立丁殿庭 依次頂戴敬之 佛牙區穴間 舍利不知數 晉陽府以白銀合貯而安之 時主上謂臣下曰 朕自亡佛牙已來 自生四疑 一疑天宮七日限滿而上天矣 二疑國亂如此 牙旣神物 且移有緣無事之邦矣 三疑貪財小人 盜取函幅 棄之溝壑矣 四疑盜取珍利 而無計自露 匿藏家中矣 今第四疑當之矣 乃放聲大哭 滿庭皆洒涕 獻壽至有煉頂燒臂者 不可勝計 得此實錄於當時內殿焚修 前祇林寺大 禪師覺猷 言親所眼見 使予錄之	一然; 31세

[349] 1235년 이전에 있었던 일이라고 할 수 있다. 하지만 정확한 시기는 현재 알 수 없다.

西紀 A.D.	干支	高麗王曆	68. 迦葉佛宴坐石	72. 皇龍寺丈六	73. 皇龍寺九層塔	82. 前後所將舍利	141. 一然年譜
1237	丁酉	高宗 24년	宴坐石在佛殿後面 嘗一謁焉 石之高可五六 尺 來圍僅三肘 幢立而平頂 眞興創寺已來 再 經災火 石有拆裂處 寺僧貼鐵爲護 乃有讚曰 惠日沈輝不記年 唯餘宴坐石依然 桑田幾度 成滄海 可惜巍然尙未遷[350]				一然; 32세
1238	戊戌	高宗 25년	旣而西山大兵已後 殿塔煨燼 而此石亦夷沒 而僅與地平矣[351] 又纂古圖云 開闢至獲麟 二百七十六萬歲 按 諸經 且以迦葉佛時 至于今[352] 爲此石之壽 尙 距於劫初開闢時爲兒子矣 三家之說 尙不及 玆 兒石之年 其於開闢之說 疏之遠矣	(寺記云…) 今兵火已來 大像與 二菩薩皆融沒 而小釋迦猶存焉	(又按國史及寺中古記…) 又高宗 二十五年戊戌冬月 西山兵火 塔寺 丈六殿宇皆災		一然; 33세
1239	己亥	高宗 26년					一然; 34세
1240	庚子	高宗 27년				至庚子年 始滿七百年 而七日限已滿矣	一然; 35세
1241	辛丑	高宗 28년					一然; 36세

---

350 일연이 활동하던 당시에 있었던 일이라고 할 수 있다. 하지만 그 시기를 구체적으로 알기는 어렵다. 다만 1238년 이전의 일이라는 점은 분명해 보인다.

351 위에 보이는 73. 황룡사구층탑에 의하면, "고려 고종 25년 겨울에 '西山兵火'로 황룡사의 탑과 장육존상 및 절의 전각들이 모두 불탔다"라는 사실을 전하고 있다.

352 위에서 '지금까지〔至于今〕'라고 서술한 부분에서, 지금의 시점은 일연이 33세가 되던 1238년이라고 볼 수 있다.

西紀 A.D.	干支	高麗王曆	141. 一然年譜
1242	壬寅	高宗 29년	一然; 37세
1243	癸卯	高宗 30년	一然; 38세
1244	甲辰	高宗 31년	一然; 39세
1245	乙巳	高宗 32년	一然; 40세
1246	丙午	高宗 33년	一然; 41세

西紀 A.D.	干支	高麗王曆	141. 一然年譜	142. 無極年譜
1247	丁未	高宗 34년	一然; 42세	
1248	戊申	高宗 35년	一然; 43세	
1249	己酉	高宗 36년	一然; 44세	
1250	庚戌	高宗 37년	一然; 45세	無極; 1세[353]
1251	辛亥	高宗 38년	一然; 46세	無極; 2세

---

353 대체로 『삼국유사』는 일연이 편찬한 것으로 이해하고 있다. 그런데 『삼국유사』의 편찬에 無極도 일정 부분 관여하였다. 이에 무극의 연보도 추가적으로 제시하였다.

西紀 A.D.	干支	高麗王曆	86. 洛山二大聖觀音正趣調信	141. 一然年譜	142. 無極年譜
1252	壬子	高宗 39년		一然; 47세	無極; 3세
1253	癸丑	高宗 40년	及西山大兵已來 癸丑甲寅年間 二聖眞容及二寶珠 移入襄州城 大兵來攻甚急 城將陷時 住持禪師阿行〔古名希玄〕以銀合盛二珠 佩持將逃逸 寺奴名乞升奪取 深埋於地 誓曰 我若不免死於兵 則二寶珠終不現於人間 人無知者 我若不死 當奉二寶獻於邦家矣	一然; 48세	無極; 4세
1254	甲寅	高宗 41년	甲寅十月二十二日城陷 阿行不免 而乞升獲免 兵退後掘出 納於溟州道監倉使 時郎中李祿綏爲監倉使 受而藏於監倉庫中 每交代傳受	一然; 49세	無極; 5세
1255	乙卯	高宗 42년		一然; 50세	無極; 6세
1256	丙辰	高宗 43년		一然; 51세	無極; 7세

西紀 A.D.	干支	高麗王曆	86. 洛山二大聖觀音正趣調信	一然年譜	無極年譜
1257	丁巳	高宗 44년		一然; 52세	無極; 8세
1258	戊午	高宗 45년	至戊午十一月 本業老宿祇林寺住持大禪師覺猷奏曰 洛山 二珠 國家神寶 襄州城陷時 寺奴乞升埋於城中 兵退 取納 監倉使 藏在溟州營庫中 今溟州城殆不能守矣 宜輸安御 府 主上允可 發夜別抄十人 率乞升 取於溟州城 入安於內 府 時使介十人各賜銀一斤米五石	一然; 53세	無極; 9세
1259	己未	高宗 46년		一然; 54세	無極; 10세
1260	庚申	元宗 1년		一然; 55세	無極; 11세
1261	辛酉	元宗 2년		一然; 56세	無極; 12세

西紀 A.D.	干支	高麗王曆	元	82. 前後所將舍利	141. 一然年譜	142. 無極年譜
1262	壬戌	元宗 3년	世祖 中統 3		一然; 57세	無極; 13세
1263	癸亥	元宗 4년	世祖 中統 4		一然; 58세	無極; 14세
1264	甲子	元宗 5년	世祖 至元 1	自至元甲子已來 大朝使佐 本國皇華 爭來 瞻禮 四方雲水 輻湊來參 或擧不擧 眞身 四枚外 變身舍利 碎如砂礫 現於鑊外 而 異香郁烈 彌日不歇者 比比有之 此末季一 方之奇事也	一然; 59세	無極; 15세
1265	乙丑	元宗 6년	世祖 至元 2		一然; 60세	無極; 16세
1266	丙寅	元宗 7년	世祖 至元 3		一然; 61세	無極; 17세

西紀 A.D.	干支	高麗王曆	元	82. 前後所將舍利	141. 一然年譜	142. 無極年譜
1267	丁卯	元宗 8년	世祖 至元 4		一然; 62세	無極; 18세
1268	戊辰	元宗 9년	世祖 至元 5		一然; 63세	無極; 19세
1269	己巳	元宗 10년	世祖 至元 6		一然; 64세	無極; 20세
1270	庚午	元宗 11년	世祖 至元 7	又至庚午出都之亂 顚沛之甚 過於壬辰 十員殿監主 禪師心鑑 亡身佩持 獲免於 賊難 達於大內 大賞其功 移授名刹 今住 氷山寺 是亦親聞於彼 至出都至元七年庚午 則七百三十年 若 如天言 而七日後還天宮 則禪師心鑑出 都時 佩持出獻者 恐非眞佛牙也 於是年 春出都前 於大內集諸宗名德 乞佛牙舍 利 精勤雖切 而不得一枚 則七日限滿上 天者幾矣	一然; 65세	無極; 21세
1271	辛未	元宗 12년	世祖 至元 8		一然; 66세	無極; 22세

西紀 A.D.	干支	高麗王曆	141. 一然年譜	142. 無極年譜
1272	壬申	元宗 13년	一然; 67세	無極; 23세
1273	癸酉	元宗 14년	一然; 68세	無極; 24세
1274	甲戌	元宗 15년	一然; 69세	無極; 25세
1275	乙亥	忠烈王 1년	一然; 70세	無極; 26세
1276	丙子	忠烈王 2년	一然; 71세	無極; 27세

西紀 A.D.	干支	高麗王曆	元	68. 迦葉佛宴坐石	141. 一然年譜	142. 無極年譜
1277	丁丑	忠烈王 3년	世祖 至元 14		一然; 72세	無極; 28세
1278	戊寅	忠烈王 4년	世祖 至元 15		一然; 73세	無極; 29세
1279	己卯	忠烈王 5년	世祖 至元 16		一然; 74세	無極; 30세
1280	庚辰	忠烈王 6년	世祖 至元 17		一然; 75세	無極; 31세
1281	辛巳	忠烈王 7년	世祖 至元 18	按阿含經 迦葉佛是賢劫第三尊也 人壽二萬歲時 出現於世 據此以增 減法計之 每成劫初 皆壽無量歲 漸減至壽八萬歲時 爲住劫之初 自此 又百年減一歲 至壽十歲時 爲一減 又增至人壽八萬歲時 爲一增 如是 二十減二十增 爲一住劫 此一住劫中 有千佛出世 今本師釋迦是第四 尊也 四尊皆現於第九減中 自釋尊百歲壽時 至迦葉佛二萬歲時 已得 二百萬餘歲 若至賢劫初第一尊拘留孫佛時 又幾萬歲也 自拘留孫佛 時 上至劫初無量歲壽時 又幾何也 自釋尊下至于今至元十八年辛巳歲 已得二千二百三十矣 自拘留孫 佛 歷迦葉佛時 至于今 則直幾萬歲也	一然; 76세	無極; 32세

西紀 A.D.	干支	高麗王曆	元	82. 前後所將舍利	99. 寶壤梨木	108. 關東楓岳鉢淵藪石記	141. 一然年譜	142. 無極年譜
1282	壬午	忠烈王 8년	世祖 至元 19				一然; 77세	無極; 33세
1283	癸未	忠烈王 9년	世祖 至元 20				一然; 78세	無極; 34세
1284	甲申	忠烈王 10년	世祖 至元 21	(至元) 二十一年甲申 修補國淸寺金塔 國主與莊穆王后 幸妙覺寺 集衆慶讚訖 右佛牙與洛山水精念珠如意珠 君臣與大衆 皆瞻奉頂戴 後幷納金塔內 予亦預斯會 而親見所謂佛牙者 長三寸許 而無舍利焉 無極記	其木近年倒地 有人作楗椎 安置善法堂及食堂 其椎柄有銘[354] 師之行狀 古傳不載 諺云 與石崛備虛師[一作毗虛] 爲昆弟 奉聖石崛雲門三寺 連峰櫛比 交相往還爾[355] 後人改作新羅異傳 濫記鵲塔璃目之事 于圓光傳中 系犬城事於毗虛傳 旣謬矣 又作海東僧傳者 從而潤文 使寶壤無傳 而疑誤後人 誣妄幾何[356]	此錄所載眞表事跡 與鉢淵石記 互有不同 故刪取瑩岑所記而載之[357] 後賢宜考之 無極記[358]	一然; 79세	無極; 35세
1285	乙酉	忠烈王 11년	世祖 至元 22				一然; 80세	無極; 36세
1286	丙戌	忠烈王 12년	世祖 至元 23				一然; 81세	無極; 37세

---

354 "璃目常在寺側小潭 陰騭法化 忽一年亢旱 田蔬焦槁 壤勅璃目行雨 一境告足 天帝將誅不識 璃目告急於師 師藏於床下 俄有天使到庭 請出璃目 師指庭前梨木 乃震之而上天 梨木萎摧 龍撫之卽蘇[一云師呪之而生]"라는 기록에 보이는 배나무가 일연이 운문사에 주석하고 있을 당시에 쓰러진 것으로 보인다. 또한 그 나무로 만든 빗장뭉치에 명문이 있었음도 알 수 있다.

355 일연은 만년에 운문사에 주석하면서, 『삼국유사』를 편찬하였다. 그렇다면 위의 기록도 이 당시에 작성되었다고 볼 수 있다.

356 일연은 79세(1284)부터 입적하는 84세(1289)까지 청도 운문사에 주석하면서, 『삼국유사』를 편찬하였다. 이때 보양의 전기를 정리하면서, 이전 기록의 잘못을 지적하고 있다.

357 여기까지의 내용은 1199년의 사실이다. 이러한 사실을 1284년에 무극이 추가로 넣었다고 볼 수 있다.

358 위에 제시한 82. 전후소장사리조의 기록에 근거해, 위의 기록도 1284년에 無極이 추가한 것으로 보았다.

西紀 A.D.	干支	高麗王曆	112. 密本摧邪	141. 一然年譜	142. 無極年譜
1287	丁亥	忠烈王 13년		一然; 82세	無極; 38세
1288	戊子	忠烈王 14년		一然; 83세	無極; 39세
1289	己丑	忠烈王 15년	三國遺事 卷第五 國尊曹溪宗迦智山下麟角寺住持圓境冲照大禪師　一然撰[359] 神呪 第六	一然; 84세로 입적	無極; 40세
1290	庚寅	忠烈王 16년			無極; 41세
1291	辛卯	忠烈王 17년			無極; 42세

---

[359] 일연은 79세(1284)부터 입적하는 84세(1289)까지 청도 운문사에 주석하면서 『삼국유사』를 편찬하였다. 이때 위의 자료는 당시 일연의 지위를 구체적으로 알려주고 있다. 그렇다면 위의 기록이 쓰여질 수 있는 시기는 대체로 일연의 만년에 해당된다고 볼 수 있다. 구체적으로 그 하한은 그가 입적하던 해가 될 것이므로, 여기에서는 이곳에 관련자료를 제시하였다.

西紀 A.D.	干支	高麗王曆	142. 無極年譜
1292	壬辰	忠烈王 18년	無極; 43세
1293	癸巳	忠烈王 19년	無極; 44세

〔중간 생략〕

1321	辛酉	忠肅王 8년	無極; 72세
1322	壬戌	忠肅王 9년	無極; 73세로 입적

남무희 |
한국 고중세 불교사상사를 전공했으며, 국민대 및 유한대에서 강의하고 있다. 주요 저서로는 『고구려 승랑 연구』, 『신라 자장 연구』, 『김부대왕 연구』 및 『한국의 사리 신앙 연구』(공저)가 있다. 그 외 다수의 논문이 있다.

삼국유사 연표

초판 1쇄 인쇄 2014년 12월 11일 | 초판 1쇄 발행 2014년 12월 19일
편집 남무희 | 펴낸이 김시열
펴낸곳 도서출판 자유문고

서울시 영등포구 선유로 49 미주프라자 B1-102호
전화 (02) 2637-8988 | 팩스 (02) 2676-9759

ISBN 978-89-7030-083-2 93910   값 27,000원

http://www.jayumungo.co.kr